Schulverweigerung

Titus Simon · Steffen Uhlig (Hrsg.)

Schulverweigerung

Muster – Hypothesen – Handlungsfelder

Leske + Budrich, Opladen 2002

Gedruckt auf säurefreiem und alterungsbeständigem Papier.

Die Deutsche Bibliothek – CIP-Einheitsaufnahme
Ein Titeldatensatz für die Publikation ist bei
Der Deutschen Bibliothek erhältlich

ISBN 3-8100-3584-X

Satz: Berthold Druck und Direktwerbung
Druck: DruckPartner Rübelmann, Hemsbach
Printed in Germany

Inhaltsverzeichnis

Vorwort der Herausgeber

Schulverweigerung ist in den letzten Jahren als ein gesellschaftliches Problem mit steigender Brisanz entdeckt worden. Hatten die seit Mitte der 90er Jahre geschaffenen Modelleinrichtungen noch eher einen „Exotenstatus" im Spektrum der Jugendhilfe, so ist das Thema längst von den Medien aufgegriffen worden.

Eine von der Hochschule Magdeburg-Stendal in einer Kreisstadt durchgeführte Stichprobe macht deutlich, daß *Schulschwänzen* ein *durchaus weit verbreitetes Phänomen* darstellt. 44% von rund 560 befragten Schülerinnen und Schülern haben bereits die Schule geschwänzt. Der Anteil derer, die häufiger als einmal im Monat der Schule fernbleiben oder schon 14 Tage am Stück und länger gefehlt haben, liegt bei hohen 17,6%. Auch wenn man die Vermutung anstellt, daß „Schule schwänzen" für einen Teil der Schülerinnen und Schüler eine „Aktion mit Kick" darstellt, was zu Unschärfeproblemen bei den empirischen Erhebungen führen kann, bleibt festzuhalten, daß häufig genannte Schätzungen, welche von 1-2% regelmäßigen Schulverweigerern ausgehen, zumindest für den Haupt- und Sekundarschulbereich zu niedrig angesetzt sind.

Von der Schule oder der Jugendhilfe ausgehende Projekte, die ausnahmslos und gezielt mit Schulverweigerern arbeiten, sind relativ neu und von der Zahl her noch nicht sehr weit verbreitet. Ein Bundesmodellprogramm zur Erprobung derartiger Maßnahmen umfaßte im Zeitraum zwischen 1998 und 2001 rund 25 Projekte, davon waren ganze 6 ausschließlich auf die Arbeit mit Schulverweigerern spezialisiert. Die noch junge Entwicklungsgeschichte ist wesentlicher Grund dafür, daß für zahlreiche Projekte derzeit noch mit ihren Konzeptionen experimentieren und eine Reihe *ungeklärter Fragen* bestehen:

- Noch nicht geklärt ist häufig der Status derartiger Einrichtungen. Zwar sehen die Schulgesetze der meisten Bundesländer die Möglichkeit der Ersatzbeschulung vor, insgesamt befinden sich aber viele Projekte in einer schulrechtlichen Grauzone.
- Aus diesem ungeklärten Status sowie aus den gelegentlich auftretenden Abstimmungsproblemen zwischen Schuladministration und Jugendhilfe resultiert eine noch unzureichende institutionelle und finanzielle Absicherung.

- Aber auch innerhalb bereits bestehender Projekte sind wichtige konzeptionelle Fragen zu beantworten: Was kann das Projekt leisten? Wo liegen einerseits Übereinstimmungen mit und andererseits Abgrenzungen zu anderen Anbietern des schulischen und des Jugendhilfesektors? Mit welchen Kooperationspartnern ist eine Zusammenarbeit notwendig und auch möglich? Wo liegen die Hemmnisse für eine Kooperation? Wie können das Meldeverfahren verbessert und Abstimmungsprobleme zwischen Schule und Jugendhilfe bzw. zwischen den Projekten auf der einen sowie Schule und Jugendhilfe auf der anderen Seite reduziert oder gar gänzlich vermieden werden?

Mit dem vorliegenden Band sollen *praxisbezogene Antworten* auf die im Kontext von Schulabsentismus bestehenden Fragen gegeben werden. Ausgangspunkt für einen Teil der Beiträge sind Erfahrungen, die in bzw. im Umfeld des Modellprojektes „Zentrum für Alternatives Lernen e.V. Schönebeck" (Z.A.L.) gemacht werden konnten, bzw. im Zusammenhang mit der wissenschaftlichen Begleitung dieser Einrichtung entstanden sind.

Der als Hinführung gedachte Beitrag von Titus Simon „*Zu Fragen der Schulverweigerung – eine Einführung*" skizziert die Geschichte des Umgangs mit Schulverweigerung und beschreibt dabei insbesondere die verschiedenen Phasen der Bestimmung und der Sozialpädagogisierung des Phänomens.

Karl-Heinz Braun versteht „*Schulverweigerung als Herausforderung für die pädagogische und soziale Qualitätsentwicklung der Regelschule*". Abgeleitet von dem bildungspolitischen und sozialpädagogischen Auftrag der Schule plädiert er dafür, die pädagogischen Antworten auf Schulabsentismus und daraus abgeleitete Arbeitsformen vorrangig in dieser selbst zu verorten, was seiner Ansicht nach vielfältige Änderungen des Schulalltags und der Lernorganisation voraussetzt.

Ausgegehend von den Erfahrungen, die Steffen Uhlig in seiner Funktion als Leiter des Z.A.L. machen konnte, entwickelt er unter dem Titel „*Handlungsstrategien im Umgang mit Schulverweigerung – Versuch einer Systematisierung*" eine systemische Herangehensweise an den Absentismus, welche nicht nur der Erklärung dienen, sondern auch Ausgangspunkt für die Entwicklung einer den Schülern bzw. den Situationen entsprechender Strategien sein soll.

Katrin Hinne knüpft in ihren „*Gedanken über die Entstehung einer pädagogischen Haltung in der Arbeit mit Schulverweigerern*" ebenfalls an ein systemisches Grundverständnis an. In besonderer Weise beschäftigt sich die Autorin mit der Frage, welche Formen professionellen Handelns dabei zu wählen sind und welche Haltungen der in diesem Feld tätigen Pädagogen und Pädagoginnen zu einem „gelingend(er)en Alltag" führen könnten.

Kirsten Puhr unternimmt in ihrem Aufsatz „*Ich hab' es angehalten, das Rad, das Schule schwänzen heißt – was kann die Schule tun?*" den Versuch, eine Systematisierung der verschiedenen Formen des Schulabsentismus vorzulegen sowie die möglichen Interventionsformen darzustellen, wobei die Autorin stets darauf achtet, die Perspektive der Schule verweigernden Kinder und Jugendlichen zu berücksichtigen.

In seinem zweiten Beitrag stellt Titus Simon „*Empirische Befunde zu Fragen der Schulverweigerung*" vor, die unmittelbar der Begleitforschung des Z.A.L. in Schönebeck entstammen.

Ingo Gottschalk ist Jugendhilfeplaner der Landshauptstadt Magdeburg. In seinem Aufsatz *„Entwicklungspotenziale Sozialer Arbeit an Schulen aus der Entwicklungsperspektive der Jugendhilfeplanung in Magdeburg – ein Praxisbericht"* werden die Schnittstellen zwischen Schule und Jugendhilfe deutlich und wird der Blick darauf gerichtet, daß sich eine qualifizierte Jugendhilfeplanung ab sofort stärker dem Phänomen Schulverweigerung zuwenden muß.

In dem vorliegenden Band kommen verschiedene Professionen zu Wort und somit unterschiedliche Sichtweisen zur Geltung, was angesichts der jungen Projektgeschichte der Arbeit mit Schulverweigerern für die Absicherung und die Weiterentwicklung der bestehenden und künftig noch zu schaffender Einrichtungen gleichermaßen dienlich sein kann.

Eine verbesserte Pädagogik im Feld Schulverweigerung zu befördern, ist das Leitmotiv von Herausgebern und Autoren.

Titus Simon & Steffen Uhlig
Magdeburg, Murrhardt & Schönebeck
Im Sommer 2002

Titus Simon

Zu Fragen der Schulverweigerung – eine Einführung

In unregelmäßigen Abständen werden Fragen der schulischen Bildung zum Gegenstand des öffentlichen Interesses. Bildungspolitische Fachdebatten weiten sich meist dann zu einem für kurze Zeit öffentlich geführten Diskurs aus, wenn real oder vermeintlich besorgniserregende Anlässe bestehen. Diese sind zum einen dann gegeben, wenn das System Schule nicht sogleich Antworten auf aktuelle Ausdrucksformen Jugendlicher findet, etwa wenn „Gewalt“, „Rechtsextremismus“ oder „Drogenprobleme“ nicht länger aus dem schulischen Kontext ausgeblendet werden können. Zum anderen werden immer wieder strukturelle und organisatorische Fragen erörtert, etwa in den Suchbewegungen um neue angemessene Formen schulischer Administration, in der Debatte um eine Verkürzung oder eine Verlängerung gymnasialer Ausbildung oder eingebettet in die Auseinandersetzung um die Folgeprobleme, welche aus der extremen Überalterung der deutschen Lehrerschaft resultieren. Besonders heftig gerät die Debatte aber meist dann, wenn Schule in den Verdacht gerät, daß sie den an sie gestellten Leistungsanforderungen nicht mehr genügt, wenn Wirtschaftsvertreter bemängeln, daß Lehrlinge „nicht einmal mehr die einfachen Grundrechenarten beherrschen“, wenn eine wachsende Zahl an Professoren einem erheblichen Teil der Abiturienten die Fähigkeit zum Studium abspricht oder internationale Leistungsvergleiche wie TIMSS und PISA der in Deutschland praktizierten Schulbildung nur einen hinteren Rang zuweisen.

Im Kontext der verschiedenartigen Fragestellungen, welche das Bildungssystem unserer Gesellschaft betreffen, erlangte auch das Phänomen der *Schulverweigerung* Konjunktur. Christe und Fülbier (2001, S. 535) vertreten die Auffassung, daß Schulverweigerer um so mehr zu einer stigmatisierten Gruppe werden, je höher das durchschnittliche Bildungsniveau einer Bevölkerung steigt. Waren sie noch Ende der 90er Jahre ein Thema für einen überschaubaren Kreis spezialisierter Kräfte, die an der Schnittstelle zwischen Schule und Jugendhilfe agierten, so wird heute immer häufiger über sinnvolle Wege der Arbeit mit Jugendlichen nachgedacht, die passager oder kontinuierlich die Schule meiden. Dabei schwanken die Anworten zwischen der Suche nach verstärkten ordnungspolitischen Interventionen auf der einen und der Entwicklung neuer pädagogischer Spezialangebote auf der anderen Seite. In den letzten Jahren wurden zudem Modellprojekte entwickelt, die sich der Zielgruppe in besonderer Weise – und wie in Modellphasen üblich – mit unterschiedlichen Konzepten und Angeboten zugewandt haben.

Über den *Umfang von Schulabsentismus* existieren bislang keine ausreichenden empirischen Befunde. Untersuchungen aus den letzten dreißig Jahren kommen in unterschiedlichen schulischen und regionalen Zusammenhängen zu Ergebnissen, die zwischen 0,5 und 30 Prozent Schulverweigerer an den entsprechenden Kohorten belegen. Aus den Spitzenwerten einzelner örtlicher Befunde werden dann dramatische Szenarien abgeleitet. Das Christliche Jugenddorfwerk Deutschland schätzte – ohne empirische Begründung – die Zahl der hartnäckigen Schulverweigerer auf 400 000 Kinder und Jugendliche (Stuttgarter Zeitung vom 26.11.2001).

Eine von der Hochschule Magdeburg-Stendal im Jahr 2001 in einer Kreisstadt durchgeführte Stichprobe macht deutlich, daß *Schulschwänzen* ein *durchaus weit verbreitetes Phänomen* darstellt. 44% von rund 560 befragten Schülerinnen und Schülern haben bereits die Schule geschwänzt. Der Anteil derer, die häufiger als einmal im Monat der Schule fernbleiben oder schon 14 Tage am Stück und länger gefehlt haben, liegt bei hohen 17,6%. Auch wenn man die Vermutung anstellt, daß „Schule schwänzen" für einen Teil der Schülerinnen und Schüler eine „Aktion mit Kick" darstellt, was zu Unschärfeproblemen bei empirischen Erhebungen führen kann, bleibt festzuhalten, daß häufig genannte Schätzungen, welche von 1-2% regelmäßigen Schulverweigerern ausgehen, zumindest für den Haupt- und Sekundarschulbereich zu niedrig angesetzt sind. Daß *Jungen häufiger als Mädchen* die Schule schwänzen, *trifft so nicht zu.* Allerdings gibt es Anhaltspunkte dafür, daß die *intensiveren Formen* des Fernbleibens *bei Jungen häufiger* auftreten.

Was sind „Schulverweigerer"?

Was seit Jahrzehnten unter dem Stichwort „Schulschwänzer" diskutiert wurde, erfährt im Kontext der Neupädagogisierung dieses Phänomens die unterschiedlichsten Umschreibungen: „Schulmüde", „Schulverweigerer", „Schulentwöhnte", „Schulabstinente". Thimm (1998) führt weitere Begriffe ein: „Schulverdrossenheit" und „Schulflucht". Derselbe Autor führt in einer Grundlegung (Thimm 2000) den neutralen Fachbegriff „Absentismus" ein und unterschiedet dabei die drei Steigerungsstufen:

- Gelegenheitsschwänzen
- Regelschwänzen und
- Intensivschwänzen als Form dauerhafter, zumindest lang anhaltender Schulverweigerung.

All diese Umschreibungen dienen in der Fachdebatte noch keineswegs einer differenzierenden oder kathegorisierenden Sprachregelung, sondern finden meist synonyme Verwendung. Um angemessene Reaktionsformen entwickeln zu können, ist eine einzelfallbezogene Klärung notwendig, was eine gemeinsame Aufgabe von Schule, Elternhaus und Jugendhilfe darstellt und auch den einzelnen Schüler in einer ihm entsprechenden Weise einbezieht. Aus der Perspektive einer praxisbezogenen Forschung wird deutlich, daß sich unterschiedliche Berufsgruppen mit unterschiedlichen Sichtweisen und einem oftmals nur geringen Kooperationsverhalten mit den Schulabstinenten auseinandersetzen. Neben Schul-, Sonder- und Sozialpädagogen befassen sich auch Psychologen, Psychiater und Allgemeinmediziner mit den auffälligen Verweigerern.

Die Ursachen und Motive für Schulverweigerung sind höchst unterschiedlich. Ohne Anspruch auf Vollständigkeit habe ich in einer früheren Darstellung unterschieden zwischen (Simon 2000):

- *Gelegentlichem Schulschwänzen,* welches – auch als „Schulbummelei" bezeichnet – für sich meist noch keine besondere Unterstützungsform notwendig macht. Wie gelegentlicher Alkohol- oder Drogenkonsum oder vereinzelter Ladendiebstahl kann gelegentliches Schulschwänzen als typische Erscheinungsform jugendlicher Entwicklung betrachtet werden. Meist handelt es sich um passagere, also vorübergehende Ausdrucksformen Jugendlicher, die in der Schule bzw. in gelingender Interaktion zwischen Jugendlichen, Schule und Elternhaus aufgefangen werden müßten – was allerdings vielfach nicht geschieht.
- Schulverweigerungen, die auf *Schwierigkeiten mit der Institution Schule* zurückzuführen sind. Hierzu gehören Probleme mit den Leistungsanforderungen, nicht überbrückbare Konflikte mit Lehrern oder Schwierigkeiten im Lernverhalten.
- Dauerhaftem Fernbleiben von der Schule, das *auf die Einschätzung zurückzuführen ist: „Schule ist sinnlos."* Diese Motivlage ist besonders häufig bei leistungsschwachen Hauptschülern und Berufsschülern ohne Arbeits- oder Ausbildungsplatz zu finden.
- Schulverweigerung, die *auf Unterforderung zurückgeht.* Wenn Schule langweilig ist und einen erheblichen Teil der Fertigkeiten und Begabungen nicht fordert, kann Fernbleiben genauso eine Reaktion sein wie das „innere Abschalten" während des Unterrichts.
- *Mißerfolgsbedingtem Schulverweigern:* Die ständige Erfahrung, ein „Schulversager" zu sein und von Lehrern und Mitschülern als solcher gesehen zu werden, kann zu unterschiedlichen Reaktionen führen. Viele „Störer" und „Gewalttäter" kompensieren in ihren Handlungen den Schulfrust. Andere bleiben dem Ort des ständig wiederkehrenden Mißerfolges lieber fern.
- Schulverweigerungen, die auf sehr unterschiedliche *psychosoziale Problemlagen* zurückgehen, welche vielfach ihre Ursachen in den Bedingungen des Aufwachsens des einzelnen Kindes oder des einzelnen Jugendlichen haben.
- Fernbleiben von der Schule, das *auf Ängste zurückgeht.* Hierbei sind weniger bereits angesprochene Versagensängste gemeint, sondern Phobien oder panikartige Ängste vor Mitschülern, was auf Bedrohungs- oder Gewalterfahrungen zurückgehen kann.

Die Beschreibung dieser *Prototypen der Schulverweigerung* kann im Kontext der Betrachtung individueller Entwicklungsverläufe um eine Vielzahl weiterer Ursachenbündelungen ergänzt werden. Zu nennen sind familien- und gruppendynamische Aspekte – etwa in der Gruppe der Altersgleichen bzw. der Clique –, Schulverweigerung als eine Form der Bewältigung von Spannungen, Überforderungen und Konflikten (Thimm 2000, S. 252 ff.) oder als normwidriger Versuch der Gewinnung von Ich-Stärke und Autonomie. Gelegentlich wird Schulverweigerung auch als Korrelat bzw. als Derivat von allgemeiner Verhaltensauffälligkeit, psychischer Störung oder Jugenddelinquenz gesehen, das wiederum in einer besonderen Beziehung zu den Normen und Werthaltungen der Herkunftsmilieus stehen kann. Aus der Ersatzbeschulung, und hier ganz speziell aus dem Krankenhaus- und Hausunterricht, werden anhand der einzelfallbezogenen Erkenntnisse gehäuft entwicklungspsychologische und familiendynamische Ursachenbeschreibungen vorgenommen. Die spezifische Form „schulphobischen Verhaltens" korrespondiert in auffälliger Weise mit somatischen Störungen im Bereich des Magen-Darmtraktes und vegetativen Symptomen wie Zittern, Schweißausbrüchen und Herzsensationen (Nitzschmann 2000, S. 37). In anderen Fällen ist der Absentismus eine Form autoaggressiven Selbstschutzes, mit Hilfe dessen (weitere) soziale Kränkungen – etwa durch Lehrer und Mitschüler – vermieden werden sollen. In anderen Kontexten standen instabile innerfamiliäre Bindungsverhältnisse einer angemessenen Separations- und Autonomieentwicklung im Weg. In diesen Fällen ist bei späteren Schulvermeidern bereits der Kindergartenbesuch problematisch gewesen:

> „Entweder bestanden Eingewöhnungsschwierigkeiten oder das Kind blieb nach kurzer Zeit sofort wieder zu Hause oder es zog sich allmählich zurück" (Nitzschmann 2000, S. 49).

In wiederum anderen Lebenslagen ist Schulverweigerung ein Abwehrverhalten chronischer Überforderung oder Symptom pathologischer Familienverhältnisse.

Häufig sind verschiedene der genannten Ursachen miteinander verknüpft und wirken kumulativ. Mit den beiden Autoren Knispel und Münch (1997) ist von einem ursächlichen multifaktoriellen Spannungsfeld auszugehen, welches in familiären, schulischen und psychosozialen Ursachen gründet.

Bereits Remschmidt und Schmidt (1988, in: Nitzschmann 2000, S. 14) haben nachgewiesen, daß ein regelmäßiger, kontinuierlicher Schulbesuch eher die Ausnahme darstellt. Die meisten Schüler fehlen zehn und mehr Tage des Jahres im Unterricht aus Gründen, die nicht mit Erkrankung in Beziehung stehen. Dieses gelegentliche Fehlen wird noch nicht als Schulvermeidung verstanden, es kann allerdings in Einzelfällen eine Vorstufe hierzu darstellen.

Das breite Spektrum an Ursachenbeschreibungen stellt derzeit noch eine Art Expertenwissen dar. Noch immer dominiert in weiten Teilen des öffentlichen Diskurses ein Bild von Schulverweigerung, das auf einem Mangel an Disziplin in Schule und Elternhaus beruht. Eine im Mai 2001 vorgelegte bundesweite Untersuchung des Deutschen Jugendinstitutes verdeutlicht allerdings, daß ein Schulschwänzen „just for fun" die Ausnahme darstellt (Schreiber-Kittl 2001, S. 3).

Ein nicht unerheblicher Teil der Gründe liegt in der Schule selbst. Damit ist vor allem gemeint, daß sich die Schule in nur unzulänglicher Weise dem Phänomen Schulverweigerung stellt. Diese Einschätzung wird auch durch die Ergebnisse einer von mir durchgeführten Expertenbefragung im Landkreis Schönebeck unterlegt.

Abbildung 1: Interaktionsrahmen der Schulverweigerung:

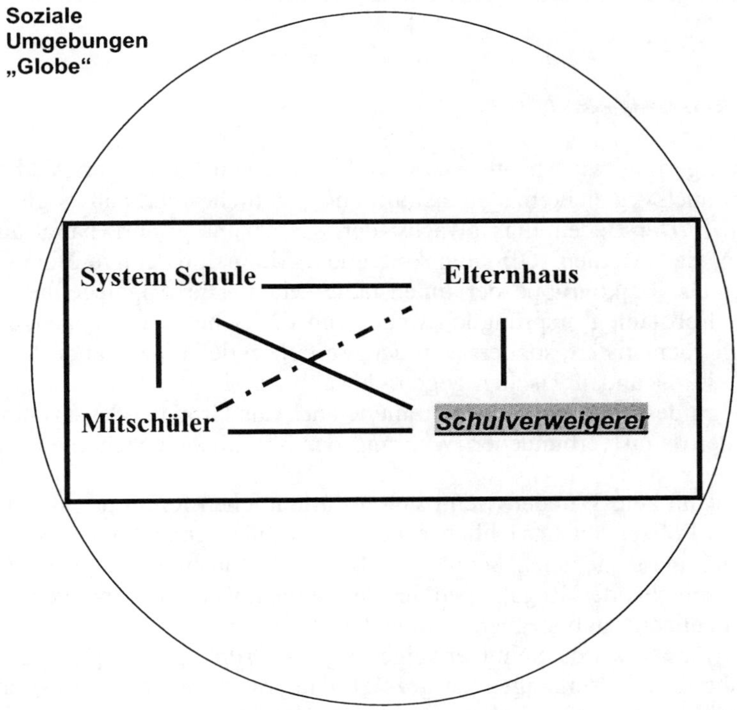

Grundsätzlich ist für das Verständnis von Schulverweigerung das Konzept eines systemischen Ansatzes relevant, in dem

- Schüler
- Eltern
- Schule
- Mitschüler
- und der „Globe“ – das soziale Umfeld –

gegenseitig bedingende Wirkungen entfalten (Abbildung 1).

Dabei belegen zahlreiche Erfahrungen und Befunde, daß Disziplinierungsmaßnahmen zur Einhaltung der Schulpflicht immer weniger greifen. Manifeste Schulverweigerung ist meist ein sich über mehrere Jahre entwickelnder Prozeß, der häufig durch unzureichende Kommunikation zwischen Schule und Elternhaus beschleunigt und verstärkt wird.

Aus allmählichem und oftmals noch unauffälligem, bzw. erfolgreich kaschiertem Fernbleiben von der Schule entwickelte sich meist über einen Zeitraum von ein bis zwei Jahren hinweg ein chronifiziertes Vermeidungsverhalten. Besonders häufig geschah dies unmittelbar während oder nach der Pubertät. Neben dem in dieser Phase angelegten Übergang von der Kindheit zum Erwachsenwerden ist diese Altersspanne zudem eine kulturelle Übergangssituation, in welcher als erschwerende Umstände auch die Übergänge in weiterführende Schulen angelegt sind.

Reaktionen und Angebote

Schulverweigerung wird heute – wie andere Formen auffälligen Verhaltens Jugendlicher auch – gleichermaßen als ordnungsrechtliches und pädagogisches Problem gesehen. Der Bedeutungszuwachs, den das Thema erfährt, hängt auch damit zusammen, daß Medien, Öffentlichkeit und „kriminalpräventive Beiräte" Schulschwänzer als Risikogruppe der Innenstädte sehen. Die Angelegenheit wurde in manchen Großstädten ursprünglich weder von der Schulverwaltung noch von der Jugendhilfe thematisiert, sondern von den Vertretern des Einzelhandels in örtlichen Beiräten oder „Runden Tischen gegen Gewalt" als ein zunehmendes Problem beschrieben, zu dessen Lösung die Kommune auch aus Gründen der Kriminalprävention und der damit verbundenen Wahrung der öffentlichen Sicherheit verpflichtet sei.

Es ist dann kein Wunder, wenn sich im öffentlichen Raum private Sicherheitsdienste und Polizei mit tatsächlichen oder auch nur vermeintlichen Schulschwänzern beschäftigen und auch bereits darüber nachgedacht wurde, dem Phänomen mittels entsprechender Regelungen in „Gefahrenabwehrverordnungen" oder „Innenstadtsatzungen" zu begegnen (Simon 2001).

Schon immer wurde Schulverweigerung als Ordnungswidrigkeit gesehen. Es hat sich aber in der Vergangenheit gezeigt, daß angedrohte oder vollstreckte Bußgeldbescheide zunehmend wirkungslos geworden sind. Abgesehen von immer wieder versuchten „drakonischen Exempeln" wurde in den letzten Jahren auf die polizeiliche Zuführung zum Unterricht weitgehend verzichtet, da die Wirksamkeit auch dieses Instruments in Zweifel geriet.

Weitaus weniger öffentlichkeitswirksam waren Versuche, Schulverweigerung als schulisches und didaktisches Problem anzunehmen. Schulische Maßnahmen, die Schulverdrossenheit mindern, liegen im Spektrum von Raumgestaltung, der Schaffung veränderter kommunikativer Strukturen innerhalb der Institution Schule sowie der Ausweitung von Mitwirkungsmöglichkeiten von Schülerinnen und Schülern. Auch innerhalb der Schulkonzepte zahlreicher Gesamtschulen wurden in der Vergangenheit gezielte Versuche unternommen, das subjektive Schulerleben leistungsschwacher Schüler zu verbessern.

Bereits an anderer Stelle wurde beschrieben (Simon 2000), wie Soziale Arbeit sich in unterschiedlicher Weise mit Schulverweigerern befaßt hat. Dabei kann unterschieden werden zwischen Maßnahmen und Projekten, die neben anderen Zielgruppen zufällig oder geplant auch Schulverweigerer erreicht haben und solchen, die gezielt mit Blick auf diese Gruppe eingerichtet wurden. So resultierten aus der Gemeinwesendebatte der frühen 70er Jahre Spiel- und Lerngruppen, die häufig in Obdachlosensiedlungen gegründet wurden. Diese Projekte erreichten auch Kinder und Jugendliche, die nicht oder nur noch unregelmäßig zur Schule gingen. Diese wurden in die Projektarbeit einbezogen, wobei – auch im Sinne einer „parteilichen

Kinder- und Jugendarbeit" – Kontakte und Kooperationen mit Schulen meist unterblieben.

Modellprojekte der Schulsozialarbeit und die Entwicklung der Gesamtschulen in den SPD-regierten Bundesländern ließen Schulsozialarbeit als Unterstützungsangebot der Jugendhilfe sinnvoll erscheinen. Der Arbeitsansatz war örtlich unterschiedlich konzipiert, hatte sich aber zur Aufgabe gestellt, gerade auch mit denen zu arbeiten, die ihren Schulfrust im Fernbleiben vom Unterricht artikulierten, wobei sich das Problem stellte, wie diese Schüler überhaupt zu erreichen waren.

Mit den seit Beginn der 70er Jahre implementierten Modellprojekten der Streetwork und mobiler Jugendarbeit wurde ein neuer Zugang zu Schulverweigerern auch an den Orten gefunden, an denen sie sich außerhalb des Wohn- und Schulumfeldes aufhielten. Dabei waren sie in der Regel nicht die vorrangige Zielgruppe aufsuchender Jugendarbeit, sie wurden da erreicht, wo andere „auffällige" Gruppen die Adressaten waren, zumal Schulverweigerung nicht selten mit anderen Auffälligkeiten Jugendlicher einher geht. Im Kontext von Streetwork und aufsuchender Jugendsozialarbeit konnte auch vermehrt festgestellt werden, daß sich Schulverweigerer – zumindest tagsüber – oftmals in den Szenen der jungen Menschen aufhalten, die arbeitslos, obdachlos oder drogenabhängig sind (Christe/Fülbier 2001, S. 541).

Projekte, die vorrangig und gezielt mit Schulverweigerern arbeiten, sind erst in den letzten Jahren entstanden und befinden sich meist noch in der Modellphase. Hierzu gehören insbesondere „Schulen für Schulverweigerer", Angebote, die so gestaltet sind, daß sie für Kinder und Jugendliche zugänglich sind, die mit „normaler Schule nichts mehr am Hut haben". Beispiele hierfür sind der Schulversuch „Schule des Lebens in Brandenburg" oder das „Zentrum für alternatives Lernen" in Schönebeck/Elbe.

Andere Projekte haben werkpädagogische Angebote der Jugendhilfe mit schulischen Lernzielen verknüpft. Erneut in den Blick geraten ist auch das Modell der dänischen Produktionsschule, welches, freilich ohne praktische Relevanz, bereits in früheren bildungstheoretischen Debatten Beachtung fand. In Einzelfällen wurden an Hauptschulen auch spezielle Klassen für Schulverweigerer eingerichtet. Wo neue Modelle entwickelt werden, darf auch ganz Exotisches nicht fehlen: Das Christophorus-Jugendwerk entwickelte ein web-gestütztes „Fernschulprojekt" für Straßenkinder.

Gemeinsames Merkmal dieser Projekte ist eine enge Verzahnung zwischen Schule und Jugendhilfe. Nur wo dieser interdisziplinäre Arbeitsansatz gelingt, werden Chancen für Schulverweigerer eröffnet.

Auch neuere Angebote der Jugendsozialarbeit richten sich (auch) an Schulverweigerer, so z.B. das aus den Niederlanden in das deutsche Jugendhilfesystem mit einigen Modifikationen übernommene Konzept der Ambulanten Intensiven Begleitung (AIB). Hier werden, vergleichbar mit Case- oder Unterstützungsmanagement, verschiedene Elemente der Sozialarbeit entsprechend des aus dem Fall resultierenden Bedarfs miteinander kombiniert und in einem zeitlich begrenzten Rahmen zur Anwendung gebracht (Hoffmann1999).

Obwohl – vor allem mit Blick auf Schulsozialarbeit – z.B. in Sachsen-Anhalt ein gemeinsamer Runderlaß des Sozial- und des Kultusministeriums über die Zusammenarbeit von Schule und Jugendhilfe verabschiedet wurde, ist das Verhältnis zwischen Jugendhilfe und Schule vielerorts keineswegs störungsfrei. Die Gründe hierfür weisen eine große Bandbreite auf und sollen hier aufgrund des einführenden Charakters dieses Kurzbeitrages nicht weiter vertieft werden. Von großer Bedeutung aber ist, daß die niedrigschwelligen Angebote für Schulverweigerer nicht zum Entsorgungspark für ungelöste Probleme verkommen, auf den immer dann verwiesen wird, wenn die Schwierigkeiten mit einzelnen Schülern das Leistungsvermögen der Schulen zu übersteigen scheinen.

Eine besondere Schwierigkeit der Zusammenarbeit resultiert auch aus der notwendigen *Zusammenführung nur schwer kompatibler Rechtsbereiche.* Während auf der einen Seite die Arbeit mit Schulabstinenten als Form der Jugendsozialarbeit im Sinne des § 13 KJHG zu verstehen ist, ist diese andererseits aus rechtlichen Gründen mit den Schulverwaltungen abzustimmen. Dies hat schon deshalb zu geschehen, da der Gedanke der Erfüllung der Schulpflicht in nahezu allen Angeboten für Schulverweigerer eine besondere Rolle spielt. Aus diesem Grund sind in einer Reihe von Bundesländern unterschiedliche Regelungen – in Form von Ausnahmeregelungen, Rechtsverordnungen, Durchführungsbestimmungen und Kooperationsvereinbarungen – geschaffen worden, die dem Gedanken der Erfüllung der Schulpflicht bzw. der möglichen späteren Wiedereingliederung in das Regelschulsystem in besonderer Weise Rechnung tragen.

In Angrenzung zu anderen Formen der Jugendhilfe definiert der § 13 KJHG sozialpädagogische, und hierbei ursprünglich vor allem berufsbezogene Hilfen für Jugendliche, die aus sozialen oder persönlichen Gründen Schwierigkeiten haben, mit individuellen oder gesellschaftlichen Anforderungen zurecht zu kommen (Münder 1999, S. 172). Dabei wird einer Sichtweise Rechnung getragen, wonach mangelhafte Ausbildung und Arbeitslosigkeit eine besondere Gefährdung für Jugendliche und junge Erwachsene darstellen. Jugendsozialarbeit dient somit insbesondere der Integration und wendet sich in Abgrenzung zur Jugendarbeit nicht an alle, sondern vorrangig an solche jungen Menschen, die im Prozeß der beruflichen und sozialen Integration „in erhöhtem Maße auf Unterstützung angewiesen sind" (§ 13 Abs. 1 KJHG). Die Verantwortung auch anderer Institutionen für Jugendsozialarbeit wird deutlich in der Formulierung des Abs. 1, der von den Angeboten der *Jugendsozialarbeit im Rahmen der Jugendhilfe* spricht (Münder 1999, S. 173). Das Verhältnis der Jugendhilfe zur Arbeitsverwaltung und der Schule wird durch den für die Jugendhilfe maßgeblichen Grundsatz des Nachrangs geprägt.

Nur die Hilfen nach § 13 Abs. 1, also sozialpädagogische Hilfen, die schulische und berufliche Ausbildung sowie Eingliederung in die Arbeitswelt fördern, sind innerhalb des § 13 KJHG als *„Soll-Hilfen"* konstruiert, was die Leistungsträger der Jugendhilfe grundsätzlich dazu verpflichtet, die Leistung zu erbringen, bzw. Angebote und Veranstaltungen bereitzustellen, wenn die Voraussetzungen bei den Hilfesuchenden gegeben sind.

Schulverweigerung wird als *Phänomen mit Langzeitwirkung* dauerhafte gemeinsame Anstrengungen von Schule und Jugendhilfe abverlangen. Einrichtungen wie das nachfolgend näher vorgestellte „Zentrum für Alternatives Lernen" sind durchaus geeignet, wirksame Angebote für Schulverweigerer bereitzustellen und den notwendigen Diskurs zwischen den Akteuren der Schule und der Jugendhilfe fachlich und moderierend zu unterstützen.

Quellen

G. Christe/P. Fülbier, SchulverweigerInnen und SchulabbrecherInnen, in: P. Fülbier/R. Münchmeier (Hrsg.), Handbuch Jugendsozialarbeit. Geschichte, Grundlagen, Konzepte, Handlungsfelder, Organisation, Band 1, Münster 2001

B. Hoffmann, AIB – Ambulante Intensive Begleitung. Ein Angebot für Kinder, Jugendliche und Jungerwachsene in Krisensituationen und besonderen Lebenslagen, unveröffentlichte Diplomarbeit, Magdeburg 1999

C. Knispel/H. Münch, Wenn Kinder und Jugendliche nicht zur Schule wollen – Schulverweigerung aus der Sicht eines Gesundheitsamtes, in: Das Gesundheitswesen, Heft 11/1997

J. Münder u.a., Frankfurter Lehr- und Praxiskommentar zum KJHG, Münster 1993, 4. überarbeitete Auflage 1999

K. Nitzschmann, Verweigerung macht Sinn. Schulvermeiden und Weglaufen als Selbstfindung, Frankfurt/M. 2000

H. Remschmidt/M. Schmidt (Hrsg.), Handbuch zur Kinder- und Jugendpsychiatrie, o.O. 1988, zitiert in: K. Nitzschmann, Verweigerung macht Sinn. Schulvermeiden und Weglaufen als Selbstfindung, Frankfurt/M. 2000

M. Schreiber-Kittl, Kein Bock auf Schule? Schulverweigerung – eine gesellschaftliche Herausforderung, in: DJI Bulletin, Heft 54/ Mai 2001

T. Simon, Arbeit mit Schulverweigerern – nur eine Modeerscheinung?, in: S. Uhlig (Hrsg.), Da geh' ich nicht mehr hin! Zum Umgang mit Schulabstinenten und Möglichkeiten alternativer Betreuungs- und Beschulungsprojekte, Magdeburg 2000

T. Simon (Hrsg.), Wem gehört der öffentliche Raum? Zum Umgang mit Armen und Randgruppen in Deutschlands Städten, Opladen 2001

K. Thimm, Schulverdrossenheit und Schulverweigerung, Berlin 1998

K. Thimm, Schulverweigerung. Zur Begründung eines neuen Verhältnisses von Sozialpädagogik und Schule, Münster 2000

Karl-Heinz Braun

Schulverweigerung – eine Herausforderung für die pädagogische und soziale Qualitätsentwicklung der Regelschule

Obwohl nach Auffassungen der ExpertInnen die Schulverweigerungen zunehmen (es wird geschätzt, dass ca. 10-15% der Heranwachsenden „schulmüde" sind; vgl. Schreiber-Kittl 2001, S.13 u.21), ist sie – im Gegensatz etwa zu Großbritannien – bei uns kein bedeutsames Thema der pädagogischen oder bildungspolitischen Diskussionen (wie Rademacker 2001, S.3 und Ehmann/Rademacker 2001, Kap.4 u.5.2 zu Recht feststellen). Das könnte sich allerdings durch die Veröffentlichung der internationalen Leistungsvergleichsstudie „PISA 2000" in absehbarer Zeit deutlich ändern, denn sie machte deutlich, das in Deutschland die jeweiligen sach- bzw. fächerbezogenen *Risikogruppen* besonders groß (z.T. sogar am größten) sind. Diese von gesellschaftlicher Ausgrenzung und soziokulturellem Ausschluß bedrohten Risikogruppen – von denen die SchulverweigerInnen einen spezifischen Teil darstellen – sind in der Untersuchung dadurch charakterisiert, dass sie als 15-Jährige nicht über jene Kompetenzen verfügen, die ihnen eine erfolgreiche Berufsausbildung ermöglichen. Dies sind im Bereich des *Lesens* 22,5% (OECD-Durchschnitt: 17,9%), im Bereich *Mathematik* 24% (dies ist von allen OECD-Staaten der höchste Wert) und in der *naturwissenschaftlichen Grundbildung* 26,3% (OECD-Durchschnitt: 24,3%)[1]. Die darin zum Ausdruck kommenden *strukturellen,* pädagogischen und

---

1 Vor diesem Hintergrund ist es sachangemessen, wenn der sachsen-anhaltinische Kultusminister Harms in seinem 10-Punkte-Programm (auch als Reaktion auf die PISA-Ergebnisse) der Förderung der „schwachen" SchülerInnen unter dem Stichwort „Fordern und Fördern – Keinen zurücklassen" besondere Aufmerksamkeit schenken will: „Schule soll den Fähigkeiten, Begabungen und Neigungen möglichst aller Schülerinnen und Schüler gerecht werden. Bundesweit steigende Zahlen von Jugendlichen ohne Schulabschluss sind ein Signal dafür, dass andere Formen des Lernens benötigt werden. Deshalb wird das Land für diese Schülergruppe besondere Lernangebote entwickeln, die praktisches Lernen, Berufsorientierung und Allgemeinbildung miteinander verbinden. Lernen in der Sekundarschule oder der Sonderschule, der Berufsschule und im Betrieb werden kombiniert" (Harms 2002, S.2). – Wie wenig selbstverständlich diese Perspektive (noch) ist, macht das ZEIT-Spezial zu PISA deutlich (in: Nr.50 v. 6.12.2001): Von Jürgen Baumert und Hermann Lange wird deutlich hervorgehoben: „Eines aber steht fest: Die Befunde sind sehr besorgniserregend. Entscheidend ist, dass die Länder entschlossen sind, jetzt die Konsequenzen zu ziehen. Insbesondere bei der Förderung von leistungsschwächeren Schülern. (...) Das widerspricht der allgemeinen Auffassung, wir müßten vor allem etwas für die Eliteförderung tun. Das müssen wir auch. Aber nach den Pisa-Ergebnissen muss der untere Leistungsbereich unsere besondere

sozialen Qualitätsprobleme des deutschen Schulwesens und damit auch das der Schulverweigerung sind aber nur dadurch schrittweise zu lösen, dass es zu einem *nachhaltigen Perspektivenwechsel* kommt, von der machtgestützten Kontrolle der SchülerInnen zum pädagogisch reflektierten Lebensweltbezug (1.), von der gegliederten zur integrativen Förderung und Homogenisierung der Leistungen (2.) und von der Konkurrenz und Abschottung in den Beziehungen zwischen Schul- und Sozialpädagogik zu deren Kooperation und Integration (3.).

1. Von der funktional-administrativen Kontrolle der SchülerInnen zur intersubjektiven pädagogischen Verständigung aller Beteiligten

Die Tatsache, dass bestimmte SchülerInnen den Unterricht teiweise oder gar nicht mehr besuchen bzw. der Schule überhaupt fern bleiben, verweist zunächst auf den Kontrollverlust der Schule ihnen gegenüber. Dieser wird allerdings in einem nicht geringen Teil der Fälle gar nicht bemerkt (zumal wenn er auf bestimmte Stunden bzw. Fächer/LehrerInnen beschränkt ist oder nur sporadisch stattfindet), oder aber er wird lieber übergangen und verschwiegen, weil sonst aufwendige administrative und pädagogische Maßnahmen innerhalb und außerhalb der Schule notwendig werden, für die die Verantwortlichen keine Zeit finden oder die sie scheuen, weil dann ggf. auch Fragen nach der Fallgeschichte (z.B. von Seiten der Schulaufsicht) aufgeworfen werden oder weil angesichts der demografischen Entwicklung die notwendige Klassenstärke nicht mehr erreicht wird (oder in Grenzfällen sogar ein Schulstandort gefährdet wird). Deshalb ist davon auszugehen, das die offizielle Schätzung von ca. 300.000 SchulverweigerInnen in Deutschland nur das Minimum erfasst (vgl. Puhr u.a. 2001, S.7)[2].

Einen ersten Ansatz, dieses strukturelle Kontrolldefizit der rein administrativen Problembearbeitung zu überwinden stellt der Versuch dar, nach den Fähigkeiten und Bereitschaften derjenigen zu fragen, die Unterricht und Schule verweigern. In entsprechenden kollegialen Falldiskussionen oder (schulinternen) Fortbildungsveranstaltungen dominiert dann die *Defizitwahrnehmung* der entsprechenden Kinder/Jugendlichen: Sie verfügten demnach nicht über die elementaren Kulturtechniken, sie hätten grosse Lücken im Fachwissen, ihr Sozialverhalten sei unakzeptabel bis unerträglich, sie würden kritische Hinweise nicht annehmen oder reagierten sogar aggressiv auf sie, sie seien sich selbst und anderen gegenüber feindselig einge-

Aufmerksamkeit haben.“ (ebd.,S.46) Aber in dem anschließenden Reformkatalog von Marc-Stefan Andrea (ebd.,S.51) wird ausschließlich die Begabtenförderung erwähnt.

2 Angesichts dieser Situation ist es ein richtiger und notwendiger Schritt, wenn das Kultusministerium von Sachsen-Anhalt (2001) eine Empfehlung zum Umgang mit SchulverweigerInnen veröffentlicht hat, in der auch konkrete Meldeverfahren und pädagogische Maßnahmen vorgeschlagen werden. Es geht dabei von folgender Problemstellung aus: „Um chronische Schulverweigerer zur Erfüllung ihrer Schulpflicht zu bewegen, wird oft schnell zu Anzeigen, Bußgeld und gemeinnütziger Arbeit gegriffen. Solche Sanktionen können aber nur als ultima ratio angesehen werden, sie ändern beim Einzelnen meist nichts. Nötig sind pädagogisch begründete Herangehensweisen.(ebd.,S.260) Wie komplex diese Maßnahmen sein müssen, um erfolgreich zu sein, das möchte ich in diesem Beitrag deutlich machen.

stellt, sie machten generell einen depressiven Eindruck und seien in der Mehrzahl irgendwie krank usw. So sehr diese Charakterisierungen im jeweiligen Fall tatsächlich Aspekte des Handelns und der Persönlichkeit der Heranwachsenden erfassen, so sehr fällt zugleich auf:

a) Die auftretenden Probleme werden nur *situativ* und *reaktiv* wahrgenommen, doch es wird nicht auch nach deren *Entstehung* gefragt, also nach deren objektiven Ursachen und subjektiven Gründen. Es muß nämlich darauf hingewiesen werden, dass Schulverweigerung „nicht über Nacht" und „einfach so" entsteht, sondern das Ergebnis eines langen Distanzierungsprozesses von der Schule und ihren Anforderungen sowie Interaktionsformen darstellt. Sie beginnt – z.T. schon in der Grundschulzeit – mit der *mentalen Abwesenheit* im Unterricht (z.B. Dösen und Träumen), setzt sich ab dem Beginn der Sekundarstufe I fort in der *aktiven Störung* des Unterrichts (in bestimmten Fächern/bei bestimmten LehrerInnen oder auch zunehmend generell) und geht schließlich bis hin zur *aktiven Verweigerung* des Schulbesuches zu bestimmten Zeiten oder auch allgemein (meist ab dem 12. oder 13. Lebensjahr). Dabei wird die mentale Abwesenheit als die elementarste, weil passive Form der Schulverweigerung in den allermeisten Fällen gar nicht wahrgenommen, weil sie *schulkonform* ist (sie stellt die traditionelle Ordnung des Unterrichts und der Schule nicht aktiv in Frage). Wie groß dieser Anteil ist, zeigt eine Befragung an sachsen-anhaltinischen Sekundarschulen[3], nach denen nur 26,3% der SchülerInnen immer oder meistens gerne zur Schule gehen; für 53,7% ist das sehr unterschiedlich (wobei 60,1% der Mädchen und 47,7% der Jungen ein solch ambivalentes Gefühl haben); 20,0% gehen meistens oder überhaupt nicht gerne zur Schule (hier dominieren die Jungen mit 26,2% gegenüber den Mädchen mit 13,4%). Dabei sinkt die Schulzufriedenheit mit steigender Klassenstufe (von 33,4% in der Förderstufe auf 21,4% in Klasse 9/10) und steigt der Anteil derjenigen, die meistens oder überhaupt nicht gerne zur Schule gehen (von 17,9% auf 22,2%). Diese Daten verweisen auf einen erheblichen pädagogischen Präventionsbedarf und machen zugleich deutlich, dass Schulverweigerung nur die Spitze des Eisberges ist.

b) Es wird bei dieser Defizitsicht (fast) ausschließlich in den Vordergrund gestellt, was die potenziellen oder faktischen SchulverweigerInnen ggf. tatsächlich nicht können und nicht auch gefragt, welche Kompetenzen sie produktiv in die schulischen Bildungs- und Erziehungsprozesse einbringen könnten, wenn diese nicht hochrangig sprach- und fachzentriert wären, sondern auch handwerkliche, sportliche und soziale Kompetenzen einbeziehen und auch bei der Benotung stärker gewichten würden. So zeigen Fallanalysen und Alltagsbeobachtungen immer wieder, wie *unterschiedlich* sich die SchülerInnen nicht nur bei verschiedenen Unterrichtsmethoden (z.B. bei Frontalunterricht oder in Projekten) oder den verschie-

---

3 Diese Befragung wurde im Rahmen des Zertifikatskurses Schulsozialarbeit an der Hochschule Magdeburg-Stendal (FH) an 36 Sekundarschulen im nördlichen Teil von Sachsen-Anhalt durchgeführt: Befragt wurden dabei im Sommersemester 1999 208 LehrerInnen und im Sommersemester 2000 1498 SchülerInnen (weiblich: 48,7%, männlich 51,2%) zu den psychosozialen Problemsichten des Unterrichts und Schullebens und zu den Schwerpunkten der sozialpädagogischen Arbeit in der Schule. Soweit nicht anders angegeben, beziehen sich alle Angaben im laufenden Text auf *diese* Befragung.

denen Fächern bzw. LehrerInnen verhalten, sondern auch innerhalb der Schule, innerhalb und außerhalb des Unterrichts (man glaubt dann manchmal, ganz gegensätzlichen Menschen zu begegnen). Werden diese Heranwachsenden in ihren *spezifischen,* nicht immer lehrplankonformen Kompetenzen und Neigungen angesprochen (wird ihnen z.B. die Verantwortung für außerunterrichtliche Schulveranstaltungen übertragen), zeigen sie häufig ganz erstaunliche Seiten (z.B. ein hohes Maß an Anstrengungsbereitschaft und Zuverlässigkeit) und auch „Entwicklungssprünge", die sich auf die produktivere Bewältigung der traditionellen Unterrichtsanforderungen auswirken können (wenn man ihnen dazu Zeit lässt und die Leistungssteigerungen auch ehrlich würdigt).

c) Nicht nur die SchulverweigerInnen, sondern auch alle anderen Heranwachsenden werden weitgehend auf ihre funktionale Rolle als SchülerInnen reduziert; so wird völlig ausgeklammert, dass es „auch ein Leben vor, neben und nach der Schule gibt", welches bewältigt werden muß. Die Anforderungen der Schule sind also nur *ein Teil* der alltäglichen Lebensführung, die die Heranwachsenden zunehmend in eigener Regie und Verantwortung gestalten müssen; und sie können von der außerschulischen Lebensbewältigung so überfordert werden, dass sie für die schulische Lern-Arbeit keine Zeit oder auch keine Kraft mehr haben (so wenn sie z.B. ihre Geschwister versorgen und die Familie zusammenhalten müssen). Wer also die Kinder/Jugendlichen *nur* als SchülerInnen betrachtet und behandelt, der versteht sie *auch* als SchülerInnen nur sehr unzureichend! Dies wird schlaglichtartig daran klar, dass die allermeisten PädagogInnen *nicht* wissen, wo sich die aktiven SchulverweigerInnen während der offiziellen Unterrichtszeit aufhalten; und entgegen der häufigen Vermutung zeigt sich, dass die meisten diese „schulfreie" Zeit gar nicht *als freie* Zeit zu geniessen vermögen, weil sie zugleich ihre Schulabwesenheit vor den verschiedenen Kontrollinstanzen und -personen verbergen müssen (vgl. dazu Schreiber-Kittl 2001, Kap.6.2).

Es dürfte deutlich sein, dass mit der Defizitperspektive der kontrollierende Blick auf die Heranwachsenden noch nicht wirklich aufgegeben worden ist, sondern dass sie nunmehr nicht an ordnungspolitischen, sondern an pädagogischen (oder pädagogisch gemeinten) Normvorstellungen gemessen werden, die ihnen *äußerlich* und *fremd* bleiben müssen, weil die Beziehung dieser Anforderungen zu ihrer Lebenslage und Lebenswelt für sie nicht nachvollziehbar ist, weil sie entweder viel zu abstrakt ist (z.B. der Hinweis darauf, dass bestimmte Versetzungen und Abschlüsse für die spätere Berufsausbildung wichtig sind), oder weil die SchülerInnen im Moment gravierendere Probleme zu bewältigen haben (es z.B. nach einem sexuellen Mißbrauch etwas Wichtigeres zu tun gibt als für die Schule zu lernen), oder weil ein solcher Zusammenhang gar nicht besteht.

Sofern die Überwindung der tatsächlichen oder vermeintlichen Defizite die Grundlage der schulischen Aktivitäten zur Überwindung der passiven und/oder aktiven Schulverweigerung darstellt, muß aus den gezeigten Gründen mit dem *Widerstand* der SchülerInnen gerechnet werden. Es besteht dann die nicht unerhebliche Gefahr und Tendenz, dass dann auch engagierte LehrerInnen und Schulleitungen (wieder) zu rein administrativen Mitteln greifen (z.B. Unterrichtsausschluß, Sitzenbleiben, Überweisung in eine andere Regelschule oder eine Sonderschule). Auch in diesem Fall werden mit der Art der Problembewältigungsversuche die Probleme *verschärft*, die doch *gelöst* werden sollten. Sie forcieren auf Seiten der Heranwachsenden die Distanzierung von der Schule und den sozialen Ausschluß aus der Gruppe der Gleichaltrigen, der doch eigentlich rückgängig gemacht werden sollte. Das ist auch für die SchülerInnen selber ambivalent: Sie können sich zwar mit der Verweigerung *aktuell* „Luft verschaffen" und so ihr Alltagsleben wieder besser „in den Griff bekommen", aber zugleich verschärfen sie die Probleme, denn sie handeln sich auch *neue* Probleme ein mit ihren Eltern, der Schulverwaltung und den Ordnungsbehörden, die nun zusätzlich zu bewältigen sind. Sie verlieren zudem mit der Gleichaltrigengruppe einen ihnen sehr wichtigen Ort der sozialen Integration und des emotionalen Rückhalts (vgl. dazu Abschnitt 2.a dieses Beitrages). Dabei können aus nachvollziehbaren Gründen die *aktuellen Entlastungen* wichtiger sein als die *zukünftigen Folgen*. Das gilt aber nicht nur für die SchülerInnen, sondern auch für das Handeln der LehrerInnen und Schulleitungen. Mit den erwähnten Sanktions- und Ausschlußmaßnahmen ist das Problem für die Schule generell nicht geklärt, sondern wird *abgeschoben* in eine andere Klasse, eine andere Schule, einen anderen Bildungsgang, in die berufliche Ausbildung und/oder an sonstige Einrichtungen der öffentlichen Erziehung. Vielen Verantwortlichen im Bereich der Schulleitungen und -verwaltungen fehlt es an diesem *pädagogischen Folgebewußtsein* für die eigenen Entscheidungen und damit für die *gemeinsame* Verantwortlichkeit *aller* Personen und Institutionen der öffentlichen Bildung und Erziehung für die pädagogisch sinnvollste Form der Realisierung der gesetzlichen Schulpflicht.

Diese strukturellen Mängel im Umgang mit der Schulverweigerung lassen sich nur in dem Maße überwinden, wie auf die pädagogische und administrative *Kontrolle* soweit irgend möglich verzichtet wird und an ihre Stelle die möglichst unzensierte und gleichberechtigte *Verständigung* aller an den schulischen Bildungs- und Erziehungsprozessen Beteiligten tritt[4]. In deren Zentrum steht dann die wechselseitige Kenntnisnahme der verschiedenen Erfahrungen, Erwartungen und Handlungsperspektiven (in ihrer gesellschaftlichen, soziokulturellen, ethnischen und biografischen Eingebundenheit) und das Bemühen um eine *Koordinierung* der entsprechenden pädagogischen Handlungsweisen im Interesse einer tatsächlich *subjektbezogenen* und deshalb optimalen Förderung der Kinder und Jugendlichen. Dies bedeutet in Bezug auf die verschiedenen Personengruppen der Schulgemeinde:

a) Die *SchülerInnen* erhalten so die Gelegenheit, die sozialen und biografischen Hintergründe ihres Handelns offenzulegen und dadurch die von den professionellen PädagogInnen zumeist unterschätzte *Komplexität* der objektiven Ursachen und subjektiven Motiven der Schulverweigerung deutlich zu machen, an der sich die sozialen und pädagogischen Hilfen ausrichten müssen, wenn sie erfolgreich sein wollen. Insofern sollte hier das Gesamtspektrum der *jugendspezifischen Entwicklungsaufgaben* und ihre je biografisch-individuellen Bewältigungsweisen in den sozialen und pädagogischen Blick genommen werden (vgl. Fend 2000, Kap.3). Dazu gehören die Entdeckung des eigenen Körpers, der lernoffene Umgang mit der eigenen Sexualität, der Umbau der sozialen und interpersonalen Beziehungen innerhalb und außerhalb der Familie, welche soziale

4 Vgl. zur grundlegenden Bedeutung des Verstehens bzw. der Verständigung für die Lehrerbildung und das pädagogische Handeln in der Schule Klafki (1989, S.38ff).

Integration und emotionalen Rückhalt gewähren (sollen), die Berufsorientierung und -wahl, die Identitätsarbeit sowie die biografische Auseinandersetzung mit der eigenen Schullaufbahn und ihren zumeist vorhandenen Brüchen. In diesem Zusammenhang ist der *Schulangst* besondere Aufmerksamkeit zu schenken. Generell haben 53,3% der SekundarschülerInnen in Sachsen-Anhalt Angst vor Prüfungen, 30,4% vor Klassenarbeiten, 27,5% davor, keinen Ausbildungsplatz zu bekommen, 6,6% von bestimmten SchülerInnen nicht anerkannt zu werden, 5,2% vor bestimmten LehrerInnen, 4,5% vor bestimmten Schülern, 1,6 % vor bestimmten Schülerinnen und immerhin 1,5% ganz allgemein vor der Schule (eine generelle Angst vor der Zukunft bejahten 13,2%). Mädchen haben durchgängig – mit Ausnahme der Angst vor bestimmten LehrerInnen und vor bestimmten Schülern – mehr Angst als die Jungen). Wichtig ist aber auch die Thematisierung der *Verarbeitungsweisen* der Schulangst, die dann erst zu den (Ein-)Brüchen in der Bildungsbiografie führen: Von der latenten Verweigerung und der Schulunlust über die soziale und leistungsbezogene Schulaversion und Schulmüdigkeit bis hin zur Schulverdrossenheit und allgemeinen Schulaversion (vgl. dazu auch Peterson 2001; Puhr.u.a. 2001, Kap.3.2.2; Rost/Schermer 2001)[5].

b) Die *LehrerInnen* können in diesen Gesprächen und Konferenzen nicht nur ihre pädagogischen Erwartungen und deren Berechtigung darstellen, sondern auch deutlich machen, dass sie nicht nur LehrerInnen, sondern auch Erwachsene sind, die eine eigene Biografie haben und die *ihr* alltägliches Leben bewältigen müssen. Dazu gehören gerade in Ostdeutschland die allgemeine soziale Existenzunsicherheit, die unklare eigene Zukunft (speziell angesichts der demografischen Entwicklung), die häufig wechselnden Einsatzorte, die ungerechte Bezahlung (Ost- vs. Westgehälter) und die durchgreifenden Veränderungen der Schulstrukturen; darüber hinaus auch das Arbeitsklima in der Schule, bürokratische Praktiken der Schulaufsicht, die häufig unzureichende sachliche und personelle Ausstattung der Schulen und die Schwierigkeiten im Umgang mit unangenehmen oder problematischen Verhaltensweisen von Teilen der SchülerInnen bzw. ihren Eltern[6]. Indem sie diese schulinternen und -externen Belastungen und deren Bearbeitungen bis zu einem gewissen Grade offenlegen (z.B. die besondere Rigidität im sozialen Umgang oder der resignative Rückzug auf das eigene Fach und eine nur daran orientierte Notengebung), können sie auch Wege zu einer ganz anderen Art von Verständnis auf Seiten der SchülerInnen (und ggf. auch ihrer Eltern) bahnen – und damit zur Entspannung schwieriger LehrerInnen-SchülerInnen-Beziehungen beitragen. In diesem Zusammenhang dürfte auch die intergenerative Distanz (oder gar Fremdheit) zwischen den jeweiligen *Erfahrungsräumen* und *Erwarungshorizonten* und die *wechselseitigen* Schwierigkeiten einander zu verstehen ein wichtiges Thema sein.

c) Viele *Eltern* werden von der (aktiven) Schulverweigerung ihrer Kinder überrascht und sind deshalb irritiert, schockiert, hilflos, verunsichert – und reagieren

5 Für diese Verständigung mit den SchulverweigerInnen ist der von Puhr u.a. (2001, S.40-45) entwickelte Anamnesebogen ein hilfreiches Arbeitsmittel.

6 Auf die Belastung der LehrerInnen durch Schwierigkeiten in der Unterichtsführung gehe ich in Abschnitt 2.b dieses Beitrages genauer ein.

z.T. gar nicht oder aber mit überzogener Repression (z.B. Sperrung des Taschengeldes), mit einseitigen Vorwürfen gegenüber den jeweiligen LehrerInnen oder der Schule generell oder auch mit der Bitte um professionelle Hilfe. Dabei ist es auffällig, dass seit einiger Zeit die SchulverweigerInnen nicht nur aus sozial stark belasteten, sondern auch aus sog. „normalen“ Familien kommen, in denen sie nicht mehr hinreichend kognitiv gefördert und emotional gestützt und „aufgefangen“ werden (die Folge ist dann die „Wohlstandsverwahrlosung“). Da aber Maßnahmen der Fremdplazierung – entgegen den Erwartungen der Professionellen – von den betroffenen Kindern/Jugendlichen eher als problematisch denn als wirklich hilfreich empfunden und bewertet werden, sollte sich die Arbeit mit den Eltern auf die Stärkung ihrer *Erziehungskompetenzen* konzentrieren. Dazu ist es hilfreich, deren eigene Bildungs- und Berufsbiografie (einschließlich der selbst erfahrenen Ambivalenzen und Brüche) und die (auch) daraus resultierenden Erwartungen an die Bildungslaufbahn ihrer Kinder und an die LehrerInnen wie auch an die Schule generell zu thematisieren und so schrittweise zu klären, wie *sie* sich eine *wechselseitig* akzeptierende und fördernde Zusammenarbeit zwischen Schule und Elternhaus vorstellen.

d) Für die anderen *pädagogischen MitarbeiterInnen*, die innerhalb und außerhalb der Schule in die Arbeit mit den SchulverweigerInnen einbezogen sind, ergibt sich die Möglichkeit, ihre anders gelagerten und ausgerichteten pädagogischen und sozialen Erfahrungen, Erkenntnisse, Konzepte und Kompetenzen einzubringen und somit professionelle Blickverengungen der LehrerInnen (z.B. auf die reine Wissensvermittlung) aufzudecken, bewußt zu machen und schrittweise gemeinsam zu überwinden. Das wird allerdings nur gelingen, wenn *keine* Seite (also weder die LehrerInnen bzw. Schulleitungen noch die SozialpädagogInnen bzw. das Jugendamt) einen prinzipiellen und nicht hinterfragbaren Überlegenheitsanspruch vertritt, sondern im Interesse der Heranwachsenden sich *alle* PädagogInnen um eine fallbezogen optimale Lösung bemühen! Dass eine solche Verständigung von den (Sekundar-)SchülerInnen generell gewollt wird, zeigt auch der Kreis der Personen, mit denen sie im Falle von Konflikten in der Schule sprechen: 1. Mit den Eltern (63,9%); 2. mit der Freundin (53,0%); 3. mit dem Freund (48,1%); 4. mit einer Lehrerin/einem Lehrer, der/dem sie vertrauen (15,1%); 5. mit der Klassensprecherin/dem Klassensprecher (15,0%); 6. mit der Klassenlehrerin/dem Klassenlehrer (15,0%); 7. mit der Direktorin/dem Direktor (7,5%); 8. mit der Schülervertretung (1,1%).

Inwieweit diese pädagogische Verständigung zwischen den verschiedenen Gruppen der Schulgemeinde und damit eine begründete *Individualisierung* und *Pluralisierung* der schulischen Entwicklungs- und Lernangebote gelingt, hängt allerdings von einem zweiten Perspektivenwechsel ab.

2. Von der hierarchisch-gegliederten zur integrativen schulischen Kompetenzförderung

Ich habe bisher die *interpersonalen* Beziehungen zwischen den SchülerInnen (sowie ihren Eltern) und LehrerInnen ins Zentrum gestellt, weil diese nach aller Erfahrung *einen* Schlüssel zur Überwindung der passiven und aktiven Schulverweigerung darstellen. Es kann aber – gerade unter präventiven Gesichtspunkten – nicht übersehen werden, dass diese pädagogischen Interaktionen in die *institutionellen Strukturen* des deutschen Schulwesens eingelassen sind, die die Reichweite und Realisierungschancen der intersubjektiven Verständigung sowohl *ermöglichen* als auch *begrenzen*. Die Schulstrukturen sind – bei allen länderspezifischen Unterschieden – wesentlich durch die *hierarchisch gegliederte* Förderung der Kompetenzentwicklung der SchülerInnen durch den Unterricht gekennzeichnet. Dem liegen die Auffassung und das Prinzip zugrunde, dass die *optimale* Förderung nur durch eine relativ *homogene* Schülerschaft (in den Klassen/Kursen bzw. Schulformen) gelingen kann. Es gehört zur immanenten Logik dieser Schulorganisation, dass sie in der Schülerschaft *GewinnerInnen* und *VerliererInnen* beim Ringen um die höchsten bzw. besten Abschlüsse und damit um die besten Aussichten für den weiteren Bildungs-, Ausbildungs- und Berufsweg hervorbringen. Kommt es zu häufigen und anhaltenden Konflikten und Diskrepanzen zwischen den Anforderungen der jeweiligen Bildungslaufbahn und der realen Kompetenzentwicklung der SchülerInnen, dann ist die häufig zu hörende Diagnose: „Wir haben einfach die falschen SchülerInnen." Weder die Gliederung noch das inhaltliche Profil werden in Frage gestellt, sondern bestimmte Gruppen von SchülerInnen als „nicht hierher gehörig" betrachtet und dann über die verschiedenen Verfahren herausgedrängt: Das fängt mit schlechten Noten an, geht über die Nichtversetzung/Klassenwiederholung (die aber entgegen der Erwartung und immanenten Logik *nicht* zu einer nachhaltigen Verbesserung des Kompetenzniveaus führt! vgl. Baumert u.a. 2001, S.118 u. 414f) bis hin zum Schulform- und Bildungslaufbahnwechsel (vom Gymnasium zur Realschule, von der Realschule zur Hauptschule, von der Hauptschule zur Sonderschule oder ins Berufsvorbereitungsjahr). Hinzu kommen diejenigen, die erst *nach* dem 6. Lebensjahr eingeschult werden, von denen ein relevanter Teil zu den späteren VerliererInnen gehört (vgl. dazu insgesamt Bellenberg/Klemm 2000; Hildeschmidt 1995). Es ist nicht überraschend, dass die SchulverweigerInnen (von denen ca. 2/3 Jungen und 1/3 Mädchen sind und bei denen sich Schulabwesenheit und Leistungseinbußen häufig wechselseitig bedingen) hauptsächlich in den unteren Bildungsgängen zu finden sind (also in den Hauptschulen/Hauptschulzweigen/B-Kursen integrativer Schulen, Sonderschulen und im BVJ). Alle diese durch PISA nochmals empirisch eindrucksvoll bestätigten Antinomien des deutschen Schulwesens machen deutlich, dass die Annahme, die *Leistungshomogenisierung* sei die *Voraussetzung* der optimalen Kompetenzentwicklung, zu wenig überzeugenden Resultaten führt.

Nun wird auch von denjenigen, die diese strukturellen Bildungsungleichheiten anerkennen, (selbst-)legitimierend darauf verwiesen, dass die Schule die gesellschaftlichen Ungleichheiten und deren Folgen für das soziale und kulturelle Kapital, welches die Schülerinnen über ihre Familien erwerben bzw. nicht erwerben, nur begrenzt ausgleichen kann („Wir sind nicht der Reparaturbetrieb für alle gesellschaftlichen Übel“.). Nun ist nicht zu bestreiten, dass der Schule *kein völliger* Ausgleich dieser herkunftsbezogenen Bildungsungleichheiten gelingen kann. Aber die PISA-Studie hat empirisch völlig überzeugend nachgewiesen, dass diese Möglichkeiten *erheblich* größer sind als die in Deutschland realisierten und dass die Gliederung des deutschen Schulwesens ab Klasse 5 nur noch in ganz wenigen anderen OECD-Staaten zu finden ist (z.B. in Österreich und einigen Kantonen der Schweiz; vgl. dazu die Übersicht im Anhang zu Baumert u.a. 2000). Entscheidend ist nun aber der Befund, dass diese (weitgehend) *integrativen* Systeme in der Sekundarstufe I nicht nur erheblich kleinere Risikogruppen hervorbringen, sondern auch höhere Leistungen in der Spitzengruppe; demgegenüber sind in Deutschland nicht nur die Risikogruppen besonders groß (s.o.), sondern auch die Spitzengruppen besonders klein: Im *Lesen* beträgt sie 8,8% (OECD-Durchschnitt: 9,5%), in *Mathematik* 1,3% (sie ist in Japan viermal so groß) und in der *naturwissenschaftlichen Grundbildung* 3,4% (OECD-Durchschnitt: 4,1%; vgl. Baumert u.a. 2001, S.103, 172 u.235). Daraus ist die grundlegende Konsequenz abzuleiten, dass in einem tatsächlich pädagogisch leistungsfähigen Schulsystem die Leistungshomogenisierung eben nicht die Voraussetzung, sondern nur das *Ergebnis* der optimalen individualisierten und pluralisierten Förderung unterschiedlicher Kompetenzniveaus und -richtungen sein kann! Genau diesen Weg haben die allermeisten OECD-Staaten (wie auch die ehemals „sozialistischen“ Länder einschließlich der DDR) nach 1945 im Rahmen der Modernisierung und Demokratisierung ihrer Schulen beschritten und diesbezüglich hat die BRD einen erheblichen Modernisierungs- und Demokratisierungs-*Rückstand* aufzuholen. Das wird aber nur gelingen, wenn zwei miteinander eng verknüpfte Komplexe der inneren Schulreform konsequent angegangen werden (und damit auch präventiv die Entstehung von Risikogruppen wie der der SchulverweigerInnen verhindert wird).

a) Von der wissenschaftsorientierten Kanonfixierung zum begründeten und erfahrungsoffenen Anwendungsbezug

Die allermeisten SchulverweigerInnen beklagen die Lebensweltferne des Unterrichts und nennen sie als eine der wesentlichen Gründe für die schleichende Distanzierung von der Schule. Diese Kritik teilen sie mit der großen Mehrheit der SekundarschülerInnen in Sachsen-Anhalt. Auf die Frage „Was macht dir in der Schule am meisten Spaß?“ antworteten sie: 1. Das Treffen mit FreundInnen (74,4%); 2. der Unterricht (11,1%; er nimmt ab von 13,5% in der Förderstufe auf 9,2% in den Klassen 9/10); 3. die Arbeitsgemeinschaften (5,8%). Die tieferliegenden Ursachen für die mangelnde Attraktivität des Unterrichts liegen in den konstitutiven Konstruktionsprinzipien der deutschen Lehrpläne, die sich im wesentlichen am *Wissenschaftssystem* und seiner Darstellungslogik ausrichten und die Curricula ab der Sekundarstufe I zu „verkleinerten“ und pädagogisch (leicht) modifizierten Formen des Wissenschaftssystems machen (was an der relativen Übereinstimmung zwischen den wissenschaftlichen Fachdisziplinen wie z.B. Physik, Chemie und Biologie und den entsprechenden Unterrichtsfächern unschwer zu erkennen ist und durch die Einrichtung von Lernbereichen nur – begrenzt – relativiert wird). *Diese* Auslegung des Prinzips der *„Wissenschaftsorientierung“* des Unterrichts ist deshalb so problematisch, weil ihm die polare Spannung, nämlich die der *Erfahrungsorientierung* fehlt und damit die entscheidende didaktische Aufgabe (weitgehend) verfehlt wird, diese beiden Momente zu *vermitteln* und auf diese Weise Formen der *begreifenden Alltagserkenntnis* und des *arbeitenden Wissens* zu fördern (vgl. dazu Klafki 1989, S.31ff; ders. 1991a). Damit hängt ein weiteres Problem eng zusammen: Der mangelnde Anwendungsbezug des schulisch zu erwerbenden Wissens. Dieses Wissen hat in der dominierenden deutschen Lehrplantradition fast einen reinen Selbstzweck, seine gesellschaftliche und biografische Relevanz ist in vielen Fällen nicht vorhanden (oder zumindest auf dem Entwicklungsstand der SchülerInnen nicht nachvollzieh- oder antizipierbar). Hier hat das PISA-Forschungsprogramm zumindest für die deutsche Curriculumentwicklung einen anderen Weg eingeschlagen, indem es die alltagspraktisch notwendigen Basiskompetenzen zur Bewältigung der Anforderungen in einer modernen (und sich in einem radikalen Modernisierungsprozeß befindlichen) Gesellschaft ins Zentrum rückt und danach fragt, inwieweit die Heranwachsenden über diese Kompetenzen verfügen und inwieweit die nationalen Lehrpläne diese Kompetenzen auch vermitteln:

> „Nach der Vorstellung der OECD werden mit PISA Basiskompetenzen erfasst, die in modernen Gesellschaften für eine befriedigende Lebensführung in persönlicher und wirtschaftlicher Hinsicht sowie für eine aktive Teilnahme am gesellschaftlichen Leben notwendig sind. Die PISA zu Grunde liegende Philosophie richtet sich also auf die Funktionalität der bis zum Ende der Pflichtschulzeit erworbenen Kompetenzen für die Lebensbewältigung im jungen Erwachsenenalter und deren Anschlussfähigkeit für kontinuierliches Weiterlernen in der Lebensspanne“ (Baumert u.a., 2001, S.16).

Diese *pragmatische* Ausrichtung der schulischen Lernangebote und ihrer Bewertung ist nun einerseits nicht mit einer *pragmatistischen* Anpassung an die unmittelbar vorgegebene soziale und kulturelle Wirklichkeit zu verwechseln, denn sie erlaubt es selbstverständlich, diese Wirklichkeit kritisch zu hinterfragen (z.B. welche Medienkompetenzen tatsächlich für eine befriedigende Lebensführung notwendig sind) und dabei auch *Neugier* nicht immer auf den (unmittelbaren) *Nutzen* zu reduzieren (z.B. beim Austesten der neuesten Computertechnik). Die Entwicklung der dazu notwendigen Fähigkeiten und Bereitschaften sollten in der Schule angeregt und gefördert werden. Insofern sind diese Basiskompetenzen *ein* integraler Bestandteil des übergreifenden Konzeptes einer modernen Grund- und Allgemeinbildung (vgl. Baumert u.a. 2001, S.20f; und allgemeiner Benner 2002, S.80ff), der gerade für die Risikogruppen (und damit auch für die SchulverweigerInnen) eine besonders große Bedeutung hat als *Zugangsweg* zu komplexeren schulischen und gesellschaftlichen Anforderungen. Darüber hinaus ist der Anwendungsbezug auch nicht mit einer Beschränkung auf rein *situatives* Handeln und Lernen zu verwechseln, sondern beinhaltet auch die Entwicklungsspannung zwischen grundlegenden Bedürfnissen, emotionalen Befindlichkeiten und motivationalen Anstrengungsbereitschaften, welche helfen, emotionale „Durststrecken“ durchzustehen, um anspruchsvollere Lernziele zu erreichen (z.B. bei der Durchführung eines selbst ausgesuchten physikalischen Experiments oder der Aneignung bestimmter technischer Fähigkeiten, um die schuleigene Discoanlage selbst installieren zu können). Entscheidend ist, dass der reflektierte und erfahrungsoffene Anwendungsbezug die inneren biografischen Entwicklungsspannungen zwischen Bedürfnissen, Befindlichkeiten und Motivationen zur Geltung und Entfaltung bringt und damit der Abspaltung der Motivationen von den Bedürfnissen und Befindlichkeiten entgegenarbeitet und so verhindert, dass aus der Motivation *innerer psychischer Lernzwang* wird (etwa nach dem Motto: „Du hast durch deine Schulschwänzerei so viel Unterricht verpasst, dass du das jetzt einfach nachholen mußt, auch wenn du das nicht einsiehst und dir das auch keine Freude macht").

Nun verweist ein Teil der LehrerInnen, aber auch der Schulleitungen mit Blick auf entsprechende Schulverweigerungsprojekte immer wieder darauf, dass sie diese Kritik an der Lebensweltferne und dem mangelnden Anwendungsbezug der Lehrpläne teilen, dass ihnen aber hier die Hände gebunden seien, denn die Prüfungsordnungen schrieben nun einmal bestimmte Lehrgebiete vor. Insofern läßt sich das Problem mittelfristig nur durch eine nachhaltige, schul- und lebensweltnahe Umgestaltung der Curricula lösen. Ein wichtiger Zwischenschritt ist aber die Ausnutzung und Ausweitung der Anteile der Rahmenrichtlinien, die nur *fakultativ* zu vermitteln sind (in Sachsen-Anhalt sind dies ca.30%). Allerdings ist das nur eine „Schneise" für erfahrungsoffene und anwendungsbezogene Unterrichtsteile, wenn die Prüfungsordnungen die gleichen Spielräume als Teil der erweiterten Gestaltungsbefugnisse der Einzelschule eröffnen (was gegenwärtig zumindest nicht hinreichend der Fall ist).

b) Vom lehrerzentrierten Unterricht zur methodischen Vielfalt der Lernangebote

Mit dem Problem des wissenschaftsfixierten schulischen Fächerkanons eng verbunden, aber nicht identisch ist die *Lehrerzentrierung* der meisten Unterrichtssequenzen und die damit verknüpfte asymmetrische Kommunikation zwischen den LehrerInnen und SchülerInnen. Diese Form der direkten Unterweisung soll durch eine unterbrechungs- und störungsarme Klassenführung, die intensive Nutzung der vorgegebenen Unterrichtszeit, die klare Aufgabenstellung und Darbietung die optimale Regulierung der Lernprozesse der SchülerInnen ermöglichen bzw. sogar sichern. Obwohl die meisten Lehrkräfte auch andere Unterrichtsmethodiken kennen (z.B. aus dem Studium), halten sie dennoch die lehrerzentrierte Methodik immer noch für die wichtigste Form. In Sachsen-Anhalt erteilen 21,7% der LehrerInnen immer, 68,2% oft, 9,2% selten und 0,9% nie Frontalunterricht (vgl. Krüger/Grundmann/Kötters 2000, S. 244). Dabei enthält diese Unterrichtsform einen strukturellen und in gewisser Weise berufsbiografisch „tragischen" Widerspruch: Einerseits ist sie für die Lehrkräfte die *anstrengendste* und *belastendste* Lehrform, weil sie nämlich fast die ganze Verantwortung für das Gelingen der Stunde übernehmen. Sie müssen die ganzen 45 oder 90 Minuten „fit" sein, den Stoff beherrschen, das Stundenziel im Auge behalten und die SchülerInnen zumindest versuchen so anzusprechen, dass sie bereit und in der Lage sind zu folgen. Um letzteres zu erreichen, werden sie z.B. mit Fragen in die entwickelnde Problemdarstellung einbezogen, wobei aber die Antworten erhebliche Schwierigkeiten für den weiteren Unterrichtsablauf hervorbringen, die nicht oder nur teilweise richtig sind und deren schülerangemessene Klärung das Erreichen des Stundenziels in Gefahr bringt. Daraus resultiert die Tendenz, über die viele SchulverweigerInnen berichten, dass *Fehler* entweder übergangen werden oder aber die entsprechenden SchülerInnen mit abschätzigen Bemerkungen disqualifiziert werden („Das habe ich dir schon so häufig gesagt, das könntest du endlich mal kapieren."). Damit ist nun schon die andere Seite des Widerspruchs angesprochen: Der lehrerzentrierte Unterricht ist nicht nur die *anstrengendste*, sondern ist monopolartig betrieben auch die *ineffektivste* Unterrichtsmethode, weil ihr nämlich die *systematische* Einbeziehung der SchülerInnen gar nicht gelingen kann, weil sie *deren* Ideen und Impulse für die entwickelnde Problemdarstellung und -lösung nicht hinreichend aufnehmen kann, sie deren Fehler nicht als produktive Umwege nutzen kann und so auch keine Einblicke in die besonderen Stärken, aber auch Schwächen bestimmer SchülerInnen(gruppen) gewonnen werden können. Je intensiver sich die SchülerInnen einbringen und je intensiver sie vom geplanten Unterrichtsverlauf abweichen, desto eher muß ihre Aktivitäts- und Lernbereitschaft als irritierend oder gar provokativ aufgefaßt werden; und in nicht wenigen Fällen – auch davon wissen SchulverweigerInnen „ein Lied zu singen" – werden sie als *Unterrichtsstörung* qualifiziert und z.T. – auch geahndet[7]. Oder anders und grundsätzlicher formuliert: Der lehrergeleitete Unterricht (in Form der Lehrerdarbietung, des fragend-entwickelnden Unterrichtsgesprächs und der gelenkten Entdeckung) kann nur sehr beschränkt *verständnisvolles Lernen* fördern, welches als aktiver individueller Konstruktionsprozeß zu begreifen und zu gestalten ist. Hierzu muß der Unterricht trotz der notwendigen systematischen Planung und Förderung immer auch situative und kontextuelle Momente enthalten, macht also Offenheit der Lehr-Lern-Prozesse notwendig, die motivational und metakognitiv durch Planung, Selbstkontrolle, Rückmeldung und Bewertung gesteuert werden (vgl. dazu exemplarisch Baumert/Köller 2000). Gerade dieser Aufbau selbstgesteuerter Konstruktionsfähigkeiten wird durch den Frontalunterricht grundlegend behindert. Die Folgen davon zeigen sich gerade bei den Risikogruppen, die nämlich über besonders wenig Lernstrategiewissen verfügen und dabei auch relativ geringe inhaltliche Interessen und wenig Selbstvertrauen in ihre unterrichts- bzw. schulbezogene Leistungsfähigkeit entwickelt haben, und die aufgrund ihrer negativen Erfahrungen auch nicht mehr bereit sind, sich anzustrengen (vgl. Baumert u.a., 2001, S. 289 u. 294 f).

Die mangelnde Effektivität des Frontalunterrichts kommt besonders prägnant darin zum Ausdruck, dass er eine angemessene Einschätzung des Kompetenzniveaus der SchülerInnen und damit auch die Notwendigkeit einer frühzeitigen präventiven Unterstützung von SchülerInnen mit besonderen Lernproblemen nicht ermöglicht. Das wurde in der PISA-Studie schlaglichtartig daran deutlich, dass HauptschullehrerInnen die Lesekompetenz ihrer SchülerInnen in der Mehrzahl der Fälle deutlich *überschätzten* und damit den besonderen Förderbedarf *nicht erkannten* (vgl. ebd., S. 119 f). Das ist eine weitere Ursache dafür, dass die passiven Schulverweigerungen wegen ihres schulkonformen Anscheins nicht erkannt werden

7 Wie mit tatsächlichen oder vermeintlichen Unterrichtsstörungen produktiv und innovativ umgegangen werden kann, dazu gibt es viele treffende Praxisbeispiele in Ludwig u.a. 1987.

und deshalb später für die LehrerInnen sehr überraschend in aktive Unterrichtsstörungen umschlagen.

Aus der weitgehend alleinigen Verantwortung für die Unterrichtsgestaltung resultiert auch die enorme *psychische Belastung,* die mit der *dominierenden* Art der Berufstätigkeit der LehrerInnen (in Deutschland) verbunden ist. Hier bestimmen in den meisten Fällen die wenig befriedigenden *riskanten* Formen die Berufsausübung (vgl. Schaarschuch/Fischer 2001, S. 60 ff): Für das eine Muster, welches (noch) in den ostdeutschen Bundesländern dominiert,

> „erweisen sich exzessive Verausgabungsbereitschaft bei niedrigster Distanzierungsfähigkeit, verminderte Widerstandskraft gegenüber Belastungen sowie ein eher gering ausgeprägtes Erleben von Zufriedenheit und Geborgenheit als charakteristisch“ (ebd., S. 52).

Für das andere Muster „sind geringe Ausprägungen in den Dimensionen des Arbeitsengagements bei zugleich eingeschränkter Distanzierungsfähigkeit ..., stark herabgesetzte Widerstandskraft und massive emotionale Beeinträchtigungen kennzeichnend“ (ebd.,S.53). *Eine* Konsequenz dieser Belastungen sind die Erkrankungen: So erreichen nur 20% der einstigen Berufsanfänger das reguläre Pensionsalter und ca. 30% werden wegen psychischer Erkrankungen pensioniert (vgl. ebd., S. 61).

Nur wenn diese Belastungen und ihre psychosozialen und psychosomatischen Folgen wirklich ernst genommen werden, kann eine Verständigung mit den LehrerInnen darüber eingeleitet werden, ob sie nicht auch andere Lehrformen in ihr methodisches Repertoire systematisch, also kontinuierlich und schließlich selbstverständlich aufnehmen wollen. Dazu gehören insbesonders solche der *Öffnung* des Unterrichts *nach innen* durch Projekte, Freiarbeit, Wochen- und Jahresplan, Lernen an Stationen (also in besonderen Lernschritten) und in Lernwerkstätten; und Öffnung *nach außen* durch Einbeziehung außerschulischer Problemstellungen und ExpertInnen und Aufsuchen außerschulischer Lernorte (z.B. im Rahmen einer sozialräumlichen Stadtteilerkundung). Hierzu zählt auch die *innere Differenzierung* des Unterichts unter folgenden Aspekten: Aufgabenstellung und -entwicklung, Erarbeitung, Festigung, Transfer, Stoffumfang/Zeitaufwand, Kompliziertheitsgrad der Aufgaben, Anzahl der notwendigen Durchgänge, Grad der Selbständigkeit und Selbsteinschätzungsfähigkeit sowie Kooperationsfähigkeit, der Schwerpunktsetzung bei den materiellen, materialisierten/ikonischen oder rein sprachlichen Arbeitsweisen und Darstellungsformen. Bedeutsam sind auch *subjekt-* und *entwicklungsbezogene* Formen der Leistungsbewertung z.B. in Form von individuellen oder gemeinschaftlichen Schülervorträgen, mündlichen Prüfungen, schriftlichen Tests, Klassenarbeiten, prüfungsähnlichen Übergangsformen, Kontrolle der Hausaufgaben, Schülerbeobachtung sowie Lerndokumente und Selbstbewertungen der SchülerInnen, welche in den Bewertungsprozess auch die Anstrengungen und Reflexionen der SchülerInnen, die Nutzung der angebotenen Hilfen, das Sichten und Verarbeiten unterstützender Medien und anderer Ressourcen, die Sorgfalt und Eigenkontrolle sowie die Annäherung an ein gelungenes Ergebnis einbeziehen. Nicht zuletzt ist hier an die Einrichtung eines *Tutorensystems* („SchülerInnen helfen SchülerInnen“) sowohl innerhalb der Klassen bzw. Lerngruppen also auch innerhalb der Schule zwischen den verschiedenen Klassenstufen (z.B. in Form besonderer Förderangebote oder von Hausaufgabenhilfen) zu denken[8].

All dies sind Ansätze und Maßnahmen, um die in Abschnitt 1 dieses Beitrages erläuterten Chancen der pädagogischen Verständigung und damit die Individualisierung und Pluralisierung der Entwicklungs- und Lernangebote im pädagogischen Kernbereich der Schule, nämlich dem Unterricht, zu fördern und Erziehungswirklichkeit werden zu lassen. Dies würde nicht nur, aber besonders denjenigen SchülerInnen helfen, die sich von der gegenwärtigen Unterrichtsgestaltung nicht angesprochen fühlen, von ihr – gewollt oder nicht gewollt – ausgegrenzt werden und die z.T. dann zu passiven oder aktiven SchulverweigererInnen werden. Insofern sind bereits an dieser Stelle Beziehungen deutlich zwischen der zielgruppenspezifischen Arbeit im Rahmen von Schulverweigerungsprojekten und der allgemeinen inneren Reform der Schulen.

Dabei zeigen allerdings die Erfahrungen mit der 1997 in Sachsen-Anhalt eingeführten Förderstufe (sie ist äußerlich undifferenziert, für alle verbindlich, an der Sekundarschule angegliedert und in ihrem Konzept stark reformpädagogisch ausgerichtet), dass sich ein relevanter Teil der Lehrkräfte damit (eher) schwer tut. Dies betrifft besonders die Vorbereitung und Durchführung der Projektwochen (ihre Qualität ist noch zu stark vom jeweiligen Engagement der einzelnen LehrerInnen abhängig), die Binnendifferenzierung, die erweiterte Partner- und Gruppenarbeit in anspruchvollen Formen und die Förderung des sozialen Lernens, von dem die Grundlagen vielfach noch zu wenig bekannt sind und die didaktischen Kompetenzen noch einer erheblichen Entwicklung bedürfen (vgl. Wenzel u.a. 2001). Wesentliche Gründe dafür liegen nicht nur, aber auch in der überwiegend unbefriedigenden Bereitstellung benötigter und für die Arbeit geeigneter Materialien durch die Schulträger. Darüber hinaus sind an vielen Schulen die Förderstufenteams in ihrer Zusammensetzung durch die große Anzahl der jährlichen Personalmaßnahmen nicht über einen längeren Zeitraum stabil. Sie können so auch kaum auf tragfähige, innerschulische Unterstützungssysteme bzw. auf externe Unterstützungsangebote zurückgreifen. Das alles verweist darauf, dass auch dieser Perspektivenwechsel in der Schulentwicklung einerseits bestimmter institutioneller Veränderungen bedarf, damit die anvisierte Neugestaltung der pädagogischen Beziehungen auch schrittweise realisiert werden kann. Und dass es dazu auf Seiten der Lehrkräfte der Bereitschaft bedarf, auf einen Teil ihrer (liebgewonnenen) *sozialen Macht* in der Schule zu verzichten; und zwar nicht selbstlos, sondern um ein höheres Maß an pädagogischer *Selbstwirksamkeit* zu erreichen und zu erfahren und damit auch den eigenen Beruf pädagogisch und psychisch *entlasteter* und *befriedigender* ausüben zu können. Auf diesen für sie ungewohnten und riskanten Weg werden sich die LehrerInnen allerdings nur dann einlassen, wenn die Schulleitungen und die Schulauf-

8 Aus der Fülle der Literatur sei hier nur exemplarisch verwiesen auf Adl-Amini u.a. (1993), Braun/Wetzel (2000, Kap.1.2/2.4), Horstkemper u.a. (1998), Keuffer/Meyer (1997), Klafki (1991, Zweiter Teil), Knauf (2001, Kap.4 u.7), Otto u.a. (1994) und Rumpf (1987). Die Notwendigkeit einer nachhaltigen Modernisierung der schulischen Lern- und Lehrformen ist heute Teil eines die verschiedenen bildungspolitischen Strömungen und Lager übergreifenden Konsenses, wie die entsprechenden Beratungen und Empfehlungen des Forum Bildung (2001a) zeigen; es bleibt zu hoffen, dass nicht zuletzt als sachgerechte Reaktion auf die PISA-Ergebnisse jetzt auch die entsprechenden Reformmaßnahmen eingeleitet werden.

sicht ihrerseits auch auf einen relevanten Teil ihrer sozialen Macht verzichten (was für einen relevanten Teil heute noch nicht hinreichend vorstellbar ist) um an die Stelle der *administrativen Kontrolle* der LehrerInnen ihre *kommunikative Unterstützung* und *Beratung* treten zu lassen. Das ist auch eine wichtige Voraussetzung dafür, dass die LehrerInnen potenziellen wie faktischen SchulverweigerInnen mit mehr Gelassenheit und Sensibilität entgegentreten, ihnen einen Vertrauensvorsprung gewähren, ihnen helfen Fehler- und Versagensängste abzubauen und das mangelnde Verstehen ihrer Handlungsweisen und Lebensvorstellungen als Anreiz nehmen, um den intergenerativen Dialog aufzunehmen. Damit sind aber schon Aufgaben angesprochen, die deutlich machen, dass Schule heute und besonders in der absehbaren Zukunft mehr ist als nur Unterricht (so gut dieser auch sein mag und zu sein hat). Das verweist auf den dritten Perspektivenwechsel.

3. Von den schulergänzenden und schulersetzenden Projekten zur sozialpädagogischen Profilbildung der Regelschulen

Diese knapp skizzierten Überlegungen und Vorschläge zu einer lebensweltbezogenen Unterrichtsreform sind *eine* wesentliche Voraussetzung, um den passiven und aktiven SchulverweigerInnen zu helfen und Schulverweigerung präventiv abzubauen und schließlich zu überwinden. Wenn man die Analyse der entsprechenden Projekte näher betrachtet (vgl. neben den Beiträgen in diesem Band z.B. Forum Bildung 2000, Arbeitsgruppen 5 u.7; Puhr u.a. 2001, Kap.4.3; Schreiber-Kittl 2000; Simon 2000; und theoretisch verallgemeinernd Thimm 2000, Kap.VIII), dann wird dreierlei deutlich: Erstens kann sich die Unterstützung der Entwickung und des Lernens dieser Kinder/Jugendlichen nicht auf den *guten Unterricht* beschränken (so wichtig er ist und so viele Anregungen dazu auch in den Projektberichten zu finden sind), sondern es bedarf auch angemessener *sozialpädagogischer* Entwicklungs- und Lernangebote. In diesem Sinne empfiehlt auch das Forum Bildung (2001, S.32): „Entwicklung von Konzepten und Methoden zur Vermeidung von Schulverweigerung, Ausbau der Schulsozialarbeit, intensive Kooperation von Schule, Jugendhilfe und außerschulischen Lernorten." Zweitens kann sich diese Verschränkung unterrichts- und sozialpädagogischer Maßnahmen nicht auf Angebotsformen konzentrieren (oder gar beschränken), die außerhalb der Schule oder am Rande ihres Regelbetriebes angesiedelt sind (z.B. in Form von Reintegrationsklassen). So wichtig die dabei gewonnen konzeptionellen Erfahrungen und Erkenntnisse sind und so bedeutsam außerschulische Lernangebote für bestimmte Fälle sind (wenn die Heranwachsenden nämlich aus nachvollziehbaren Gründen eine *allgemeine* Schulaversion ausgebildet haben), so wenig können die entsprechenden Einsichten und Kompetenzen auf diese Weise für die Prävention wirklich nutzbar gemacht werden – und sind diese Angebotsformen dazu angetan, die Regelschulen hier aus ihrer Verantwortung zu entlassen und einen neuen „Typus" von Schule zu schaffen, nämlich den für SchulverweigerInnen (was eine andere oder neue Art von Sonderschule wäre, vergleichbar denen für sog. Verhaltensauffällige bzw. Lernbehinderte). Die Lösung kann nur – drittens – darin bestehen, dass die in den Schulverweigerungsprojekten gewonnen praktischen und theoretischen Kompetenzen in die Arbeit der Regelschulen schrittweise und systematisch integriert werden (so auch z.B. Rademacker 2001, S.5; Schreiber-Kittl 2001,S.48f; Thimm 2000, Kap.VII). Dies geschieht durch die *sozialpädagogische Profilbildung der Regelschulen.* Darunter verstehe ich die Gesamtheit der sozialen und pädagogischen Bemühungen, die Lernfähigkeiten und -bereitschaften der Kinder/Jugendlichen, damit auch, aber eben nicht nur ihre Unterrichtsfähigkeiten und -bereitschaften zu fördern und zu erhalten, immer häufiger aber auch sie erst einmal auszubilden. Dies umfaßt insbesondere das Bemühen, die Schule als Lebens- und Erfahrungsraum zu gestalten, in dem entwicklungsangemessen Verantwortung übertragen und damit soziales Lernen ermöglicht wird; in dem altersangemessen zum Spielen angeregt und der Unterricht nach innen und außen geöffnet wird; und in dem nicht zuletzt soziale Hilfe und Beratung von Einzelpersonen, Gruppen sowie der Schule als Organisation stattfindet. Dabei sind die geschlechtsspezifischen Bedingungen und Verständigungsweisen zu beachten. Diese sozialpädagogische Profilbildung ist die Aufgabe *aller* Gruppen der Schulgemeinde, also der SchülerInnen, der LehrerInnen, der Eltern, der Schulleitung und der interessierten BürgerInnen im näheren und weiteren Umfeld der Schule. Diese Profilbildung kann und sollte unterstützt werden durch die *Schulsozialarbeit*, worunter hier gefaßt wird die Gesamtheit der sozialen und pädagogischen Aktivitäten von Fachkräften der Sozialarbeit/Sozialpädagogik. Ihre Aufgabe besteht darin die sozialpädagogische Profilbildung in der Schule und ihrem Umfeld anzuregen, zu stabilisieren und durch eigenständige Angebote zu erweitern. Träger der Schulsozialarbeit kann sowohl die Jugendhilfe wie auch die Schule selber sein[9].

In der schon mehrfach erwähnten Befragung der Sekundarschulen Sachsen-Anhalts haben 93,2% der LehrerInnen den Bedarf an solchen Angeboten bejaht (bei 33,2% gab und bei 23,6% gibt es sie). Dabei haben allerdings die SchülerInnen und die LehrerInnen teilweise recht unterschiedliche Vorstellungen über die Schwerpunkte dieser sozialpädagogischen Profilbildung, wie die beiden folgenden Ranglisten 1 und 2 deutlich machen.

Rangliste 1 (SchülerInnen): „Nun haben wir eine Liste aufgestellt von Angeboten, die außerhalb des Unterrichts in einer Schule gemacht werden könnten. Dazu kannst Du Punkte vergeben zwischen 4=ganz wichtig bis 0=überhaupt nicht wichtig".
1. Hilfe bei der Suche nach einem Ausbildungsplatz (3.30); 2. Hilfe bei der Berufsfindung (3.16); 3. Projekte (3.09); 4. Sportangebote (3.07); 5. Schülercafé (2.97); 6. Hilfe für Kinder/Jugendliche in schwierigen Lebenssituationen (2.70); 7. besondere Angebote für die Pausen (2.70); 8. Gestaltung der Klassenzimmer, der Flure und Wände, des Schulgeländes, damit die ganze Schule gemütlicher wird (2.69); 9. Spiele (2.42); 10. Zusammenarbeit mit Organisationen außerhalb der Schule (2.33); 11. Schulclub (2.31); 12. Beratung von einzelnen Klassen, wo es besonders große Probleme gibt (2.28); 13. Hausaufgabenhilfe (2.14); 14. Projekte zur gemeinsamen Lösung von Konflikten und Problemen (2.12); 15. Angebote speziell für Jungen/Jungengruppe (2.08); 16: Hilfe zur Integration von Kindern/Jugendlichen ausländischer Herkunft (1.85); 17. Angebote speziell für Mädchen/Mädchengruppe (1.73); 18. Aktivitäten im Umfeld der Schule (1.65).

9 Vgl. zur ausführlichen empirischen und theoretischen Begründung dieses Verständnisses von sozialpädagogischer Profilbildung und Schulsozialarbeit Braun/Wetzel (2000, bes. Kap.1.3/1.4).

Rangliste 2 (LehrerInnen): „Welche Bedeutung geben Sie generell folgenden Angeboten der Schulsozialarbeit für die psychosozialen Problemlösungen und die Verbesserung des Schulklimas (Skala von 0=ganz unwichtig bis 4=sehr wichtig)?" 1. Einzelfallhilfe für Kinder in schwierigen Lebenssituationen (3.51); 2. kulturelle Bereicherung des Schulumfeldes (3.03); 3. Kooperation mit anderen Institutionen (3.00); 4. Unterstützung bei Projekten des sozialen Lernens (2.90); 5. Beratung/Unterstützung von schwierigen Klassen in Konfliktsituationen (2.81); 6. Hilfe bei Suche nach einem Ausbildungsplatz (2.79); 7. Hilfe bei der Berufsfindung (2.78); 8. Projektwochen (2.68); 9. Hausaufgabenhilfe (2.56); 10. Lernstuben (2.42); 11. Pausengestaltung (2.36); 12. Klassenfahrten (2.06). 13. Integration der Kinder von Ausländern (2.05); 14. Spielstuben (1.88); 15. Jungenarbeit (1.77); 16. Mädchenarbeit (1.70).

Diese Differenzen sollten der Ausgangspunkt entsprechender Verständigungsprozesse in der Schule sein, in die die SchülerInnen *von Anfang an* als möglichst gleichwertige GesprächspartnerInnen einbezogen werden. Sie sind an den entsprechenden Entscheidungen der Schulgemeinde *entwicklungsangemessen* und *entwicklungsfördernd* aktiv zu beteiligen – sowohl durch Stärkung der Selbstvertretungseinrichtungen der SchülerInnen wie auch durch die unterstützte Teilhabe an den Entscheidungsprozessen der Schulkonferenzen (wo sie gemeinsam mit den LehrerInnen und Eltern vertreten sind). Bei dieser pädagogischen Verständigung zwischen den SchülerInnen und LehrerInnen/Schulleitungen über die in den Rangliste 1 und 2 genannten Erwartungen und Wünsche sollten im Sinne einer *wechselseitigen* Entwicklungs- und Lernherausforderung folgende Schwerpunkte gesetzt werden:

a) Für die SchülerInnen haben die Suche nach einem *Ausbildungsplatz* und die *Berufsorientierung* die höchste Priorität, während sie bei den LehrerInnen nur Rang 6 und 7 belegen. Damit unterschätzen die PädagogInnen offensichtlich die Bedeutung der Berufsfindung für die Biografie der Heranwachsenden, die bei dem Ausbildungsplatz zum ersten mal in ihren Leben eine bedeutsame Entscheidung fällen *sollen* – ohne darauf allerdings zumeist angemessen vorbereitet zu sein. Hier erwarten sie zu Recht mehr Unterstützung von der Schule als sie aktuell anbietet. Sie wird dieser Aufgabe dann gerecht, wenn sie den aktuell meist nur additiven Bezug von *allgemeiner* und *beruflicher* Bildung zugunsten eines mehrperspektivischen und integralen Ansatzes überwindet, der ab dem Beginn der Sekundarstufe I querschnitthaft *alle* Fächer durchzieht (und nicht etwa in ein neu zu gründendes Fach „Wirtschaft" abgeschoben wird) und damit auch verhindert, dass sich die SchülerInnen in funktionalistisch-selbstinstrumentalisierender Weise allein an die kurzfristigen tatsächlichen oder vermeintlichen Erfordernisse des Arbeitsmarktes anpassen und damit ihre eigenen Wünsche und Interessen weitgehend ignorieren. Vielmehr sollten sie die Möglichkeit erhalten, die inneren biografischen Entwicklungsspannungen zwischen Traumberuf, Wunschberuf und realisierbarer Ausbildung/Berufslaufbahn zu erfahren und zu entfalten. Für die passiven oder schon aktiven SchulverweigerInnen enthält das einerseits die Chance, die schulischen Lernangebote auf ihre Relevanz für ein befriedigendes Berufsleben zu prüfen und so zugleich die eigenen Interessen und Kompetenzen „auszutesten" und auszuloten und dadurch u.U. neue Lernmotivationen zu gewinnen. Andererseits eröffnen sie die Chance – sofern auf den mahnenden, pädagogisch gemeinten „Zeigefinger" verzichtet wird –, dass diese Heranwachsenden die berufsbiografischen Konsequenzen der Schulverweigerung für sich selbst besser abschätzen können und sich damit fragen, ob sie diese Folgen wirklich auf sich nehmen wollen. Zugleich schärft es auch das pädagogische Folgebewußtsein auf Seiten der Lehrkräfte und Schuladministrationen, weil sie sich nun bei jeder Sanktionsmaßnahme fragen können (und sollten), ob sie die damit verbundenen Gefahren des beruflichen und gesellschaftlichen Ausschlusses tatsächlich verantworten können.

b) Die Heranwachsenden haben offensichtlich das klare Bedürfnis, dass die Schule – also der Ort, wo sie einen relevanten Teil ihrer Tages-, Wochen- und Lebenszeit verbringen – zu *ihrem* Lebens- und Lernort wird (Rang 4, 5, 7, 8, 9 u.11); die LehrerInnen unterschätzen auch diesen Wunsch (Rang 11, 12 u.14). Umgekehrt betonen sie mehr die Bedeutung des sozialen Lernens (Rang 4, 5 u.13), dem die SchülerInnen wiederum eine weniger wichtige Rolle zubilligen (Rang 14 u.16). Beide Perspektiven lassen sich verschränken, indem die Gestaltung der Schule als angemessenen *Arbeits-* und *Lernort* gekoppelt wird an die Einrichtung bzw. Erweiterung der innerschulischen *Mitbestimmungsmöglichkeiten* (damit kann auch der problematischen Neigung einiger LehrerInnen entgegengearbeitet werden, die soziales Lernen als Einpassung in die *vorgegebene* pädagogische Ordnung der Schule mißverstehen). Auf diese Weise kann es sehr viel besser als bisher gelingen, zentrale Wünsche der SchülerInnen mit der Entwicklung von sozialen Kompetenzen zur schulöffentlichen Thematisierung und solidarischen schrittweisen Realisierung dieser Bedürfnisse und Interessen zu verknüpfen (die Einrichtung eines paritätisch besetzten und mit realen Entscheidungsbefugnissen ausgestatteten innerschulischen „Planungsausschusses" kann dazu ein geeignetes Gremium sein). In ihm sollten auch alle Fälle von aktiver Schulverweigerung beraten werden *bevor* entsprechende Sanktionsmaßnahmen ausgesprochen werden. Dabei sind neben den außerschulischen Lebensbedingungen und individuellen Handlungsweisen auch die bisherigen *pädagogischen* Bemühungen um die schulische Reintegration der entsprechenden SchülerInnen zu thematisieren und zu bewerten und daraus ggf. Rückschlüsse auf die strukturellen Probleme in den Lern- und Erziehungsverhältnissen der Schule zu ziehen. Das verweist schon auf einen weiteren Schwerpunkt.

c) In der sehr unterschiedlichen Einschätzung der *Einzelfallhilfe* (LehrerInnen Rang 1, SchülerInnen Rang 6) kommt die Differenz in den pädagogischen Perspektiven besonders zum Ausdruck. Nicht zuletzt die Arbeit mit SchulverweigerInnen innerhalb und außerhalb der Schule zeigt die Neigung vieler LehrerInnen und Schulleitungen, das komplexe Spannungsverhältnis von gesellschaftlichen Bedingungen, soziokulturellen Bedeutungen und personalen Handlungssweisen insofern einseitig zu deuten, dass die Veränderung der *innerpsychischen* Schwierigkeiten der betroffenen SchülerInnen als *der* Königsweg der

Problembearbeitung und -lösung angesehen wird, und damit die in diesem Beitrag (wie überhaupt in diesem Buch) aufgezeigten gesellschaftlichen und schulinstitutionellen Verursachungszusammenhänge ausgeblendet oder als unveränderbar hingenommen werden. Hier sind die SchülerInnen skeptischer und realistischer, weil sie nämlich den Stellenwert der Einzelfallarbeit zwar anerkennen, aber den breiter angelegten innerschulischen Reformmaßnahmen einen höheren Stellenwert geben. Wenn somit von der Erkenntnis ausgegangen wird, dass *Einzelfälle* keine *Zufälle* sind, sondern strukturelle Hintergründe haben und es von daher gilt, die *Einzelfallarbeit* mit *innerschulischen Reformanstrengungen* zu verbinden und dabei alle Betroffenen, Beteiligten und Interessierten einzubeziehen, dann können daran auch jene SchülerInnen ein solidarisches Interesse entwickeln, die von entsprechenden Krisen wahrscheinlich selbst nicht betroffen sein werden, weil nämlich auf diese Weise das Schulklima generell verbessert wird.

d) Es ist auffällig, dass die SchülerInnen sich bei ihren Ideen weitgehend auf die *Binnenperspektive* der Schule beschränken, während die LehrerInnen zu Recht auch das *Schulumfeld* und damit die *kommunale* Perspektive im Blick haben (dies nimmt bei ihnen Rang 2 u.3 und bei den SchülerInnen Rang 10 u.18 ein). Darin liegt ein bedeutsames Potenzial zur lokalen politischen Mitgestaltung und Verantwortungsübernahme, wenn in entsprechenden Projekten, aber auch im alltäglichen Unterrichtsgeschehen die Schule ihre *analytischen Kompetenzen* dem Gemeinwesen zur Verfügung stellt (z.B. bei der Situationsanalyse der älteren StadtteilbewohnerInnen) und sie selber ein Ort der lokalen politischen Diskussion und Öffentlichkeit wird (hier z.B. die entsprechenden Untersuchungsergebnisse mit Interessierten und Verantwortlichen diskutiert werden) und so auch die SchülerInnen die persönlichkeitsfördernden und emotional befriedigenden Möglichkeiten des eigenen *zivilgesellschaftlichen Engagements* erfahren können. Das setzt auf Seiten der LehrerInnen und Schulleitungen allerdings die Fähigkeit und Bereitschaft voraus, sich an der *demokratischen* Lösung der *politischen* Konflikte zu beteiligen und eigene „Standpunkte" auch öffentlich zu vertreten. Das gilt nicht zuletzt in Bezug auf die massiven Gefahren und Tendenzen der gesellschaftlichen Spaltung und Ausgrenzung, von denen gerade die SchulverweigerInnen bedroht und betroffen sind, die es gilt in *lokalen* und *regionalen Sozialverträgen* zwischen verschiedenen Institutionen, Verbänden, Gruppen und staatlichen Instanzen zu thematisieren, zu begrenzen und schrittweise abzubauen.

e) Von beiden Gruppen wird die Relevanz der *geschlechtsspezifischen* Erziehung drastisch unterschätzt (LehrerInnen Platz 15 u.16; Schülerinnen 15 u.17). Dies hat insbesondere damit zu tun, dass in Ostdeutschland – in Fortsetzung entsprechender DDR-Traditionen – die Frauenfrage vorrangig aus *sozialpolitischer* und allenfalls nachrangig aus *feministischer* Sicht betrachtet wird. Entsprechende Projekte sollten in diesem Bereich – besonders bei dem Themenkomplex „Lebensweg und Berufsplanung" – erstens deutlich machen, dass es sozial- und arbeitsmarktpolitischer Maßnahmen bedarf, um die systemischen Benachteiligungen der Mädchen bereits in der Berufsausbildung schrittweise abzubauen;

sie sollten dies – zweitens – verbinden mit geschlechterdemokratischen Initiativen zur Schaffung entwicklungsoffener, nicht-stereotyper Perspektiven für das eigene Frau- bzw. Mannsein, welche dann Teil einer egalitären Vielfalt der Lebensweisen sind bzw. werden. Und sie werden gerade mit Blick auf die Zusammensetzung der Risikogruppen und der Schulverweigerung – drittens – der Frage nachzugehen haben, warum die Jungen hier deutlich überrepräsentiert sind. Dies hat auch damit zu tun, dass die Krise der Arbeitsgesellschaftt die traditionellen patriarchalischen Lebensentwürfe faktisch immer mehr in Frage stellt und damit die „männliche Dividende“ für einen Teil der Jungen nicht mehr „gezahlt“ wird, also ihre selbstverständliche Privilegierung und Bevorzugung immer mehr erodiert – und sich damit diesen Jungen, aber auch einem Teil ihrer Väter (besonders in Ostdeutschland) ganz neue Lebensprobleme stellen. Oder anders formuliert: Die Mehrzahl der *Mädchen* bewältigt heute das *männliche* Prinzip der schulischen Selektion durch kognitivistische Konkurrenz besser als die Jungen. Dieser Sachverhalt bedarf dringend der Thematisierung und Bearbeitung im Rahmen der Gestaltung der schulischen Geschlechterverhältnisse.

Ich wollte in diesem Beitrag nicht nur deutlich machen, dass mit Blick auf die schulischen Risikogruppen, zu denen gerade die SchulverweigerInnen gehören, das neuzeitliche sozialethische Prinzip der *ausgleichenden Gerechtigkeit* und damit der Schaffung von Bildungschancengleichhheit nichts von seiner Aktualität verloren hat; ja dass ihm gerade unter interaktionstheoretischen Perspektiven eine wichtige Bedeutung zukommt, weil es deutlich macht, dass gerade SchülerInnen, die über relativ wenig soziales und kulturelles Kapital verfügen (was zumeist eine Folge des geringen ökonomischen Kapitals ist), der *integrativen* Förderung bedürfen (vgl. Klafki 1995, S.16 u.18). Ich wollte vielmehr auch verdeutlichen, dass die erhebliche Steigerung der pädagogischen Qualität der Schule und damit ihrer sozialen Integrationsfähigkeit zugleich eine elementare Bedeutung hat für den Erhalt und den Ausbau der *demokratischen Bedingungen, Institutionen* und Verfahren; denn: „Demokratie basiert – jedenfalls im Grundsatz – auf dem Anspruch und der Möglichkeit, daß jede in ihr lebende Bürgerin und jeder in ihr lebender Bürger an den Entscheidungen über die Gestaltung der politischen, sozialen, ökonomischen, kulturellen Verhältnisse und Entwicklungen muß teilnehmen können. Das aber setzt voraus, daß jedem jungen Menschen im Bereich der Kinder- und Jugendbildung und jedem Erwachsenen im Bereich der ‘Weiterbildung’ die Möglichkeit geboten und der Anspruch vergegenwärtigt wird, sich jene Urteilskompetenz und die sie begründenden Einstellungen, Erkenntnisse, Fähigkeiten und Fertigkeiten anzueignen, die ihn ...selbständig und mitbestimmungsfähig (i.w.S.d.W.) werden lassen.“ (ebd., S.18 f) Das bedeutet für die Schule: Sie „soll *allen* Schülerinnen und Schülern ein möglichst hohes Maß *gemeinsamer* Erkenntnisse, Fähigkeiten und begründeter Einstellungen zugänglich machen, als Basis des politisch-gesellschaftlich-kulturellen Zusammenlebens, einer möglichst eigenständigen Entscheidung über die Wahl beruflicher Tätigkeiten und die Nutzung außerberuflicher Lebensmöglichkeiten, wechselseitiger Anerkennung, aktiver Toleranz und rationaler Formen der Austragung von Konflikten sowie der Wahrnehmung demokratischer Mitbestimmungsrechte und Mitwirkungspflichten.“ (ebd., S.19)

Literaturverzeichnis

Adl-Amini, Bijan u.a. (Hrsg.) (1993): Unterrichtsmethode in Theorie und Forschung, Weinheim und Basel.

Baumert, Jürgen u.a.(Hrsg.) (2000): TIMSS/III. Dritte Internationale Mathematik- und Naturwissenschaftsstudie – Mathematische und naturwissenschaftliche Bildung am Ende der Schullaufbahn. Bd.2, Opladen.

Baumert, Jürgen u.a. (2001): PISA 2000. Basiskompetenzen von Schülerinnen und Schülern im internationalen Vergleich, Opladen.

Baumert, Jürgen/Köller, Olaf (2000): Unterrichtsgestaltung, verständnisvolles Lernen und multiple Zielerreichung im Mathematik- und Physikunterricht. In: Baumert u.a.

Bellenberg, Gabriele/Klemm, Klaus (2000): Scheitern im System, Scheitern des Systems? Ein etwas anderer Blick auf Schulqualität. In: Rolff, Hans-Günter u.a. (Hrsg.): Jahrbuch der Schulentwicklung. Bd.11, Weinheim und München.

Benner, Dietrich (2002): Die Struktur der Allgemeinbildung im Kerncurriculum moderner Bildungssysteme. In: Zeitschrift für Pädagogik, H.1.

Braun, Karl-Heinz/Wetzel, Konstanze (2000): Sozialpädagogisches Handeln in der Schule. Einführung in die Grundlagen und Konzepte der Schulsozialarbeit, Neuwied/Kriftel.

Ehmann, Christoph/Radamacker, Hermann (2001): Schulschwänzen und sozialer Ausschluß. Zwischenbericht. München (unveröff.).

Fend, Helmut (2000): Entwicklungspsychologie des Jugendalters, Opladen.

Forum Bildung (Hrsg.) (2000): Erster Kongreß des Forum Bildung vom 14./15.Juli 2000 in Berlin. Materialien Bd.3, Bonn.

Forum Bildung (2001a) Neue Lern- und Lehrkultur. Vorläufige Empfehlungen und Expertenbericht. Materialien Bd.10, Bonn.

Forum Bildung (2001b): Empfehlungen des Forum Bildung, Bonn.

Harms, Gerd (2002): Zehn-Punkte-Programm zur Sicherung und Erhöhung der Qualität schulischer Bildung in Sachsen-Anhalt (Stand: 21.2.2002). http://www.sachsen-anhalt.de/schule_und s.../print_lsa_bildung_fuer_die_zukunft_pkt.ht

Hildeschmidt, Anne (1995): Schulversagen. In: Oerter, Rolf/Montada, Leo (Hrsg.): Entwicklungspsychologie. 3.,vollst.überarb u. erw.Aufl., Weinheim

Horstkemper, Marianne u.a.(Hrsg.) (1998): Arbeitsplatz Schule, Seelze.

Klafki, Wolfgang (1989): Lehrerbildung in den 90er Jahren. Wissenschaftsorientierung und pädagogischer Auftrag. In: Hübner, Peter (Hrsg.): Lehrerbildung in Europa vor den Herausforderungen der 90er Jahre, Berlin.

Klafki, Wolfgang (1991): Neue Studien zur Bildungstheorie und Didaktik.2.erw.Aufl., Weinheim und Basel (darin 1991a: Thesen zur „Wissenschaftsorientierung des Unterrichts").

Klafki, Wolfgang (1995): Schulpolitische und pädagogische Schulgestaltung im Spannungsfeld konkurrierender Prinzipien. Überlegungen zu einem Kapitel der Schultheorie. In: Willmann, Bodo (Hrsg.): Bildungsreform und Vergleichende Erziehungswissenschaft, Münster.

Keuffer, Josef/Meyer, Meinert A. (Hrsg.) (1997): Didaktik und kultureller Wandel, Weinheim.

Knauf, Tassilo (2001): Einführung in die Grundschuldidaktik, Stuttgart u.a.

Krüger, Heinz-Hermann/Grundmann, Gunhild/Kötters, Catrin (2000): Jugendliche Lebenswelten und Schulentwicklung, Opladen.

Kultusministerium von Sachsen-Anhalt (2001): Empfehlungen für den Umgang mit Schulverweigerung und mit Schulschwänzen. In: Schulverwaltungsblatt Sachsen-Anhalt, Nr.12.

Ludwig, Otto u.a. (Hrsg.) (1987): Unterrichtsstörung. Dokumentation, Entzifferung, produktives Gestalten, Seelze.

Otto, Gunter u.a. (Hrsg.) (1994): Schule – Zwischen Routine und Reform, Seelze.

Petersen, Ekkehart Dietrich (2001): Schulphobie. In: Rost.

Puhr, Kirsten u.a. (2001): Pädagogisch-psychologische Analysen zum Schulabsentismus, Halle/S.

Rademacker, Hermann (2001): Schulschwänzen – Bagatelle oder Tabu in deutschen Schulen? In: Gesamtschul-Kontakte, H.4.

Reißig, Birgit (2001): Außerschulische Lernorte für schulmüde Jugendliche. In: Braun, Felix/Lex, Tilly/Rademacker, Hermann (Hrsg.): Jugend in Arbeit, Opladen

Rost, Detlef H. (Hrsg.) (2001): Handwörterbuch Pädagogische Psychologie. 2.,überarb. u. erw.Aufl., Weinheim.

Rost, Detlef H./Schermer, Franz J. (2001): Leistungsängstlichkeit. In: Rost.

Rumpf, Horst (1987): Belebungsversuche. Ausgrabungen gegen die Verödung der Lernkultur, Weinheim und München.

Schaarschmidt, Uwe/Fischer, Andreas W. (2001): Bewältigungsmuster im Beruf, Göttingen.

Schreiber-Kittl (Hrsg.) (2000): Lernangebote für Schulabbrecher und Schulverweigerer. Praxismodelle, München/Leipzig.

Schreiber-Kittl, Maria (2001): Alles Versager? Schulverweigerung im Urteil von Experten. DJI-Arbeitspapier 1/2001, München.

Schreiber-Kittl, Maria/Schröpfer, Haiko (2000): Bibliographie Schulverweigerung. DJI-Arbeitspapiere 2/2000, München/Leipzig.

Simon, Titus (2000): Arbeit mit Schulverweigerern – nur eine Modeerscheinung?, in: Uhlig, Steffen/Simon, Titus (Hrsg.), Da geh‘ ich nicht mehr hin! Zum Umgang mit Schulabstinenten und Möglichkeiten alternativer Betreuungs- und Beschulungsprojekte, Magdeburg 2000.

Wenzel, Hartmut u.a. (2001): Förderstufe: Zwischenbilanz eines flächendeckenden Reformprojektes. In: Braun, Karl-Heinz/Harms, Gerd/Klafki, Wolfgang u.a.: Innere Schulreform, Magdeburg.

Steffen Uhlig

Handlungsstrategien im Umgang mit Schulverweigerung – Versuch einer Systematisierung

1. Empirische Hinweise: Den Fokus auf Beziehungen richten

Fragen wie „Was ist Schulverweigerung?“ oder „Welche Handlungsstrategien sind effektiv?“ haben immer etwas von einem projektiven Test: Durch die Antworten erfahren wir mehr über den Befragten als über die Sache selbst.

Insofern wird der Leser etwas über meine Zugänge zur Problematik erfahren, und es erscheint mir notwendig, ein wenig zu beschreiben, wie diese entstanden sind.

Wesentlich war zunächst meine Tätigkeit im Zentrum für alternatives Lernen (Z.A.L.), ein von 1998 bis 2001 in Schönebeck, Sachsen-Anhalt durchgeführtes Bundesmodellprojekt.

Unsere Annahme (d.h., die aller ProjektmitarbeiterInnen) war, dass es sich um eine Problematik mit enormer Komplexität handelt, die an verschiedenen Orten entsteht und wahrgenommen wird. Deshalb schien es uns gerechtfertigt, auch an verschiedenen Orten präsent zu sein: In Schulen und in unserem eigenen Haus, dem Z.A.L. und auch mit Familien zu arbeiten (siehe Abb. 1).

Abb. 1: Tätigkeitsfelder des Zentrums für alternatives Lernen

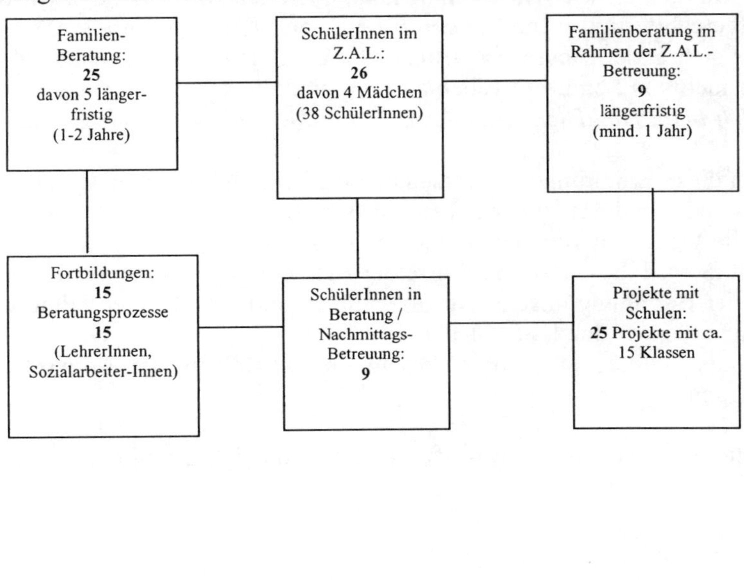

Die Tragfähigkeit dieser Annahme hat sich insgesamt bestätigt. Um es jedoch vorweg zu nehmen: Die Schwerpunkte würde ich heute etwas anders setzen, weil die Gefahr, dass wir uns zu sehr mit *Symptomträgern* und zu wenig mit *Störungsmustern* beschäftigen, doch gegeben ist.

Die Übersicht (Abb.1) zeigt, dass wir uns neben alternativer Beschulung auch mit Familienberatung, Lehrerfortbildung und Lehrersupervision beschäftigt haben. Es gab bei uns einen Bereich, der sich mit der Konstruktion alternativer Lern- und Beziehungsräume beschäftigt hat (Unterrichtsangebot, Beratungsangebot) und einen Bereich, der vorher ansetzte, wo es noch nicht um alternative Beschulung ging, sondern um das Ziel, bestehende schulische Situationen zu stabilisieren.

Durch diese Tätigkeit auf verschienen Ebenen rücken die bedeutenden sozialen Systeme Familie und Schule in den Fokus der Aufmerksamkeit, auch in ihrer gegenseitigen Bedingung und Beeinflussung.

Interessant sind nicht nur der Umgang mit den Schülerinnen und Schülern, sondern auch die Beziehungen zwischen Lehrern und Eltern, Schulen und Familien, Mitarbeitern staatlicher Schulämter und denen von Jugendämtern, Mitarbeitern unterschiedlicher Ministerien, die mit der Problematik befasst sind, etc.: Es gibt rote Fäden, die sich durch diese Ebenen ziehen, Resonanzphänomene, wie z.B. Fragen der Verantwortlichkeit, Schuld, die auf allen Ebenen präsent sind. Sie werden gleichermaßen in Schulklassen, Familien, Verwaltungen oder bei Fachtagungen diskutiert, nicht immer mit den gewünschten Konsequenzen: Die oft aufgeworfen Frage, ob die Hauptverantwortlichen nun in der Schule oder in der Familie zu finden seien, hat mich jedenfalls, wenn sie so allgemein gestellt wird, in den letzten vier Jahren nie wirklich weitergebracht. Sie vereinfacht das komplexe Wechselspiel verschiedener beteiligter Systeme auf unzulässige Art und Weise.

Kommunikationsmuster wie das „Schwarzer-Peter-Spiel" tauchen auf oder werden ersetzt durch gemeinsames ziel- und lösungsorientiertes Vorgehen.

Letztendlich ergeben sich einige spannende Einblicke in die Art und Weise, wie wir miteinander umgehen, und die Annahme, es ginge darum, einige fehlgeleitete junge Menschen auf den rechten Weg zu bringen, wirkt aus dieser Sicht absurd.

Insofern, dies sei vorweggenommen, halte ich den Aufwand, den wir betreiben, dann für gerechtfertigt, wenn bei den Beteiligten nicht von vornherein schon feststeht, wer sich ändern muss. Denn das ist eine Gefahr, die von Jugendhilfe, aber vielleicht auch von Schule zuweilen ausgeht, und die sich in folgendem Satz manifestiert: *Ich helfe Dir, Dich zu ändern, damit alle anderen so bleiben können, wie sie sind.*

Durch diese Erfahrungen in verschiedenen Feldern kommt ein ganz bestimmter Fokus zustande, und das ist der Fokus auf Beziehungen und Beziehungsmuster, auf systemische Wechselwirkungen und Kommunikationsmuster.

Bestätigt wird diese Art und Weise der Betrachtung bei einem Blick auf die Ergebnisse der Befragung unserer Absolventinnen und Absolventen (Beitrag von Titus Simon in diesem Band, S. 111 ff.).

Besonders interessant sind in diesem Zusammenhang die Antworten auf die beiden Fragen:

- „Wenn Du zurückblickst, was waren Ursachen deiner Probleme in der Schule?" und:

- „Was war für Dich besonders wichtig in der Zeit, in der Du Schülerin/ Schüler im Zentrum für alternatives Lernen warst?“

Diese Fragestellungen beziehen sich auf zwei verschiedene Lernorte und auch Lebensabschnitte, aber in den Antworten wird deutlich, dass eine ähnliche Schwerpunktsetzung vorgenommen wird:

Bei der zuerst genannten Frage sind wohl ca. 75% der Nennungen als Beziehungsprobleme aufzufassen – nämlich Schwierigkeiten mit Lehrern und Klassenkameraden, mit Ausgrenzung und Gewalt in der Schule und, einmal benannt, innerhalb der Familie. Nur selten wurden individuelle Problemlagen oder Leistungsdefizite wie die Lese-Rechtschreib-Schwäche genannt, obgleich ich weiß, dass diese vorhanden waren. Aber *empfunden* wurden sie als Beziehungsproblematik.

Auch bei der Frage, was in der Zeit im Zentrum für alternatives Lernen besonders wichtig gewesen sei, wird diese Tendenz klar bestätigt:

Die 22 unterschiedlichen Nennungen zeigen zum einen, dass unsere Schülerinnen und Schüler sehr verschiedene Beweggründe hatten, bei uns zu lernen.

Was jedoch auch hier deutlich wird: Vor allem ging es ihnen um die Art und Weise des Miteinanders, um Kontakt, Anerkennung, Sicherheit in der Gruppe und im Umgang mit den Lehrerinnen und Lehrern.

Auch deshalb sehe ich Einrichtungen und Projekte, die sich mit Schulsozialarbeit oder Schulverweigerung befassen, stärker als organisations- und beziehungsunterstützende Angebote und nicht nur als Hilfsansatz für benachteiligte junge Menschen.

Benötigt werden verschiedene Unterstützungsformen, von der Beratung über sozialpädagogisch geprägte Projekte mit Schulklassen bis hin zu organisationsersetzenden („die Organisation Schule oder Teile derselben ersetzenden“) Lernangeboten. Sie alle haben das Ziel, Räume und Beziehungen so zu gestalten, dass effektive Lernprozesse möglich werden, aus denen die Lernenden, die Lehrenden und andere Beteiligte Nutzen ziehen können.

Die Gefahr ist, dass, wenn diese Chance nicht genutzt wird, wieder einmal nur eine neue Zielgruppe für unterschiedliche Professionen gefunden ist, die therapiert und verändert werden soll, die Thema für verschiedene wissenschaftliche Studien wird und dass schließlich wir anderen Beteiligten so bleiben dürfen, wie wir sind.

Nachfolgender Text soll im übrigen vor allem ganz konkrete Modelle für Handlungsstrategien darstellen. Es sind Modelle für Professionelle, die in der Schule beraterisch, sozialpädagogisch etc. tätig sind oder die sich außerhalb des Schulgebäudes mit dieser Problematik beschäftigen.

2. Versuch einer Formalisierung: Dilemmata und Tetralemmata

Ich möchte jetzt im Weiteren versuchen, diese Beziehungsproblematik, die in den Befragungsergebnissen sehr im Vordergrund stand, und individuelle Aspekte des Themas zu konkretisieren und zu formalisieren und dann jeweils zum Thema Handlungsstrategien zu kommen.

Ich benutze im Folgenden die Form des Dilemmas bzw. Tetralemmas, um zumindest ausgewählte Aspekte unserer Hypothesen und unseres Vorgehens darstellen zu können. Viele wichtige Verbindungen und Merkmale werden allerdings dadurch auch ausgeschlossen, wie das immer passiert, wenn man mit Modellen arbeitet.

Ich beginne beim *Dilemma.*

Zunächst können wir uns auf die Behauptung zurückziehen, dass jeder Schüler vor der Entscheidung steht, entweder in die Schule zu gehen oder aber etwas anderes zu tun. Pro Schule oder Contra Schule, das ist hier die Frage. Eine Entweder-Oder-Frage, man kann nicht gleichzeitig in der Schule und im Einkaufszentrum sein.

Abb. 2: Dilemma „Schulbesuch oder nicht"

pro Schule	
	contra Schule

Jeder Mensch trägt in solchen Situationen stets beide Aspekte in sich, sonst könnte er zu keiner *Ent*scheidung kommen, weil eine Entscheidung erst bei mindestens zwei Handlungsalternativen möglich wird. Wir halten zunächst einmal fest, dass die ganze Situation etwas tatsächlich Paradoxes hat:

Einerseits wird eine Entscheidung pro Schule verlangt (Schulpflicht), andererseits ist eine wirkliche Entscheidungsfindung gar nicht möglich, weil die Entscheidung durch die Gesellschaft bereits getroffen wurde: Du handelst richtig, wenn Du Dich pro Schule entscheidest; das ist bereits entschieden worden. Im Allgemeinen ist das kein Problem, die Argumente pro Schule scheinen so überwältigend, dass es oftmals keinen wirklichen Entscheidungsprozess gibt.

Wie schaffen wir das eigentlich: Chronischen Schulbesuch bei der übergroßen Mehrheit der Schülerinnen und Schüler zu erreichen? Man sagt, Chronifizierung tritt nur bei Erfolg von Verhaltensweisen ein.

Wenn aber, aus welchen Gründen auch immer, das Selbstverständliche nicht mehr selbstverständlich ist, kommt es zu einem Entscheidungsprozess, der keiner ist, weil er bereits vorentschieden ist. Daraus wird auch unsere schwierige Helferfunktion deutlich: Wir sollen bei Entscheidungsprozessen behilflich sein, aber das gewünschte Ergebnis steht bei vielen Auftraggebern bereits fest.

Vielleicht ist dieser paradoxe Auftrag eine gute Gelegenheit, sich einmal Gedanken zu machen über die Begriffe Schulpflicht, Unterrichtspflicht, Lernpflicht etc.

Kann es im Einzelfall gesellschaftlich akzeptierte, geduldete oder gar anerkannte Lernprozesse außerhalb der Schule geben?

Es wird sie, das ist meine Auffassung, geben müssen, es sei denn, Schule gelingt es, sich auch stärker um die Ausreißer zu kümmern. Dann muss sie sich ändern. Die Umwandlung der Schulpflicht in eine Lernpflicht würde jedenfalls einige interessante Konsequenzen haben: Nachzuweisen wäre dann ein organisierter Lernprozess, aber nicht der Schulbesuch.

Nun können wir, immer noch auf das Dilemma-Modell schauend, einen Schritt weiter gehen: Die Probleme, die wir als Schulverweigerung bezeichnen, treten dann auf, wenn sich SchülerInnen entweder

- nicht für die pro- oder contra-Seite entscheiden können, also ambivalent sind
- oder sich für die Seite Contra entschieden haben
- oder sich für die Seite Pro entschieden haben, diese Entscheidung aber, z.B. in ihrer Familie, nicht umsetzen dürfen.

Aus der Sicht der Konflikttheorie sind die beiden letzten Möglichkeiten kein Problem, jemand hat sich für eine Seite entschieden, das ist kein Konflikt. Es wird erst dadurch zu einem Konflikt, dass wir (die Gesellschaft, die Schule, Mütter und Väter) diese Entscheidung nicht zulassen (Schulpflicht usw.). Der Konflikt besteht dann eigentlich nicht innerhalb des Individuums, sondern zwischen einem Individuum und anderen Individuen, Systemen usw. Es ist dann auch unlogisch, nur mit dem Individuum zu arbeiten, innerhalb dessen der Hauptkonflikt gar nicht existiert.

Also zwei Möglichkeiten: Jemand ist ambivalent oder hat sich für eine Seite entschieden, aber diese Entscheidung wird von seiner Umwelt nicht akzeptiert.

Ich halte es für wichtig, in unserer Arbeit diese Möglichkeiten tatsächlich wahrzunehmen und im Einzelfall zu erkunden, worum es sich handelt. Im Konkreten wird sich vieles überschneiden: Vielleicht hat jemand für Contra entschieden, aber seine /ihre Ambivalenz bleibt trotzdem.

Das Problem ist, und daher kommt u.a. der Bedarf an unserer Tätigkeit, dass sowohl die betroffenen Schülerinnen und Schüler, als auch die Eltern, LehrerInnen, Helfer oftmals im Bereich dieses Entweder-Oder-Denkens bleiben. Das ist das *Dilemma*.

Dass bei Interventionen oftmals weiter das Entweder-Oder-Dilemma beibehalten wird, zeigen auch die Antworten der 16 Eltern unserer Absolventinnen, die befragt wurden, wie sie mit der Schulverweigerung ihrer Tochter oder ihres Sohnes umgegangen seien (siehe dazu den Beitrag von Titus Simon in diesem Band).

Wenn wir uns die dort genannten Reaktionen einmal näher betrachten, dann können wir sagen, es gibt einen großen Anteil von Verhaltensweisen, mit Hilfe derer versucht wird, die Pro-Seite zu unterstützen. Eindringliche Gespräche, doch zur Schule zu gehen, entsprechende Zwangs- und Sanktionierungsmaßnahmen oder die Gewinnung von Partnern, die dann das Ziel „regelmäßiger Schulbesuch des Kindes" erreichen sollen, all das dient der Besetzung der Pro Schule-Seite. Ganz im Watzlawickschen Sinne: Lösungsversuche nach dem Prinzip „Mehr desselben".

Danach kommt oftmals die Resignation oder das Aufsuchen von Helfern, die dann funktionalisiert werden, weil sie den Auftrag erhalten, sich ebenfalls auf die Pro-Seite zu stellen. Für uns bedeutet das, dass wir zumindest von vielen Eltern, aber auch Lehrerinnen und Lehrern, Mitarbeiterinnen und Mitarbeitern der Jugendämter oftmals einen Auftrag bekommen, der dann erfüllt ist, wenn sich eine bestimmte Person genau so verhält, wie diese Auftraggeber dies möchten. Prinzipiell ist dieser Auftrag nicht umsetzbar, weil die Entscheidungen autopoietischer, sich selbst organisierender Systeme von außen nicht programmierbar sind.

Über die Zuordnung zu den beiden Feldern des Dilemmas pro und contra entscheidet der Empfänger, nicht der Absender der Botschaft und deshalb scheitern viele solcher Pro-Strategien. Wenn wir zum Beispiel einer Schülerin sagen: „Du musst ab morgen unbedingt wieder in die Schule gehen, weil du sonst Deinen Schulabschluss nicht schaffst“, dann ist es die Frage, ob es für sie wirklich ein Pro-Argument ist. Ist der Schulabschluss in ihrem momentanen Lebenskontext von Bedeutung? Wenn ja, macht das die Argumente, die auf der Contra-Seite stehen, wirklich unbedeutend?

Auch wir professionellen Helfer verfallen zu Weilen in den Glauben, jemanden dadurch zu motivieren, dass Beweggründe genannt werden, von denen man selbst meint, sie würden auf der Pro-Seite wirken. Dies ist also in etwa die Situation, in welcher wir oftmals ins Geschehen eingreifen.

Was können wir tun?

Es gibt aus meiner Sicht eine generelle Vorgehensweise, und die bedeutet, den Beteiligten zu mehr Handlungsoptionen zu verhelfen.

Heinz von Foersters Leitsatz: „Handle stets so, dass sich die Anzahl Deiner Handlungsmöglichkeiten erhöht“ (von Foerster, 2000) abgewandelt auf die genannte Thematik hieße dann: Handle stets so, dass durch Deine Hilfe die Anzahl der Handlungsmöglichkeiten von Schülerinnen und Schülern, Eltern und anderen Beteiligten steigt.

Ein Weg, dies zu erreichen, besteht darin, sich aus dem Dilemma (Schule oder Einkaufszentrum, pro oder contra) z.B. ein Tetralemma zu denken. Ein Tetralemma erweitert die Handlungsoptionen des Dilemmas von zwei auf vier. Dem Betreffenden stehen dann folgende Möglichkeiten zur Verfügung:

Abb. 3: Tetralemma „Schulbesuch oder nicht?“

pro Schule Ich gehe in die Schule	*sowohl pro als auch contra Schule* Ich gehe in die Schule und ich gehe auch nicht
weder pro noch contra Schule Weder gehe ich in die Schule noch gehe ich nicht	*contra Schule* Ich gehe nicht in die Schule

- Sich für die Pro-Seite zu entscheiden: Ich gehe in die Schule.
- Sich für die Contra-Seite zu entscheiden: Ich gehe nicht in die Schule.
- Es gibt die Seite „sowohl pro als auch contra“: Ich gehe in die Schule und ich gehe auch nicht.
- Es gibt die Seite Weder-noch: Weder gehe ich noch gehe ich nicht.

Dazu gibt es eine Metapher, welche ich in Fritz Simons Buch „Meine Psychose, mein Fahrrad und ich“ gefunden und ein wenig abgewandelt habe (Simon, 1999):

Vielleicht ist die Situation vieler Kinder und Jugendlicher, mit denen wir uns beschäftigen, vergleichbar mit der eines Seiltänzers. Der Seiltänzer hat vier Möglichkeiten, sich zu bewegen: Er kann sich entweder nach links oder nach rechts bewegen, er kann sich sowohl nach rechts als auch nach links bewegen und: weder nach links noch nach rechts.

Nun mögen Beteiligte ihm zurufen, er solle doch nach links herunterspringen, das sei die richtige Seite. Aber für den Seiltänzer sieht es aus wie ein Sturz. Genau so auch die rechte Seite: Absturz. Will er weitergehen, ohne zu stürzen, kann er die beiden anderen Möglichkeiten nutzen: Er kann sich sowohl nach rechts, als auch nach links bewegen, ein sogenanntes dynamisches Gleichgewicht erreichen. Oder er kann versuchen, sich weder nach links noch nach rechts zu bewegen, ein statisches Gleichgewicht zu erreichen.

Ich möchte nun behaupten, dass Veränderung nicht immer, aber oftmals über die Besetzung der Felder „Sowohl als auch" und „Weder noch" möglich ist und alles andere häufig auf Nicht-Veränderung hinausläuft; ohne dies zu werten, auch Nicht-Veränderung hat ihre Vorteile. Wir können nun dazu beitragen, dass Menschen, die ein Dilemma wahrnehmen, und das sind keineswegs nur Schülerinnen und Schüler, bewusst wird, dass es außer den Seiten pro und contra noch andere Optionen gibt.

Wichtig ist aber, dass es fast immer bereits Lösungen gibt, die schon da sind, bevor die Helfer auf den Plan treten. Ein Schüler, der an drei Wochentagen die Schule besucht und an zwei Wochentagen nicht, hat das Feld „Sowohl pro als auch contra" bereits besetzt und bietet uns damit eine gute Basis an, um weiterarbeiten zu können. Leider können wir es oftmals nicht als Lösungsversuch sehen und ordnen es bei Contra ein; das ist unser Dilemma, nicht das Tetralemma des Schülers.

Eine Familie, die sich an einen Psychiater wendet, vermutet manchmal schon, dass es weder darum geht, in die Schule zu gehen, noch, ihr fernzubleiben, sondern dass das Thema ein vollständig anderes ist als Schule – sie versucht also, das Feld „weder Schulbesuch, noch kein Schulbesuch" zu besetzen. Hier wäre also ein erster, oftmals fruchtbarer Weg, nach bereits vorhandenen Lösungen zu suchen und diese weiter zu gestalten.

Nun wird es sinnvoll sein, solche Szenarien einmal konkret festzuhalten, nicht als Festhalten der Wirklichkeit, sondern als eine Form, Erklärungen zu bilden. Dies möchte ich an Hand zweier Beispiele tun. Die nun vorzustellenden Tetralemmadarstellungen sind sozusagen Teile von Hypothesen, mit denen wir gearbeitet haben.

Beispiel 1: Tobias

Tobias war 15 Jahre alt, als er zu uns gekommen ist.

Er hatte zwei stationäre Aufenthalte in einer Psychiatrie hinter sich, bekam die einschlägigen Medikamente (Ritalin). Die Mutter berichtete uns von Auseinandersetzungen in der Schule mit Lehrern und Schülern, meist aggressiven Charakters, benutzte das Wort Hyperaktivität. Insbesondere dann, wenn Tobias konfrontiert wurde mit Erwartungen anderer, wie er sich zu verhalten hätte und welches denn seine Fehler wären, reagierte er wütend, verletzt etc.

Seine Mutter reagierte bei Problemen mit einer Welle der Besorgnis, des Sich-Kümmerns, des Planens, wie es gehen müsse. (Versuch, die Pro Seite bei Tobias zu stärken, aber auch Interventionen an der Schule mit der Bitte um Verständnis.)

Ihr Erklärungsmuster bestand im wesentlichen darin, dass Tobias gewisse Defizite hätte, die es ihm gar nicht ermöglichten, sich so zu verhalten, wie andere das forderten.

Dadurch verstärkte sie zum einen ihre Bindung zu Tobias. Es verstärkten sich auch seine Abhängigkeit zur Mutter, seine Zweifel an sich selbst. Zur Idee seiner Mutter, „wenn ich mich nicht darum kümmere, schafft er es nicht allein", ist komplementär die Idee von Tobias: „Allein schaffe ich nichts." Seine Aggressionen kamen nahezu ständig aus Situationen, in denen er sein Normalsein, seine Kompetenzen, seinen Selbstwert in Gefahr sah.

Daraus ergibt sich folgendes Bild:

Abb.4: Dilemma Tobias[1]

pro Schule Beweis der Normalität; Chancen-Erhöhung	
	contra Schule Vermeidung schwieriger Situationen; Mutter kümmert sich

Diese Situation ist für Tobias zunächst nicht entscheidbar; zunehmend jedoch neigt sich die Waage zu „Contra Schule". Die Mutter kümmert sich, sucht nach Lösungen, um Tobias für „pro Schule" fit zu machen: Stationäre Psychiatrie, Medikamente, ambulante Psychiatrie und Psychotherapie. Die gesuchte „Normalität" rückt für Tobias in eine unerreichbare Ferne: Schule wird nun noch stärker zu einem Ort, an welchem er seine „Unnormalität" wie in einem Spiegel gezeigt bekommt. Alle Mitwirkenden, Mutter, ihr Lebenspartner, LehrerInnen und Lehrer, befinden sich im Dilemma zwischen pro und contra.

Sie versuchen weiter, die Pro-Seite bei Tobias zu stärken, was nicht aus dem Dilemma führt, weil die negativen Konsequenzen einer Pro-Entscheidung für Tobias nicht verschwinden.

Handlungsstrategie: Unsere Aufgabe ist es, die zwei noch nicht besetzten Felder ins Spiel zu bringen und damit die Handlungsmöglichkeiten aller Mitwirkenden zu vervielfältigen: Die Besetzung der beiden Felder bedeutet, der kommunikativen Funktion, die Schulverweigerung hat, nachzugehen, und aus ihr Ideen zu gewinnen.

Zunächst zur Option „Sowohl als auch".

1 Es ist interessant, sich ähnliche Bilder einmal bezüglich der anderen Beteiligten aufzuzeichnen und dann deren wechselseitige Bedingtheit zu sehen.

Abb. 5:

pro Schule Beweis der Normalität; Chancen-Erhöhung	*sowohl als auch* Normalität Schule; keine nicht zu bewältigenden Situationen
	contra Schule Vermeidung schwieriger Situationen; Mutter kümmert sich

Dafür konnte mit Hilfe der alternativen Beschulung ein Raum geschaffen werden, der wesentliche Anforderungen des „sowohl-als-auch"-Feldes erfüllte.

Man könnte sagen, alternative Beschulung bedeutet nahezu automatisch die Besetzung des sowohl-als-auch-Feldes, weil sie eben schon durch räumliche und personelle Bedingungen und andere Zielstellungen anders ist.

Aber insgesamt ist das nicht ganz richtig: Auch in sogenannten Schulverweigererprojekten, ganz gleich, welcher didaktische Ansatz gewählt wurde, ist die Möglichkeit, dass die bekannten Muster wieder Raum gewinnen, natürlich gegeben. Ähnliche Kommunikationsmuster wie in der Schule können auch zwischen 10 Schülerinnen und Schülern entstehen. Dann wird aus der Chance zum Neuen einfach nur die Aufforderung: Geh zur Schule (pro).

Wir benötigen also nicht nur neue Räume und Gruppen, sondern vor allem neue Beziehungs- und Kommunikationsangebote, das ist das Wesentliche an unserer Arbeit.

Bei Tobias: Ein Beziehungsangebot, welches Tobias als Vertragspartner ernst nimmt. Der Abschluss eines Vertrages ist ganz wesentliches Mittel bei der Besetzung des sowohl-als-auch-Feldes, wenn es ein wirklicher Vertrag ist. Er muss aushandelbar sein; sehr weitreichend aushandelbar.

Der Vertrag hilft mit zu definieren, was es nun mit der sowohl-als auch-Schule auf sich hat. Und deshalb müssen dort auch Dinge festgehalten werden, die sehr wohl an die gute alte Schule erinnern: Nämlich, ob und unter welchen Bedingungen bewertet wird, ob es darum geht, Abschlüsse zu erwerben, welche Unterrichtsfächer unterrichtet werden etc.

Vertragspartner ist der für sich selbst verantwortliche Tobias, nicht der defizitäre Tobias, der ohnehin unfähig ist, für sich etwas auszuhandeln. Wir muteten ihm einiges zu – unsere Freude, unseren Ärger, unsere Enttäuschung, und: Wir sind von ihm nicht abhängig. Nicht abhängig sein heisst für mich in diesem Zusammenhang: Tobias ist nicht bei uns, um unsere Bedürfnisse, wie nach Erfolg und Anerkennung, zu erfüllen.

Wesentlich für Tobias sind natürlich Erfolgserlebnisse, das Gefühl, etwas zu schaffen, Fehler als ein Stück Normalität aufzufassen. Unsere (Um)-Deutung: „Deine Fehler sind nicht die Zeichen von Unnormalität und Defiziten, sondern Zeichen dafür, dass Du Dich für etwas entscheiden kannst, auch wenn Du im Nachhinein manchmal feststellst, dass es vielleicht bessere Entscheidungen gegeben hätte.

Wenn wir sagen, es ist Dein Fehler, so sagen wir auch, es ist Deine Verantwortung“.

Dies war die einfachere Aufgabe, die zu leisten war, auch wenn Tobias mit großer Beharrlichkeit versuchte, uns seine Sicht der Dinge nahe zu bringen: „Ich bin nun mal so, wenn ich mit der Colaflasche nach einem Lehrer werfe, ist das ganz normal, er war ja auch sehr provozierend und ich reagiere eben ein wenig unkontrolliert, habt Verständnis“. Es gab zuweilen große Kräche, endlose Auseinandersetzungen, bis hin zu Abmahnungen, Vertragsänderungen etc. Aber Tobias konnte es zumeist als „Normalität“ abbuchen: Bei den anderen Schülern hätte es auch große Kräche gegeben.

Es gab Zeiten, da saßen wir mehrere Wochenstunden, um Hypothesen zu entwerfen, Situationen zu planen, uns Mut zu machen.

Viele alte Muster aber dauerten an. Die Mutter brachte Tobias jeden Morgen mit dem Auto, sie übernahm weiterhin ein hohes Maß an Verantwortung. Dies zeigt, dass das sowohl als auch-Feld zwar oftmals ausreicht, damit der Schulbesuch wieder funktioniert, aber der Kontext, der einmal zum Problem geworden war, ist damit oftmals nicht beseitigt. Dazu ist es dann notwendig, sich auf das Feld „Weder zur Schule gehen, noch ihr fernbleiben“ zu konzentrieren. Die Aufmerksamkeit richtet sich hierbei auf jenen Bereich, der bereits vorhanden war, als es noch gar nicht um die Entscheidung pro-contra ging.

Abb. 6:

pro Schule Beweis der Normalität; Chancen-Erhöhung	*contra Schule* Vermeidung schwieriger Situationen; Mutter kümmert sich
weder noch das Nützliche am Symptom; Veränderung des Familienalltags	*sowohl als auch* Normalität Schule; keine nicht zu bewältigenden Situationen

Das Nützliche am Symptom war hier die Möglichkeit, familiäre Alltagswelten zu verändern; eine Chance für alle vier Familienmitglieder.

Tobias entwickelte phasenweise Verhaltensweisen, die eine Chance für eine Änderung darstellten. Für die Mutter bedeutete das Erwachsenwerden von Tobias den Abschied von ihrem jüngsten Sohn, die Vorbereitung auf einen neuen Lebensabschnitt und die Neuaufnahme der ungeklärten Frage der Paarbeziehung.

Tobias erinnerte auf recht drastische Art und Weise an diese Themen: Er zerschlug das Wohnungsmobiliar, betrank sich, kiffte im Wohnhaus, fuhr sein Motorrad kaputt.

Chancen für die Mutter, sich zu distanzieren, mehr Erwachsensein zuzulassen; die aber manchmal als Beweise gedeutet wurden, dass er eben doch erhebliche Defizite hätte, man sich also kümmern müsse. Die Situation eskalierte.

In der Familienberatung ging es primär darum, andere Bedeutungen zu (er-) finden. Das, was als Zeichen für defizitäres Handeln gesehen wurde, umzudeuten in bewusste Entscheidungen von Tobias, die auch ein anderes familiäres Zusammenleben ermöglichen. Und es gibt einen Blick frei auf die Paarebene, die sich anders entwickeln kann, wenn Tobias nicht alles aufsaugt, was an Nähebedürfnis seitens der Mutter vorhanden ist.

Abb. 7: Anwesenheit Tobias 2. und 3. Schuljahr in Prozent

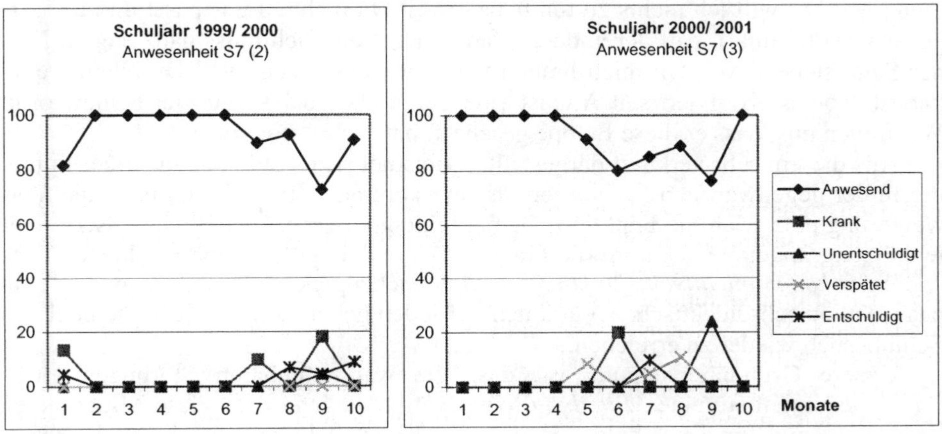

Kurz vor Absolvierung des letzten Z.A.L.-Jahres passierte folgendes: Ein paar Tage vor seinem Kolloquium zum Erwerb des Hauptschulabschlusses fährt seine Mutter in den Urlaub. Er bleibt der Schule fern, entschließt sich, zur Prüfung nicht anzutreten, weil er meint, er schaffe sie nicht. Wir waren zunächst überrascht, dass die Mutter zu solch einem Zeitpunkt in den Urlaub fährt, konnten dann aber die veränderte Haltung würdigen.

Aus dieser Situation ist der vielleicht größte Entwicklungssprung für den Jugendlichen geworden, den wir miterleben konnten. Er hat erfahren, dass die Mutter ihm eine Entscheidung zutraut, dass er eine Entscheidung allein treffen kann (17-jährig), und, dass er sich verweigern kann. Dies wären einige Aspekte des Feldes weder-noch, bei dem es nicht darum geht, in die Schule zu gehen oder ihr fernzubleiben, sondern um das Thema, was bereits vor der Schulverweigerung da war.

Im Nachhinein, und wenn es jetzt um die Betrachtung von Handlungsstrategien geht, glaube ich, dass hier alternative Beschulung bei diesem Fall einen nahezu nicht zu ersetzenden Stellenwert bekommt. Die klassische Schulsituation wird kaum Bedingungen schaffen können, um einen regelmäßigen Schulbesuch zu ermöglichen.

Psychiatrie wird es sehr schwer haben, und hatte es schwer, weil sie, allein durch ihre Existenz, die Vermutung von Tobias bestärkt, nicht normal zu sein, große Defizite zu haben. Das ist genau das, was er bereits vermutet und befürchtet.

Beim Nachdenken über weitere Handlungsstrategien kann man zu dem Schluss kommen, dass die Richtung, in welcher die Dinge drifteten, zu früheren Zeitpunkten besser hätte modifiziert werden können. Die Mutter hatte von Auffälligkeiten im Kindergarten gesprochen.

Diese Auffälligkeiten waren, aus heutiger Sicht, nicht das, worum es eigentlich ging. Tobias hat Schwierigkeiten z.B. mit seiner Feinmotorik, z.T. beim Sich-Konzentrieren bei bestimmten Anforderungen. Gefährlich jedoch war das Netz von Bedeutungen, Reaktionen, Abhängigkeiten, welches sich im Laufe der Jahre um ihn und mit ihm und durch ihn entstand: Die Generalisierung seiner Defizite, die Benutzung seiner Besonderheiten, um Beziehungen entstehen zu lassen: Auf der einen Seite: Mit Dir will ich nichts zu tun haben, weil Du nicht zu uns passt und uns Ärger machst (Schule). Auf der anderen, familiären Seite: Ich muss ganz eng an Deiner Seite stehen, weil Du mich brauchst. Du brauchst mich, weil Du allein wenig kannst. Tobias absolviert seit August eine Lehre als Koch – mit viel Feinmotorik. Wir freuen uns, dass er diese Etappe geschafft hat.

Aus diesem sehr verkürzt.dargestellten Beispiel ergibt sich ein wichtiger Punkt, der in der gegenwärtigen Diskussion zu kurz kommt. Offensichtlich hatte die Verweigerung eine wichtige Funktion. Demzufolge geht es auf der Ebene unserer Unterstützungsangebote auch um die Frage, wer es sich zur Aufgabe macht, so etwas wie einer *kommunikativen Funktion wirklich* nachzugehen oder ob wir uns mit ein paar methodisch-didaktischen Varianten zufrieden geben, um möglichst schnell den Schulbesuch wieder zu erreichen.

Unsere Grundüberzeugung ist, dass die wahrnehmbaren Störungen etwas *Wichtiges* enthalten, eine *Mitteilung*, eine Botschaft. Und dass diese Mitteilungen bedeutsam sind für die Schule, für familiäre Konstellationen, für passende Beziehungsangebote etc.

Nur irgendwie, alternativ oder klassisch, zu beschulen, damit die Schulverweigerung beendet wird, kann manchmal auch gut sein, ist es aber nicht immer.

Abb. 8 zeigt die Anwesenheit eines Schülers (Nils) im Z.A.L.

Abb. 8: Anwesenheit Nils 1. und 2. Schuljahr in Prozent

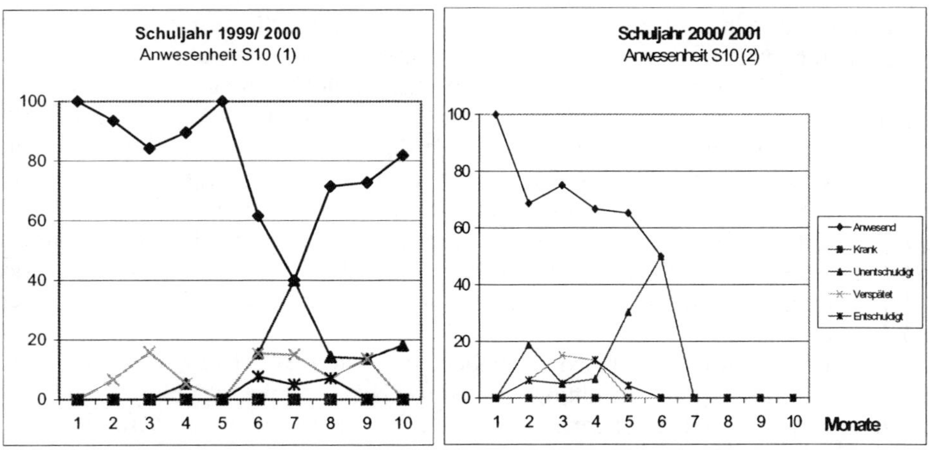

Verglichen mit genereller Schulabstinenz scheint es einen Fortschritt gegeben zu haben. Nils lernte ca. eineinhalb Jahre bei uns. Es findet mehr Schule statt als vorher, der Betreffende fehlt nur selten unentschuldigt, manchmal kommt er zu spät. Es ist uns gelungen, die sowohl-als-auch-Seite zu besetzen, zumindest phasenweise konnte Nils auch andere Gruppensituationen erleben als in der Schule. Trotzdem gelang es uns nicht, eine tragfähige Beziehung zu Nils aufzubauen, auf Grundlage derer die Dinge und Prozesse kommunizierbar gewesen wären, die Nils wirklich bewegten. Familienberatung fand kaum statt. So blieb es manchmal beim „in der Schule Herumsitzen".

Aus heutiger Sicht muss vermutet werden, dass die Lebensbedingungen, die für Nils von hoher Bedeutung waren, stabil blieben; verändert hat sich nur die Frequenz seines Schulbesuches. Die Gefahr besteht aber darin, dass sich ausserschulische Notlagen durch das zur Schule-Gehen nicht verändern, sondern stabilisiert werden. Es kann dann passieren, dass Verhaltensmuster sich ändern, wir aber darüber nicht erfreut sind: Kriminalität anstatt von Schulverweigerung. *Strafvollzug als vorläufiger Endpunkt* der Betreuung von Nils.

Die Aussage: „Kein Schulbesuch ist negativ, zur Schule gehen ist positiv" hat keine generelle Gültigkeit. Es gibt viele Fälle von sehr entwicklungshemmenden, nachteiligen Situationen, in denen die Kinder und Jugendlichen täglich in die Schule gehen und sich u.a. auch deshalb überhaupt nichts verändert.

Durch zu starke Konzentration auf alternative Beschulung werden die wichtigen erklärenden und bedingenden Kontexte, Schule und Familie, zu sehr ausgeschlossen.

Beispiel 2: Franziska-Mobbing aus verschiedenen Perspektiven

Franziska lernte zwei Jahre lang bei uns. Sie war knapp 15 Jahre alt, als sie zu uns kam und hatte zu diesem Zeitpunkt ca. ein dreiviertel Jahr ihre Schule nicht besucht. Sie lebt gemeinsam mit ihrer Mutter, mit welcher keine Familienberatung stattfand, aber es war regelmäßiger Kontakt da, informelle Gespräche beim Elternabend oder bei spontanen Treffen. Franziska ist vielleicht das, was man des öfteren als „durchschnittlich intelligent" bezeichnet.

Auf die Frage, weshalb sie nicht mehr in die Schule gegangen sei, berichtete sie uns, es hätte Streit in ihrer Klasse gegeben, mit anderen Mädchen usw. Wir waren ein wenig skeptisch bezüglich der Einfachheit ihrer Erklärung, aber im Nachhinein würde ich sagen: Es war genau das, was sich ereignet hatte.

Abb. 9: Dilemma Franziska

pro Schule Freundinnen treffen; Zufriedenheit der Mutter; Lernerfolge	
	contra Schule Gefühle von Ausgegrenzt-sein, Angst und Hilflosigkeit; Streit

Franziskas Dilemma bestand darin, dass sie einerseits in ihrer Klasse und in ihrer Schule Kontakte hatte, die ihr wichtig waren, dass sie Lernerfolge zumindest phasenweise und fächerspezifisch erringen konnte.

Andererseits erlebte sie Situationen, in denen sie keine Handlungsalternativen anwenden konnte, die es ihr gestatteten, erhobenen Hauptes in der Schule zu sein.

Hier ein Bild, welches sich bei mir ergeben hat und auf den Berichten von Franziska, deren Mutter und von zwei Lehrerinnen fußt: Situation: 7. Klasse, 18 Schülerinnnen und Schüler, 5 Jungen und 13 Mädchen, drei „Neue“ in der Klasse, die aus der stationären Erziehungshilfe kommen. Insgesamt 5 Schülerinnen und Schüler haben die 7. Klasse schon einmal besucht. Alles geht durcheinander, Unterricht ist äußerst schwierig, mindestens noch zwei andere Mädchen außer Franziska verweigern über Monate die Schule, eine davon auch, nachdem sie in einem betreuten Wohnen gelandet ist. Für viele andere ist Schwänzen ein oft praktiziertes Verhalten. Die LehrerInnen sprechen von giftiger Stimmung. Manchmal holen sich die Klassenchefs, besser Chefinnen jemanden, der / die nicht passt, dann wird geprügelt.

Nach Schuljahresende „zerfällt“ die Klasse, ein Teil landet im BVJ, ein Teil wird irgendwohin weitergesetzt, manche bleiben der Schule weiterhin fern.

Als wir auf Franziska treffen, rufen wir den Schulleiter an, damit die weitere Vorgehensweise besprochen werden kann. Das geht schnell. Er sagt: „Mit dieser Schlampe können sie ruhig weiterarbeiten“.

Die Besetzung des Feldes „sowohl-als-auch“: In unserer kleinen Schule hatten wir ausreichend Möglichkeiten, das zu beobachten, was Franziska mit Ärger oder Streit bezeichnete:

Oftmals konnte sie nur in der Tür stehen, nicht das Zimmer betreten, in welchem die anderen saßen. Auf Konfrontationen reagierte sie mit einem verlegenen Lächeln, manchmal auch barsch, sie war oft verletzt und verschloss sich dann.

Es gab Krisen, und es ist zu vermuten, dass sie vom Grundmuster her ähnlich abliefen wie in der Herkunftsschule. Klar ist auch, dass Franziska viele in der Familie erworbene Verhaltensweisen zeigte, um auf die Konstellation in der Schulklasse oder im Z.A.L. zu reagieren.

Abb. 10: Tetralemma Franziska

pro Schule Freundinnen treffen; Zufriedenheit der Mutter; Lernerfolge	*sowohl als auch* In der Schule erlebt sie sich selbst in anderen Rollen als gewohnt.
weder noch Gruppen-dynamische Situation in Klasse 7	*contra Schule* Gefühle von Ausgegrenztsein, Angst und Hilflosigkeit; Streit

Die Pädagogen im Z.A.L. konnten problematische zirkuläre Verläufe hinterfragen, abschwächen oder umleiten wie z.B. den folgenden:

Franziska ist skeptisch, fürchtet sich vor der Gruppensituation, das sieht man ihr an. Sie bleibt in der Tür stehen. Ihre Unsicherheit ist spürbar, die anderen versuchen sie durch markige Sprüche zu überspielen. Es sind genau die Sprüche, vor denen sich Franziska gefürchtet hat. Sie wird unsicherer, das Spiel verstärkt sich.

Für sie war unsere kleine Schule im ersten Jahr ein Trainingsplatz für Gruppensituationen.

Wie kann man wütend sein, ohne zu verletzen? Wie geht man mit Verletzungen um? Wie kann man sich zurückziehen, ohne der Schule fernzubleiben?

Im zweiten Jahr gelang es Franziska, einige stabile Beziehungen innerhalb der Gruppe aufzubauen. Ihre Krankheitsphasen verkürzten sich sichtbar, andere Themen bestimmten ihren Lebensrhythmus. Erst nach einer gewissen Übungsphase rückten schulische Themen wieder stärker in den Vordergrund. Dies wird auch im Abwesenheitsdiagramm deutlich.

Heute absolviert Franziska in einer Berufsschule mit ca. 2000 Schülerinnen und Schülern ihr BVJ. Bisher mit Erfolg und ohne Leistungsprobleme.

Abb. 11: Anwesenheit Franziska 1. Schuljahr in Prozent

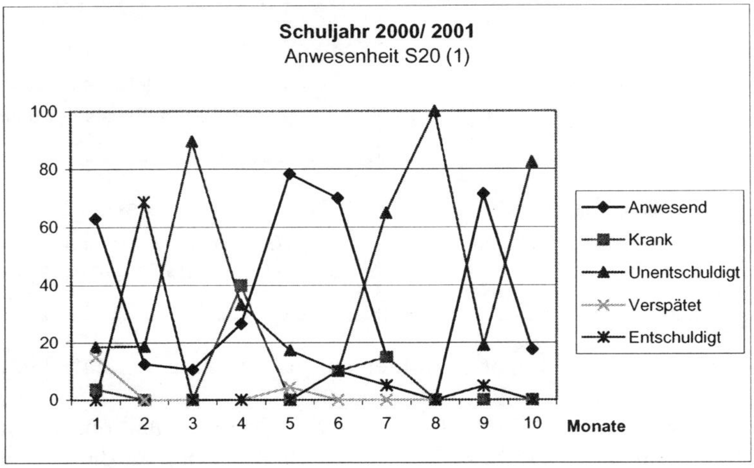

Die weder noch-Seite: Das Beispiel Franziska zeigt, dass alternative Beschulung z.T. dazu führt, dass die weder-noch-Seite, der Kontext, in welchem die Problematik entstanden ist, manchmal nicht hinreichend bearbeitbar ist: Die Situation in Klasse und Schule ist durch den Wechsel des Lernortes nicht mehr Gegenstand von Unterstützungsangeboten. Alle anderen Beteiligten in der Schule geraten aus dem Fokus der Aufmerksamkeit. Es geht um Franziska, weniger um Kontexte. Dies ist bedauerlich, denn es geht nicht nur um einen Fall von Schulverweigerung, sondern um eine besondere gruppendynamische Situation, es geht um Mobbing, auch um drastischen Leistungsabfall in einem großen Teil der Schulklasse und somit auch um die Dinge, die mit der Pisa-Studie deutlich geworden sind.

Natürlich besteht eine Möglichkeit darin, zu warten bis die Situationen so weit eskaliert sind, dass man von „Langzeitverweigerinnen“ sprechen kann und diese dann mit einem speziellen Angebot auffangen. Aber was bleibt, ist eine Erfahrung für junge Menschen und auch für deren LehrerInnen, die nicht entwicklungsfördernd ist. Etwas ist schiefgelaufen, und zum Zeitpunkt dieses Schieflaufens gab es keine hinreichenden Hilfen für die Beteiligten.

Eine abschließende Bemerkung zum Tetralemma-Modell: Es soll nicht der Anschein erweckt werden, als könne man ausschließlich einzelfallbezogen vorgehen. Für eine Schule eröffnet dieses Vier-Felder-Modell auch Möglichkeiten für konzeptionelle Überlegungen. Ich halte folgende Frage für sinnvoll, die sich beispielsweise Lehrer stellen könnten:

Was können wir tun, damit Schüler mit Verweigerungstendenzen bei einem ihrer nächsten Besuche den Eindruck bekommen, sie gehen zwar in unsere Schule, aber andererseits tun sie es auch nicht, weil die Schule für sie nicht mehr dieselbe ist. Nicht mehr dieselbe ist sie z.B. dann, wenn spürbar andere Beziehungsangebote offeriert werden.

Ich möchte hier noch einmal an die vorgestellten Befragungsergebnisse erinnern, die aus meiner Sicht deutlich machen, dass es vor allem um das Wahrnehmen einer anderen Beziehung geht. Unter diesem Aspekt gesehen, ist auch die Auswahl der Unterrichtsmethoden ein wichtiges Mittel, Beziehungsangebote zu unterbreiten: Vermittlung von Wissen im Frontalunterricht wirkt anders als ein Test, eine Aufgabenstellung für die Kleingruppe anders als Einzelunterricht.

Auch wenn es für „Schulverweigererprojekte“ einfacher erscheinen mag, entsprechend passende Methoden zur Verfügung zu stellen, so hat doch auch die Schule viele Möglichkeiten. Wenn es um die Bearbeitung des weder-noch-Feldes geht – welcher schulische Kontext gehört zur aufgetretenen Problematik? –, erscheint es wichtig, in der Schule selbst tätig zu werden, in Unterrichtsräumen, auf Schulhöfen und gemeinsam mit LehrerInnen.

3. Definitionen und Ordnungen

In diesem Abschnitt geht es um einige Schlussfolgerungen bezüglich der Begriffswahl.

Nahezu alle Begriffe, die aus psychologischer oder (sozial-)pädagogischer Sicht konstruiert und benutzt werden oder die in der Alltagssprache Verwendung finden, um die Problematik zu beschreiben, nehmen Bezug auf das Handeln oder die Unterlassung von Handlungen oder auf angenommene innere Zustände *junger Menschen:* Schwänzen, Bummeln, Schulangst haben, Schulaversion, Versagen, Schulphobie etc.

Es geht also nicht um Begriffe, mit denen Beziehungen beschrieben werden, sondern um solche, die sich auf Individuen beziehen. Dies wäre nicht tragisch, wenn uns bei der Benutzung dieser Begriffe bewusst wäre, dass sie zunächst nur einen eingeschränkten Bedeutungszugang ermöglichen: Die Aufmerksamkeit wird auf Individuen gelenkt, nicht auf Beziehungen. Die Gefahr, die dadurch entsteht, besteht in der Verantwortungs- oder Schuldzuweisung, die implizit vorhanden ist, wenn der Begriff „Schulverweigerer“ unreflektiert benutzt wird. Die Aufmerksamkeit der Beteiligten wird fokussiert auf einen Menschen, aber das führt oftmals nicht zu Lösungsansätzen.

Die Verwendung der Begriffe mündet dann in die Beschreibungsebene: Sie/er hat das und jenes getan (z.B. die Schule verweigert). Dies mag nichts Falsches sein, es ist jedoch eine bestimmte Interpunktion: Auch andere haben etwas getan (z.B. Eltern), aber deren Handlungen werden durch den Begriff nicht bezeichnet. Auf einer nicht offiziellen Ebene werden oftmals auch andere Begriffe benutzt, um die Einseitigkeit der gängigen Bezeichnungen darzustellen; z.B.: „Schülerverweigerer“. Wie auch bei „Schulverweigerung“ erfolgt ein Bezug auf ein Verhalten („Verweigerung“) junger Menschen. Es ist eine Substantivierung einer Tätigkeitsbezeichnung, wobei unterstellt wird, dass diese Tätigkeit (oder auch Nicht-Tätigkeit) sich auf das Subjekt „Schüler“ bezieht. Setzt man beide Begriffe in ein Modell, so wird deutlich, dass es sich immer um Kommunikationsformen handelt.

Bei einer symmetrischen Beziehungskonstellation[2] könnte der adäquate Begriff aus der anderen Perspektive „Schülerverweigerung“ heißen (siehe Abb. 12).

---

2 vgl. zur ursprünglichen Verwendung der Begriffe "komplementär" und "symmetrisch" u.a. Bateson, G. 1999 S. 107

Abb.12: Symmetrische Beziehungskonstellation in der Schule

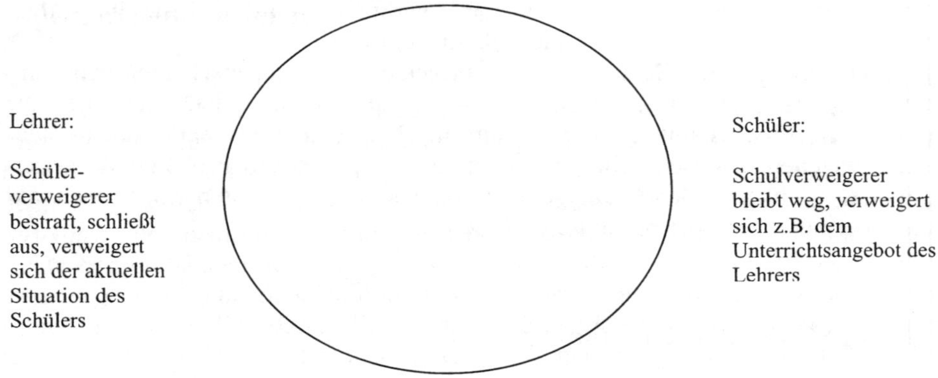

Aber auch andere Konstellationen sind denkbar: Lehrer versuchen, Beziehungsangebote zu unterbreiten, aber je mehr sie dies tun, desto stärker zieht sich die Schülerin zurück. Lehrerinnen versuchen, nicht auf die provokativen Beziehungsangebote eines Schülers zu reagieren, ziehen sich zurück, desto provokanter verhält sich der Schüler (komplementäre Beziehung). Hinzu kommt, dass es sich kaum einmal um eine dyadische Beziehung handelt (Lehrer-Schüler oder Schüler-Schüler), sondern noch andere Individuen beteiligt sind. Lehrer berichten oft darüber, wie anders sich SchülerInnen verhalten, wenn sie mit ihnen allein sind. Dies erfordert eine andere Beschreibung der Beziehungen, die z.B. durch Fragestellungen ermöglicht wird, wie z.B.: Wer reagiert innerhalb einer Schulklasse am schnellsten, deutlichsten ... wenn X die Lehrerin provoziert/ wenn X durch die Lehrerin provoziert wird?

Dies ist ein wichtiges Arbeitsfeld für Schulsozialarbeiter/ Berater: Aus den Beschreibungen eines individuellen Verhaltens auf Zyklen, Wechselwirkungen und Kontexte zu kommen. Eine gute Möglichkeit, das Schwarzer-Peter-Spiel zu unterbrechen, weil es in Zyklen nie ein Element gibt, welches allein verantwortlich („schuldig“) ist für das Verhalten des ganzen Zyklus. In jedem Falle werden sich viele erstaunliche Sichtweisen ergeben, wenn die Beziehungsdimensionen in der Schule betrachtet werden. Für die Nicht-Schulverweigerer, diejenigen die der Norm entsprechend Schule bewältigen, diese planen, den Unterricht organisieren, lehren und lernen ergibt sich die Chance, selbst Einfluß zu nehmen, anstatt bei anderen Menschen auf „Besserung“ zu hoffen oder diesen zu helfen, sich zu bessern.

Versuchen wir es mit einer darauf basierenden Definition:

Schulverweigerung ist ein Sammelbegriff für bestimmte Verhaltensweisen von i.d.R. schulpflichtigen jungen Menschen. Diese Verhaltensweisen sind Ausdruck einer Beziehungsstörung, zunächst innerhalb des Systemes Schule, oftmals aber auch anderer Kontexte (Familien etc.). Die Verhaltensweisen können verschiedene Formen annehmen, ihnen ist aber gemeinsam, dass sie den Erwartungen verschiedener Beteiligter, vor allem von LehrerInnen, Eltern oder aber gesetzlichen Vorgaben nicht entsprechen (nicht am Ort Schule sein, nicht zuhören, sich nicht beteiligen, stören, Gewalt anwenden etc.)

Dabei werden unterschiedliche, engere oder weitere Begriffsauslegungen benutzt. In der engeren Auslegung bedeutet Schulverweigerung dann das nicht entschuldigte Fernbleiben von der Schule. Weitere Auslegungen beziehen sich auf alle denkbaren Möglichkeiten, das Lernangebot nicht wahrzunehmen, z.B. permanentes Nicht-Zuhören, Stören des Unterrichts.

Solche Beziehungsstörungen lassen sich z.B. mit Hilfe der folgenden drei Erklärungsansätze beschreiben:

- Schulverweigerung entsteht, wenn eine gegebene Lernsituation in der Schule nicht zu einer bestehenden Lebenssituation passt.
- Durch Schulverweigerung ändern sich familiäre Situationen. Schulverweigerung kann eine scheinbar oder real passende Methode sein, wichtige Veränderungen in der familiären Dynamik einzufordern oder auszulösen.
- In Familien, in denen Arbeitstätigkeiten und Lernen nicht oder nur phasenweise zum Alltag gehören, stellt der Schulbesuch einen Bruch der familiären Normen dar. Die SchülerInnen müssen Energie und Kraft aufbringen, um gegen diese Normen zu verstoßen und in die Schule zu gehen. Der Normbruch entspricht nicht unbedingt der Rolle, die ein Kind sonst in der Familie hat.

4. Wer ist eigentlich zuständig?

Auf Fachtagungen, bei Teambesprechungen oder in Beratungsgesprächen: Immer wieder geht es um die Frage, wer eigentlich wofür Verantwortung trägt, oder: Wer denn schuld sei.

Im Folgenden einige Bemerkungen zu diesen Fragestellungen.

Schulverweigerung ist ein Phänomen, welches immer mit Schule zu tun hat, aber nur selten ausschließlich durch schulische Vorgänge erklärbar wird.

Der „verbindende Faden“ zwischen einem als „Schulverweigerung“ bezeichneten Phänomen und dem System Schule wird dadurch geknüpft, dass die Beteiligten sozusagen *gezwungen* sind, sich mit dem Phänomen, welches Aufmerksamkeit bekommen hat, auseinanderzusetzen. Sie „müssen“ es irgendwie beschreiben, es sich erklären und gegebenenfalls bewerten. Auch „Ignorieren“ ist beispielsweise eine Form der Auseinandersetzung und somit eine Kommunikationsform.

Das System Schule kann jedenfalls nicht *nicht* auf die Wahrnehmung eines Zustandes reagieren (siehe Watzlawicks Axiom „Man kann nicht nicht kommunizieren“, Watzlawick, 1990). Für die SchülerInnen einer Schulklasse bedeutet Schweigen auch eine Reaktion, für die dann eine bestimmte Bedeutung zu finden ist. Jede Schulverweigerung ermöglicht es der Schule (nicht nur den LehrerInnen), sich selbst als Organisation zu definieren. Sie kann z.B. festlegen, inwiefern ein Schüler, der nicht mehr zum Unterricht kommt, überhaupt noch als Mitglied der Organisation Schule zu betrachten sei.

Auch Schüler nehmen wahr, welche Bedeutung Lehrer, andere Schüler und ihre Eltern dem Geschehen zuweisen, und all dies hat Einfluss auf schulische Vorgänge.

Sicherlich ist es günstig, in der Schule auftretende Problemlagen noch einmal zu differenzieren, denn die Handlungsoptionen, die der Schule zur Verfügung stehen, haben u.a. etwas damit zu tun, welchen Kontextbezug die Problematik aufweist:

Abb. 13: Problemkategorien[3] – Unterscheidung nach dem Kontext ihrer Entstehung

Problemsituationen, die direkt mit dem Kontext Schule zu tun haben (Nichtanwesenheit in Unterricht/ Schule, Konflikte in der Klasse, Konflikte zwischen Schülern und Lehrern etc.) Feld 1	Problemsituationen, die lediglich in der Schule geäußert werden, sich zunächst aber auf andere Kontexte beziehen (Familie etc.) Feld 2

Abbildung 13 unterscheidet zwei Kategorien: Im ersten Feld befinden sich jene Probleme, Konflikte, Ziele, die unmittelbar etwas mit schulischen Vorgängen zu tun haben. Diese können dort oder auch in einer Familie angesprochen werden, sie können durch LehrerInnen, SchülerInnen, d.h. weitere Beteiligten mitgeteilt oder zwecks Klärung und Mithilfe weitergegeben werden. Dies sei nicht relevant für die Zuordnung in die Felder.

Beispiel:
Ein Schüler besucht seit einigen Tagen den Unterricht nicht mehr regelmäßig. Dies fällt der Klassenlehrerin auf, sie informiert die Eltern. Die Eltern wenden sich an den Schulsozialarbeiter.

Im zweiten Feld geht es um Vorgänge aus anderen, nicht schulischen Kontexten, die jedoch, aus welchen Gründen auch immer, innerhalb der Schule bekannt werden.

Beispiel:
Eine Schülerin vertraut sich der Lehrerin an und berichtet ihr über ihren häufigen Drogenkonsum, der in einer Clique stattfindet, die sich abends versammelt. Mit den Eltern hat sie darüber noch nicht gesprochen.

Ich kann nun jeden „Vorgang“, mit dem ich mich beschäftige, zuordnen. Diese Zuordnung eröffnet mir weitere Handlungsmöglichkeiten, und, was genauso wichtig ist, sie verschließt mir andere. Was passiert, wenn ich zunächst alle mit dem Begriff „Schulverweigerung“ benannten Verhaltensweisen oder Problemsituationen dem Feld 1 zuordne? Auf einer ersten Betrachtungsebene geht es schließlich um Dinge und Prozesse, die in der Schule stattfinden. Oder aber: Schulverweigerung bedeutet, wie bereits erwähnt, dass Vorgänge, die eigentlich erwartet werden, nicht eintreten. Die Erwartungen werden, so meine Konstruktion, durch die Schule gebildet oder auch in der Familie oder in anderen Kontexten, sie beziehen sich jedoch immer auf *Schule*.

Was bedeutet das konkret?

---

3 Diese Unterscheidung bedeutet, wie nahezu alle Unterscheidungen, die Trennung von etwas, was eigentlich nicht zu trennen ist: Schulverweigerung hat immer mit beiden gekennzeichneten Feldern etwas zu tun. Die Trennung ist nur insofern sinnvoll, als sie die Festlegung eines ersten Fokus ermöglichen, mit dem der Beobachter auf den Vorgang schaut.

Wenn Eltern zu mir kommen und beklagen, dass ihr Kind Schwierigkeiten in der Schule habe und dies sicherlich darin begründet sei, dass ihr Kind mit dem Mathematiklehrer nicht auskäme, dann darf ich feststellen, dass die Eltern eine ähnliche Zuordnung vorgenommen haben wie ich. Zwar würde ich sicher die ausgesprochene kausale Zuordnung nicht übernehmen, jedoch erscheint es auch aus der Elternsicht sinnvoll, sich mit jenen Vorgängen zu beschäftigen, die in der Schule stattfinden.

Wenn Eltern Themen aus dem Feld 1 ansprechen, tun sie dies zunächst als Beteiligte, nicht als Außenstehende: Eltern sind am Schulemachen zu beteiligen, Einmischung ist, zumindest gesetzlich, erwünscht und erlaubt. Wenn Lehrer dagegen familiäre Themen ansprechen, so tun sie dies nicht als Beteiligte, sondern als Außenstehende: Aufmerksamkeit ist erwünscht, Einmischung aber nur auf eine spezielle Einladung hin. Es ist insofern ein genereller Unterschied, ob Lehrer eine Problemsituation in Feld 2 benennen, oder Eltern in Feld 1.

Der erste Fokus richtet sich insofern immer auf Schule. Und dies auch dann, wenn die Eltern im weiteren Beratungsverlauf noch andere, familiäre Situationen benennen, die ihnen Sorgen machen und somit eine Zuordnung in Feld 2 vornehmen.

In der von mir beobachteten Praxis, aber auch in unserem eigenen Beratungsalltag haben wir diese Zuordnung nicht immer beobachtet bzw. selbst angewandt.

Eine Gefahr besteht darin, dass, wenn eine Familie einmal das Beratungszimmer betreten hat, eine vorschnelle Zuordnung ausschließlich in Feld 2 erfolgt. Die Schulverweigererproblematik erscheint dann in einem anderen Licht: Es sieht so aus, als ob bestimmte familiäre Konstellationen ursächlich zur Wirkung „Schulverweigerung" führen würden. Diese Erklärungsweise lehne ich ab, und zwar generell. Sie führt dazu, Schule weitgehend aus den Betrachtungen auszuschließen, ihr eigene Wirkungspotenzen abzusprechen, ihre Mitverantwortung zu negieren.

Bleiben wir deshalb noch etwas bei Feld 1.

Für die oben geschilderte Beratungssituation (Beispiel 1) könnte dies z.B. bedeuten, nach passenden Möglichkeiten – d.h. passenden Ansprechpartnern, Räumen, Zeiten – zu suchen, die beklagten Situationen im Rahmen der Schule zu besprechen. Es mag sein, dass die Familie darauf verzichtet oder sich keine Partner in der Schule finden. Dies ist dann aber ebenfalls ein wichtiges Ergebnis, welches erst entstehen kann, wenn ein Versuch unternommen worden ist, die Beteiligten bei der Problemlösung einzubeziehen.

Meine Anfangszuordnung aller „Schulverweigererphänomene" in Feld 1 erfolgt dadurch, dass ich den Schüler, der nicht mehr in die Schule geht, noch als Mitglied der Organisation Schule sehe. Er ist u.a. dadurch Mitglied, dass er zum Zwangsbesuch verpflichtet ist und in der Organisation zumindest formal als Mitglied betrachtet wird. Sein Nicht-Anwesendsein oder sein Stören bedeutet etwas für die Schule. Natürlich bedeutet es auch etwas für die Familie, und es ist ebenfalls meine Aufgabe, nach dieser Spur zu sehen. Diese Spur kann parallel, später, oder gegebenenfalls auch gar nicht verfolgt werden, dies richtet sich dann danach, ob sich ebenfalls „Etwas" im Feld 2 befindet.

Oftmals wird, wenn familiäre Situationen LehrerInnen bekannt geworden sind oder diese glauben, solche Situationen zu kennen, eine andere Zuordnung vorgenommen. Beispielsweise kann bei einer Besprechung innerhalb der Schule folgende Feststellung auftreten:

„In der Familie gibt es ein massives Alkoholproblem, da sollten wir mal die Jugendhilfe einschalten!" D.h., es wird die Schublade „Suchtmittel" oder „familiäre Probleme" benutzt. Wenn es bei dieser Feststellung bleibt, entspricht dies einer Zuordnung ausschließlich zu Feld 2. Dies kann dazu führen, dass Schule weitgehend aus den weiteren Unterstützungs- und Veränderungsprozessen ausgeschlossen wird.

Der nachvollziehbare Ansatz, helfen zu wollen, kann dann leicht dazu führen, dass andere Aspekte unberücksichtigt bleiben:

- Welche Informationen und aus welchen Quellen hat die Organisation Schule tatsächlich? Aus welchen Quellen stammen sie?
- Wie hat es der Schüler geschafft, bisher in die Schule zu kommen?
- Wodurch manifestiert sich der Alkoholismus des Vaters ganz konkret im *System Schule*?
- Welche Mechanismen führen von der Alkoholabhängigkeit des Vaters zur Schulverweigerung des Sohnes?
- Inwieweit ist es der Schule möglich, die Situation eines Schülers, dessen Vater alkoholabhängig ist, zu berücksichtigen?
- Welches spezifische Beziehungsangebot ist passend?

All diese Fragen können nur noch in Ansätzen verfolgt werden, wenn ausschließlich mit den typischen Jugendhilfeangeboten gearbeitet, Verantwortung also delegiert wird.

5. Beschreiben und Erklären als Basis der Interventionen

„Wie in einem sozialen System mit ... abweichenden Phänomenen umgegangen wird, hängt davon ab, wie sie beschrieben, erklärt und bewertet werden" (Simon,1995, S.105).

Bevor wir daran denken können, Erklärungen und Hypothesen zu entwerfen, gar Interventionen zu planen, ist an den Orten, wo die Problematik zuerst sichtbar wird, viel zu tun:

Versuche ich diese Vorgehensweise aus dem kleinen, vergänglichen Zentrum für alternatives Lernen zu übertragen auf den Schulalltag, so stolpere ich über verschiedene Fragen wie z.B.:

- Wer hat welches Interesse, welche Legitimation, welchen Auftrag, Störungen zu *beschreiben*, zunächst an der Schule?
- Was muss passieren, damit es aus dem Meer des nicht Beachtenswerten herausragt und Bedeutung erlangt?
- Was tun wir mit den erhaltenen Informationen?
- Wer verfügt über die notwendige Arbeitszeit, woher bekommt er die Informationen, wie stellt er diese zusammen (als Diagramm, Aufzählung, Bericht)?
- Wie ist die Einbindung in das Lehrerteam?

Die Beantwortung dieser Fragen, die jede Schule, jedes Schulverweigererprojekt selbst übernehmen muss, wäre aus meiner Sicht ein passender Einstieg in die Konstruktion einer Handlungsstrategie.

In der Schulverweigerungsdiskussion ist dieser Teil der Betrachtung noch etwas unterbelichtet. Viel zu schnell sind wir bei Stichworten wie Methoden, alternative Beschulung, Integration, Reintegration etc.

Wir benötigen an allen Orten, an denen wir handeln wollen, zunächst jemanden, der die Prozesse beschreibt, der sie dadurch ernst nimmt, ihnen Beachtung schenkt. Das sollte unbedingt in der Schule beginnen, nicht erst in der Familienberatungsstelle oder im Schulverweigerungsprojekt.

Haben wir Beschreibungen, können wir versuchen, die Dinge und Prozesse zu *erklären*. Das Erklären ist ein Vorgang, bei dem vieles über den Erklärenden, nicht unbedingt über das Erklärte deutlich wird.

Einer Idee Heinz von Foersters nachgehend, könnte man folgendes sagen: Wenn Sie jemanden fragen, welche Ursachen dieses oder jenes Schulproblem hat, erfahren Sie durch die gegebene Antwort viel über den Antwortenden, aber wenig über das Schulproblem.

Erklärungsversuche führen insofern immer zu uns selbst zurück und verraten etwas darüber, wie wir die Welt sehen.

In unserer Tätigkeit sind wir oftmals auf folgende Erklärungsmuster gestoßen, und teilweise haben wir sie selbst benutzt.

Abb. 14: „Schubladenmodell“

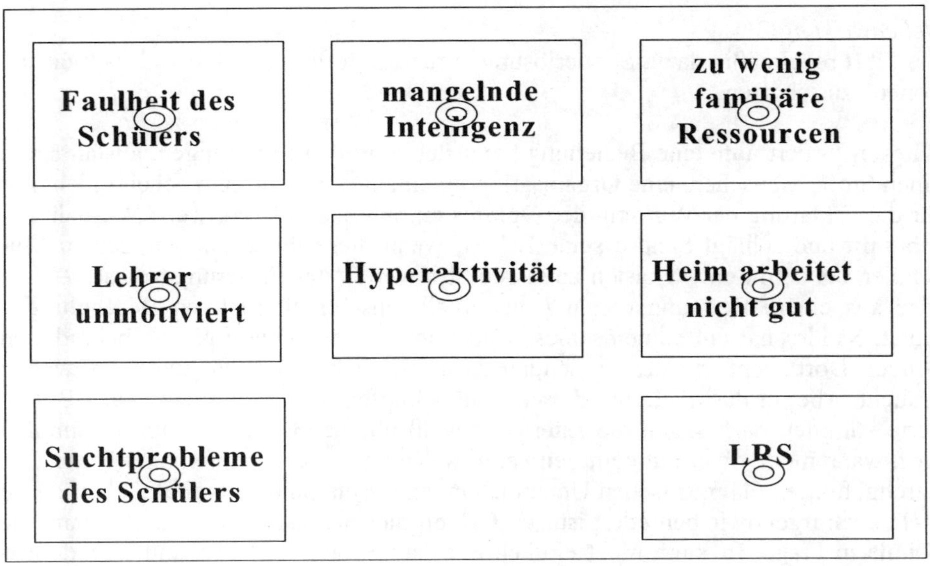

Der Erklärungsversuch ist hier jeweils dadurch gekennzeichnet, dass die Erklärung innerhalb eines Menschen oder innerhalb einer Organisation, wie z.B. der Familie, gesucht wird.

Hier lauert ein Stolperstein: Das jeweilige bezeichnete Subjekt scheint dann die Gründe der Verweigerung oder des Problems in sich zu tragen und somit auch die Verpflichtung, sich anders zu verhalten.

Gregory Bateson hat das übrigens „einschläfernde Prinzipien" genannt und das Wort „einschläfernd" bei Molière entlehnt: Bei Molière hat ein Medizinstudent ein mündliches Doktorexamen. Die Prüfer fragen den Kandidaten, warum Opium die Menschen zum Schlafen bringt. Der Kandidat antwortet triumphierend: „Weil es eine einschläfernde Kraft enthält" (Bateson, G. Geist und Natur S.109).

Warum geht ein Schüler nicht zur Schule: Weil er faul ist. Warum schlägt er? Weil er aggressiv ist. Einschläferndes Opium, aggressive Schüler, erziehungsuntüchtige Eltern, etc.: Derselbe Erklärungsansatz. Daraus entstehen Risiken und Nebenwirkungen.

Nebenwirkung 1:
Sie führt zum bereits erwähnten Schwarzer-Peter-Spiel, weil selten jemand die Schuld-Schwarzer-Peter-Karte behalten möchte und sie deshalb weiterreicht: Schüler zu Lehrer zu Eltern zu Erzieher zu Lehrer zu Schüler etc. Viele Monate spielbar, ohne dass sich etwas ändern müsste.

Folgend eine Szene aus einer Arbeitsgruppe mit Sozialarbeitern und Erziehern aus der stationären Erziehungshilfe: Ein Erzieher berichtet: Er wurde angerufen vom Lehrer eines seiner Schützlinge: „Was ist denn bei Ihnen los, können Sie nicht mal ihren Heimbewohner X in die Schule schicken?" Der Erzieher darauf: „Was ist denn bei Ihnen los, was tun Sie denn, dass junge Leute aus der Schule vergrault werden?"

Nebenwirkung 2
Sie führt regelmäßig dazu, Sonderlösungen für „gestörte Individuen oder Organsiationen" zu schaffen.

Bateson fordert nun, eine Beziehung herzustellen in den Erklärungen, anstatt sie in einen Stoff, Menschen, eine Organisation hineinzulegen. Und dies scheint nicht nur für die Erklärung der Wirkung des Opiums ein interessanter Hinweis: Weshalb beschimpft und schlägt Sandro seine Lehrer, wenn diese ihn ermahnen, seinen Mitschüler aus dem Schwitzkasten zu lassen? Ein verkürzter Erklärungsversuch – eine Idee aus einem Beratungsvorgang ausserhalb unserer alternativen Beschulung – lautet: Sandro hat ein gemeinsames Kinderzimmer mit seinem geistig behinderten Bruder. Dort sucht er einen passenden Raum für sich, wo er das tun kann, was er braucht. Aber er darf nicht um diesen Platz kämpfen, weil man nicht gegen Behinderte kämpfen darf, sagen die Eltern. Er weiß überhaupt nicht, wann er kämpfen darf, wann nicht, ob er gut kämpfen kann, was man ausser kämpfen tun könnte. Die durchgeführten diagnostischen Untersuchungen lassen Sandro zweifeln, ob er selbst nicht auch irgendwie behindert ist. Als Ort, all dies herauszubekommen, kommt die Schule in Frage. Er kann nicht einfach auf dem Schulhof stehen und irgendetwas spielen, weil er all diese Fragen vorher herausbekommen muss. Er wartet auf solche Gelegenheiten und fürchtet sie zugleich. Die anderen wissen oder spüren das. Manchmal ergibt sich eine Gelegenheit. Doch da kommen die Lehrer und sagen: Er dürfe nicht kämpfen, dürfe nicht schlagen. Das ist zum Ausrasten. Das ist wie zu Hause.

Die Erklärungsversuche, die uns in der Vergangenheit weitergeholfen haben, haben Beziehungen hergestellt: Zwischen Familienmitgliedern, zwischen Schülern, zwischen Lehrern und Schülern usw., zwischen Kontexten wie Familie und Schule.

6. Wie muss das passende Schulverweigererprojekt aussehen? Antwort: Wir haben alles was wir benötigen, es ist nur ein wenig ungleichmäßig verteilt

Abb.15: Unterstützungsangebote zur Problematik „Schulverweigerung"

	Schulische Angebote	Jugendhilfe-Angebote	Schul-sozialarbeit	Modellprojekte und regionale Initiativen
Einzelfallhilfen ohne gesonderte Beschulung	x	x	x	x
Projekte mit Schulklassen	x	x	x	x
Fallbesprechungen im Rahmen der Schule	x	x	x	x
Fortbildungsangebote für LehrerInnen, SozialarbeiterInnen	x	x	x	x
Beratungsangebote für Familien, LehrerInnen, SchülerInnen		x	x	x
Gesonderte Beschulung mit Reintegrationsziel Schule	x	x		x
Gesonderte Beschulung mit Reintegrationsziel berufliche Bildung	x	x		x
Fernunterricht				x

Die obige Übersicht zeigt in einer groben Einteilung, welche Angebotsformen es bei uns in Sachsen-Anhalt derzeit gibt:

Wir können sagen, es gibt Angebote, die sich als *begleitend* zur Schule verstehen, und solche, die sich um alternative, spezielle Lernorte kümmern. Zu den ersteren: Viele Projekte und Institutionen erbringen Einzelfallhilfe, arbeiten mit Schulklassen, bieten Beratung für LehrerInnen, Familien, Schülerinnen und Schüler an. Sie sind von der Schule oder Jugendhilfe initiiert oder als Gemeinschaftsprojekte, wie die Schulsozialarbeit. Die neu entstandenen oder bereits längere Zeit arbeitenden Lernorte ausserhalb der Schule haben unterschiedlichste Ausrichtungen, sie sind Bestandteil des Modellprojektes des Landes oder als Hilfen zur Erziehung organisiert, teilweise gibt es regionale Initiativen.

Genau das ist es, was wir auch benötigen: Flexible Hilfen, die an verschiedenen Orten etwas tun können, die aktuelle oder vergangene Kontexte in ihre Arbeit einbeziehen.

Die Übersicht täuscht aber über ein ganz wesentliches Problem hinweg.

Es gibt insgesamt zwar eine Fülle von Hilfeformen, aber bezogen auf eine bestimmte Region gibt es nur wenige, spezialisierte Angebote. Wenn es in einem

Landkreis oder in einer Stadt z.B. ein alternatives Beschulungsangebot gibt, kann die gefährliche Tendenz bestehen, die nicht Passenden relativ unkompliziert an diesen anderen Lernort zu versenden. Es ist nicht zu übersehen, dass zwischen dem erstmaligen Wahrnehmen einer Problemsituation und dem letzten Anker der alternativen Beschulung in vielen Regionen eine riesige Lücke klafft. Auch von daher ergibt sich die Notwendigkeit, ein Hilfe*system* zu entwickeln, nicht verschiedene Hilfeinseln.

Wenn wir noch einmal an den vorgestellten Fall „Franziska" (S. 55 ff.) zurückdenken, wird deutlich, dass wir schulnahe Angebote brauchen, nicht erst um zu reintegrieren, sondern um Desintegration weitgehend zu verhindern. Das muss nicht unbedingt endlose finanzielle Konsequenzen haben, es gibt vorhandene sonderschulische (Bezeichnung für Sachsen-Anhalt) und Jugendhilfeangebote.

Mein Wunschangebot hätte drei Säulen, die miteinander zu verknüpfen sind:

Säule 1: Störungsverantwortliche in den Schulen, aber auch Fallbesprechungen, Projekte mit Schulklassen, gezielte Fortbildungsangebote, konzeptionelle Arbeit – ein echtes Gemeinschaftsprojekt zwischen Schule und Jugenhilfe
Eigentlich existiert so etwas schon: Es gibt in einigen Wirtschaftsunternehmen Störungsbeauftragte. Diese haben nicht primär den Auftrag, Störungen zu verhindern, sondern sorgsam jeder Störung nachzugehen und zu sehen, welche Informationen sich jeweils gewinnen lassen. Z.B. wird jeder noch so kleine Mini-Unfall oder Beinahe-Unfall daraufhin untersucht, was der „zu sagen" hatte.

Wir haben uns mit diesem Handlungsfeld ca. sechs Monate lang intensiv beschäftigt und die Ergebnisse sind ermutigend, weil wir in vielen Schulen auf Lehrerinnen und Lehrer getroffen sind, die ein Interesse an Veränderung und Spaß am Ideensammeln haben.

Säule 2: Case-Management, im Wesentlichen Jugendhilfeaufgabe – vielfach bestehen bereits Einrichtungen, die genutzt werden können.
Hier kann Ressourcensuche für Ressourcenschwache passieren, zur Verfügung stellen passender Hilfen (Beratung, Hilfe zur Erziehung).

Abb. 16: Case Management

Case Management –
Beratung im Sinne einer gemeinsamen Suche nach einer passenden Handlungsstrategie

- Beratung: Familien, LehrerInnen, Jugendliche u.a.
- psycho-soziale Einzel-Beratung / Therapie oder Vermittlung therapeutischer Einrichtungen
- Vermittlung ambulanter / stationärer Erziehungshilfe
- Schul- bzw. Klassenwechsel / Wechsel in Reintegrationsprojekte
- Fallbesprechungen /Supervision /Bildungshilfekonferenzen
- Projekte mit Schulklassen
- Nachhilfe / Nachmittagsbetreuung
- Konzentrationstraining / Entspannungstraining
- Diagnostik
- Persönlichkeitstrainig, Training sozialer Kompetenzen
- Training bei Lese-Rechtschreib-Schwäche
- alternatives Schulangebot

Ganz allgemein geht es hier darum, fallbezogen Lösungsmöglichkeiten zu entwickeln, die sich auf alle denkbaren Kontexte beziehen können.

Es scheint mir darum zu gehen, jeweils regional passende Strukturen dafür zu aktivieren, vorhandene Potentiale zu nutzen. Netzwerkpartner können sein: Staatliche Schulämter, Jugendämter (ASD und Jugendgerichtshilfen), offene Jugendarbeit, Hilfen zur Erziehung, Beratungsangebote, Psychiatrie, ambulante Psychotherapie, Polizei und Ordnungsbehörden.

Säule 3: alternative Beschulung
Es wird, und das ist nur eine empirisch entstandene Behauptung, bei mindestens 0,5-1% der Schülerinnen und Schüler ab der 7. Klasse keine Möglichkeiten eines effektiven, stabilen Lernprozesses in der „Normalschule" geben.

Aus verschiedenen Gründen wird es dort notwendig sein, Beziehungsangebote sehr sensibel und hypothesenorientiert zu unterbreiten, Lernprozesse kaum an durchschnittlichen Altersmaßstäben zu orientieren, grundsätzlich in sehr kleinen Gruppen zu arbeiten, verschiedenste Themen zu gestalten, Tagesabläufe umzustrukturieren, verschiedene Beratungsangebote zu unterbreiten.

Dies bedeutet einen enormen personellen, fachlichen, sachlichen Aufwand, der mit herkömmlicher Schule nur noch wenig gemein hat, den die Jugendhilfe aber aus fast allen ihren Angeboten kennt. Alle alternativen Projekte befinden sich in folgendem Dilemma:

- einerseits macht ihre Existenz nur Sinn, wenn sie wirklich alternativ arbeiten, also ein anderes Angebot unterbreiten, als Schule dies tut,
- andererseits kann das Alternative dazu führen, dass wesentliche schulische Funktionen gar nicht mehr erfüllt werden können, z.B. keine schulischen Abschlüsse erteilt werden können.

Ein alternatives Beschulungsangebot kann so alternativ sein, dass es schwer fällt, daraufhin einen Schulabschluß zu erteilen. Das Dilemma aber löst sich auf, wenn der Lernansatz aus der Perspektive des Lernenden gedacht wird, nicht primär aus der Sicht des anzustrebenden (vorgegebenen) Lernzieles. Alternative Beschulungsprojekte ersetzen die wesentlichen Funktionen der „Regelschule" durch eigene Szenarien und konzeptionelle Herangehensweisen.

Sie sollten eigentlich alternative Beziehungs- und Beschulungsprojekte heißen.

In ihnen geht es vor allem um ein authentisches, passendes Beziehungsangebot, welches Lernen ermöglicht. Das ist die große Chance dieser Projekte.

Lernen wird durch verschiedene Beziehungsangebote begleitet:

- sie können ihren Lernraum individuell zuschneiden, bis hin zum Einzelunterricht,
- sie können übersichtliche gruppendynamische Situationen schaffen, z.B. durch Kleingruppenunterricht,
- sie können Vermittlungsmethoden auswählen, die passen,
- sie können etwas vollkommen Neues organisieren, was mit den herkömmlichen Lösungsstrategien nicht mehr zu bewältigen ist.
- Sie können subjektive Erfahrungen zulassen, die neue Orientierungen hervorbringen.
- Sie können familiäre Kontexte in ihre Arbeit einbeziehen.

Zum Schluß möchte ich noch meiner Auffassung Ausdruck verleihen, dass es letztlich darum geht, im täglichen Miteinander Liebe zu ermöglichen, oder, wie meine Kollegin Katrin Hinne das einmal gesagt hat: Es geht immer um Themen von Liebe, wie Aufmerksamkeit, Zuwendung und Vertrauen, Selbstwert und Achtung. Diese Behauptung hat keine esoterischen Wurzeln. Der Biologe Humberto Maturana kommt aus seiner naturwissenschaftlichen Analyse der Erkenntnistheorie zu folgender Schlussfolgerung:

> „Ohne Liebe, ohne dass wir einander annehmen und leben lassen, gibt es keinen sozialen Prozess, keine Sozialisation und damit keine Menschlichkeit. Alles, was die Annahme anderer untergräbt – vom Konkurrenzdenken über den Besitz der Wahrheit bis hin zur ideologischen Gewissheit unterminiert den sozialen Prozess, weil er den biologischen Prozess unterminiert, der diesen erzeugt" (Maturana/Varela, 2000, S. 266).

Literatur

Bateson, G: Geist und Natur, Suhrkamp 1987
Bateson, G: Ökologie des Geistes, Suhrkamp 1985
Foerster, H.v.: Zwei mal zwei ist grün, Köln 1999
Maturana, H./Varala,F.: Der Baum der Erkenntnis, Goldmann 2000
Simon, F.B.: Meine Psychose, mein Fahrrad und ich, Carl-Auer 1999
Sparrer, I./Varga von Kibed, M.: Ganz im Gegenteil, Carl-Auer 2000
Watzlawick, P./Weakland, J.H.: Interaktion, Piper 1990

Katrin Hinne

Gedanken über die Entstehung einer pädagogischen Haltung in der Arbeit mit Schulverweigerern

Nach fast 4 Jahren Arbeit im Zentrum für alternatives Lernen (Z.A.L.) werden wir[1] häufig gefragt, was das Besondere an unserer Tätigkeit ist, wie wir Zugang zum Thema gefunden haben und was sich daraus entwickelt hat. Ich gehe von der These aus, dass die pädagogische Weltsicht, die jeweilige Deutungskultur einer Gruppe von Pädagogen das Verhalten der beteiligten Personen, deren Haltung der Schule gegenüber, deren Persönlichkeitsentwicklung und Leistungen maßgeblich beeinflußt.[2]

> „Ihr Einfluß (der Einfluss der pädagogischen Menschenbilder und Grundhaltungen, Anm. d. Verf.) auf die Schulkultur ist (...) deutlich nachgewiesen worden.“[3]

Wir haben versucht, eine Organisationsstruktur zu entwickeln, die unsere Haltung, unsere Ideale, unsere Visionen, unsere fachlichen Kompetenzen und unsere (Veränderungs-) Potentiale einbezieht. Anfänglich war dies eher unbewußt in die Arbeit eingeflossen, aber unter den Gesichtspunkten der Reflexion und der Vision von der Übertragbarkeit unserer Ideen haben wir bewußt damit gearbeitet. Mir scheint wesentlich daran, dass diese Organisation Z.A.L. mit ihren MitstreiterInnen und Strukturen sich selbst als lernende begreift. So war diese Entwicklung ein ständiger Prozess. In einer lernenden Organisation sind Strukturen keine statischen, fest geschriebenen Regelungen. Es gibt sie, um an ihnen die nachfolgenden Entwicklungsschritte der Beteiligten ableiten zu können, sie sind flexible Rahmenbedingungen, die sich gemäß den Anforderungen entwickeln oder auch anpassen. Aus diesem Grund hat sich unsere Z.A.L.-Konzeption immer wieder an die sich ändernden Kontexte, die in unsere Arbeit einflossen, angepasst.

Als ich vor fast 4 Jahren ins Projekt einstieg, habe ich mir darüber Gedanken gemacht, wie offen wohl eine Einrichtung gestaltet sein muss, um so flexibel wie möglich auf die verschiedenen Jugendlichen, mit ihren auf Schule und Familie, auf Eltern, Lehrerinnen und Lehrer, Freunde, Bekannte und vieles andere bezogenen unterschiedlichen Erfahrungen, eingehen zu können. Es war schließlich mein An-

---

1 Wenn ich im weiteren Verlauf von „wir“ spreche, meine ich im Allgemeinen das PädagogInnen - Team des Z.A.L.. Später gehe ich noch näher darauf ein, wer wir sind.

2 vgl. dazu auch die Untersuchungen von Fend 1978/79; in: Fend, H.,1998, Qualität im Bildungswesen

3 Fend, H., ebd., S. 286ff

spruch, mich auf jede/n Schüler/in nach ihren/seinen Bedürfnissen einzustellen. Ich dachte damals, dass jede Vorgabe von festen Strukturen dies nicht mehr zulassen würde, z.B. dass ich ohne weitere Beachtung der Individualität des Einzelnen an einem Ziel arbeiten müsste, den Unterricht nach einem Rahmenplan gestalten müsste, ohne auf die Signale und Hinweise von „außen" achten zu können, ein Konzept umsetzen müsste, welches pauschal auf eine Gruppe von Menschen zugeschnitten wurde usw.

Ich sehe nach wie vor die Gefahr, dass Strukturen, die nicht in Abstimmung mit aktuellen Situationen verändert werden, sondern beharrlich weiter existieren, unter Umständen einen Entwicklungsprozess behindern. Das heißt, dass sich entwickelnde neue Situationen an die bereits vorhandenen Strukturen anpassen müssen und nicht umgekehrt. Das heißt auch, dass die persönliche Entwicklung der Beteiligten oder die Entwicklung eines Arbeitsansatzes zu bestimmten Themen und Thesen nicht ermöglicht werden, da dies die „alten" Strukturen nicht zulassen würden.

Dass Strukturen durchaus flexibel sein können, hatte ich nicht bedacht (aufgrund meiner eigenen Erfahrungen aus erlebten Lernumgebungen wie Schule, Uni, Elternhaus – wie schade!!!). Flexibilität und Struktur passten für mich nicht zusammen. Die Möglichkeiten, die aus unseren Unterschieden entstehen, lassen jedoch flexible Strukturen zu, die ich als durchaus sinnvoll und hilfreich erlebt habe und erlebe.

Wieviel Fach-Unterricht steht im Verhältnis zu sogenanntem „sozialen Lernen"? Wie lange sollten die jeweiligen Unterrichtseinheiten dauern? Was geschieht, wenn jemand abbricht, was, wenn jemand nicht kommt? Wer ist wofür verantwortlich? In welcher Weise arbeiten wir mit den Eltern, LehrerInnen ... zusammen? Welche Regeln gibt es und wie wird geplant?

Das alles sind strukturelle Fragen, denen ich mich gegenüber sah, als meine Arbeit im Z.A.L. begann.

Wie entstehen solche Strukturen? Wir arbeiteten an einem Konzept und stießen während der Arbeit mit den Jugendlichen immer wieder auf Störungen. Wir machten Fehler und mussten aus den Konsequenzen neue Ideen schöpfen. Nur durch den Prozess der Arbeit, das Reflektieren des Geschehens entwickelten sich über eine lange Zeit Strukturen, mit denen wir wieder Fehler machen werden, um dann zu neuen Strukturen zu gelangen. Wobei ich Fehler und Störungen hier im positiven Sinne verstehe, als Aufforderungen zu kommunikativen Prozessen.

Zum Beispiel haben wir anfangs versucht, die Schülerinnen und Schüler in Gruppen zu teilen. Eine Gruppe, die das Ziel eines schulischen Abschlusses verfolgte und eine andere Gruppe, die das Ziel verfolgte, die Schulzeit zu absolvieren, ohne einen schulischen Abschluss zu erreichen. Die Idee war, zielorientiert an einem Plan zu arbeiten. Einen Stundenplan zu erstellen, für diejenigen, die einen Schulabschluss wollten. Wessen Ziel? Wie lange hält dieses Ziel? Welche Bedingungen muss man erfüllen, in Gruppe I bzw. Gruppe II zu bleiben? Viele Fragen, die sich im Nachhinein stellten.

Die Jugendlichen haben diese Idee nicht so übernommen, wie wir dachten. Alle wollten plötzlich einen Schulabschluss, niemand wollte in die Gruppe II. Tja, und nun? Wir warfen wieder alles um, und ließen die Jugendlichen in einer Gruppe zusammen. Einige von ihnen haben einen Schulabschluss erreicht, auch einige von den Jugendlichen, die unserer Meinung nach in der Gruppe II gewesen wären.

Es wäre auch möglich gewesen, an diesem Ziel fest zu halten. Wir hätten mehr Zeit damit verbracht, diese Gruppenstruktur auszuprobieren. Eventuell hätte sich dieses Modell bewährt, aber wir wissen es nicht. Vielleicht hätte es Gruppenkämpfe gegeben, vielleicht hätten sich die Jugendlichen daran gewöhnt. Vielleicht wäre der eine oder die andere in eine andere Gruppe gewechselt. Möglicherweise hätte jemand in Gruppe II nie die Idee gehabt, einen Abschluss zu erreichen, der jetzt sogar das Hauptschulkolloquium bestanden hat. Nach Meinung der Kids war es gut so, wie es war. Und ohne Stress haben wir gut mit der Variante leben können, die sich ja durchaus bewährt hat. Wir können eben auch anders.

Strukturen, die sich im Bedarfsfall an neue Situationen anpassen, die ja regelmäßig durch die Einflüsse aller Beteiligten entstehen, bieten mir neben der nötigen Beweglichkeit auch eine Sicherheit, aufgeschlossen zu bleiben, ohne dabei plan- oder ziellos zu sein. Das bedeutet nicht, um jeden Preis situativ handeln zu müssen, aber es lässt eben die nötige Flexibilität zu, situationsangemessen handeln zu können, auch wenn dies eine Veränderung der Strukturen erfordert.

Die Weiterentwicklung der Strukturen kann Orientierungshilfen schaffen, nicht nur für mich als Mitarbeiterin, sondern vor allem für die Jugendlichen, die auf ständiger Suche nach Orientierung sind. Strukturen bieten einen Rahmen, der, wenn er veröffentlicht ist, Regeln, Verantwortungsbereiche, Grenzen und Spielräume so verdeutlicht, dass er zur Orientierungshilfe werden kann.

> „Was geschieht mit mir, wenn ich mal verschlafe und nicht zum Unterricht komme? Flieg' ich dann raus oder wird es ignoriert? Oder macht man mir Vorwürfe oder lässt man mich in Ruhe? Interessiert sich jemand für mich und fragt nach oder fällt es gar nicht auf?"

Wir haben uns eine Strategie ausgedacht, wie wir damit umgehen, wenn eine unserer Schülerinnen mal nicht kommt. Und die Jugendlichen wussten das.

Der erste Weg für uns war der zum Telefon. Wir haben angerufen, um nachzufragen, was los ist. Mit der Bedeutung: Du bist uns wichtig! Meist hat sich ein Gespräch ergeben, jemand hatte verschlafen und will die fehlenden Stunden nachholen. Manchmal war das aber nicht so einfach. Dann folgten Besuche zu Hause oder die Schülerin kam nachmittags zu uns. Wir haben gemeinsam versucht, Lösungen zu finden. Ich glaube, das, was nach einer Zeit des Kennenlernens klar war, war die Tatsache, dass man eben nicht so einfach rausgeschmissen wurde, und dass manchmal auch überraschende Reaktionen von den Z.A.L.-MitarbeiterInnen zu erwarten waren, aber in jedem Fall die Möglichkeit bestand, sich zu erklären, ernst genommen wurde und jemand zuhörte.

Unsere Reaktionen waren deshalb manchmal überraschend, da wir die Chance hatten, uns darauf vorzubereiten. In einer Teambesprechung haben wir gemeinsam nach Ideen gesucht und irgendeine/r von uns hatte immer eine! Eine unserer so entstandenen Reaktionen war zum Beispiel, dass wir einem „Dauerzuspätkommer" rieten, dass es sich nicht lohnt, schon so früh zu kommen und er erst um 11.00 Uhr von uns erwartet wird. Da kannst du ausschlafen und bist ausgeruht, dann ist es auch für uns leichter! Das waren natürlich schon besonders paradoxe Vorgehensweisen, die aber manchmal auch paradoxe Reaktionen nach sich zogen. Der Schüler kam z.B. das erste Mal seit Wochen wieder pünktlich zur Schule. Das war ein Anlass für uns, genau hinzuschauen und seine Fähigkeit, pünktlich zu sein, anzuerkennen und ihm als Ressource in anderen Situationen bewusst zu machen.

Die Akzeptanz und Bewußtheit über unsere Verschiedenartigkeit, die persönliche Haltung, die jede/r von uns mitbringt, die unerschöpflichen Ressourcen, die darin enthalten sind, kennzeichnen unseren Arbeitsansatz.

Was ist nun eigentlich „unsere Haltung“?

Wenn ich darüber nachdenke, was genau unsere Herangehensweise ausmacht, welche Art der Umgangsweise wir untereinander bevorzugen und nach welchen Erklärungsmodellen der Welt wir leben, dann wird mir klar, dass es nicht möglich ist, unsere Herangehensweise als übereinstimmend und definitionstreu zu beschreiben.

Unsere Haltung wird wohl nur zu „unserer“, wenn wir uns auf die Metaebene begeben. Dabei nutzen wir unsere verschiedenen Haltungen und tolerieren unsere Einzigartigkeit. Es ist oft so, dass wir in verschiedene Rollen schlüpfen, die unsere Kreativität als Team steigern. Mal bin ich Kritikerin, mal Träumerin, mal mutig, mal vorsichtig, mal frustriert, mal enthusiastisch. Diese Rollen verteilen sich immer wieder unter uns. Das lässt einen gewaltigen Spielraum zu, und das ist vielleicht die Haltung, die uns erfolgreich arbeiten lässt. Nämlich akzeptieren zu können und akzeptiert zu werden, tolerieren zu können und toleriert zu werden, geachtet und wertgeschätzt zu werden und das auch anderen gegenüber tun zu können, nicht nur auf der Persönlichkeitsebene, auch auf der professionellen. Ohne unter einem enormen Druck zu stehen, immer genau das zu denken, was die anderen auch denken oder so zu handeln, wie es eben genau dieser oder jener „Rolle“ entspricht, lässt eine Freiheit zu, in der man sich nicht nur wohl fühlt – und das allein ist schon wichtig genug –, sondern indem man sich mit der Aufgabe, der Einrichtung, mit dem Umfeld identifizieren kann.

Der rote Faden, der sich durch unsere Handlungen zieht, der Habitus, die innere Haltung, die persönlichen Einstellungen, ist durch Pluralität und Interpretationsvielfalt gekennzeichnet.

Wir haben versucht, eine Arbeitsweise umzusetzen, in einer Umgebung, die ich als lernende Organisation beschreibe: Wir haben ein Experimentierfeld geschaffen, in welchem Veränderung zur Maxime wird. Das geschieht vor allem dadurch, weil wir uns immer wieder die Zeit nehmen, über unsere Arbeit zu sprechen, gemeinsam Ideen zu entwickeln und diese im wahrsten Sinne des Wortes „auszuprobieren“, eben zu experimentieren. Das Modell des Experimentierens ist transferierbar in andere Systeme, wenn die Flexibilität und die eigenen Ressourcen genutzt werden. Begreift man das Projekt (die Schule, die Einrichtung der Jugendhilfe, das Gremium...) als eine sich entwickelnde, lernende Organisation, werden statische Zustände zu konstruktiven Szenerien.

Unsere Ressourcen liegen sicherlich auch in der Verschiedenheit der Mitgestalter des Projekts, in der Interpretationsvielfalt, der Pluralität, den verschieden konstruierten Wirklichkeiten und der ständigen Reflexion, Evaluation und Metakommunikation, um diese Ressourcen auch zu nutzen.

Die differenzierten Welt- und Menschenbilder, Haltungen, persönlichen Erfahrungen und Hintergründe, Ansätze und Methoden, die von allen am Projekt Beteiligten in den Alltag einfließen, sind Kontexte, die für unsere Arbeit von großer Bedeutung sind. Diese Kontexte werden nicht nur von den pädagogischen MitarbeiterInnen sondern und vor allem auch von allen Kindern und Jugendlichen, deren Eltern, LehrerInnen und anderen Beteiligten in das Z.A.L. hineingetragen.

> „Wir alle sind lernfähig, aber unbelehrbar; wir alle lernen nicht, wenn wir lernen sollen, sondern wenn wir lernen wollen; wir ändern unser Verhalten nur dann, wenn wir uns ändern wollen und wenn Veranlassung dazu besteht; nicht die Sozialisationsagenten sozialisieren, sondern Differenzen sozialisieren" (Luhmann).[4]

In sozialen Systemen wie dem Z.A.L. kann man von wiederkehrenden Mustern sprechen. Die Idee, an einem Ort des Lernens zu sein, tragen nicht nur die Schülerinnen und Schüler in diesen Ort hinein. Auch wir PädagogInnen begreifen das Z.A.L. als Lernort – für uns! Dadurch wird das Lernen als solches von allen Beteiligten als vorherrschende Tätigkeit an diesem Ort verstanden. Lernverhalten war also auch deshalb ein Verhalten, das alle teilten, auch oder gerade weil es verschiedene Formen beinhaltete – „Unterschiede, die Unterschiede machen".

Man ist sich nah, kann verstehen, macht gemeinsame Erfahrungen, lernt durch Unterschiede, ist neugierig und kann dadurch Beziehungen gestalten.

Wie sah das im Z.A.L.-Alltag aus?

Die Tatsache, dass wir uns duzten, hat wahrscheinlich den Beziehungsaufbau zu einigen der Jugendlichen vereinfacht. Ich konnte dabei aber nicht feststellen, dass das Gefühl der Partnerschaftlichkeit gleichbedeutend mit Respektlosigkeit oder Autoritätsverlust war. Im Gegenteil, ich hatte den Eindruck, dass Respekt sowie Autorität natürlicher entstanden, als ich es gewohnt war. So respektvoll sich die Jugendlichen angesprochen fühlten, so respektvoll sind sie auch mir begegnet, und manchmal habe ich durchaus Autorität gespürt, die sie mir zusprachen, wenn sie mich um Rat fragten oder wenn in brenzligen Situationen sich mein Einfluss positiv auf deren Klärung auswirkte.

Das „Duzen" war jedoch nicht rigide Norm im Z.A.L. Andere KollegInnen haben sich mit den Jugendlichen nicht geduzt. Diese verschiedenen Anredeformen haben aus meiner Sicht nicht dazu geführt, dass einige Kolleginnen beliebter waren als andere oder dass andere Kollegen mehr Einfluss auf das Geschehen hatten. Mir fiel immer wieder auf, dass es entscheidend war, ***wie*** man sich begegnet. Es kann respektvoll sein, wenn man sich in der sogenannten „höflichen" Form anredet, aber auch wenn man die sogenannte „informelle" Anredeform benutzt. Auch wenn ich nicht so viel von „klugen" Sprüchen halte, scheint mir der eine hier durchaus trefflich zu sein: „So wie man in den Wald hinein ruft, so schallt es wieder heraus." (Auch wenn es manchmal erst später „schallt".) Wie ich auch immer den Jugendlichen (allen Menschen) begegne, die Antwort kommt prompt! Ich habe die Jugendlichen, mit denen wir in diesen drei Schuljahren gearbeitet haben, als sehr sensible Menschen erlebt, die ein sehr feines Gespür für die Echtheit unserer Umgangsweise hatten. Es wäre daher wahrscheinlich fatal gewesen, wenn sich ein Kollege hätte „verstellen" müssen, da bei uns diese oder jene Regel des Umgangs miteinander

4 R. Voß (Hrsg.), 1998, Schulvisionen, S. 285

vorausgesetzt, ja vielleicht sogar angeordnet worden wäre, da die Jugendlichen in ihrer Sensibilität jedes „Sich – Verstellen" durchschaut und Vertrauen durch Skepsis oder gar Misstrauen ersetzt hätten.

Denke ich darüber nach, wie ich Menschen begegne, sind auch die Gedanken zu Erziehung und Bildung mit eingeschlossen. Ist es doch auch meine (ganz persönliche) Haltung, die Einfluss auf die Beziehung zu den Schülerinnen und Schülern nimmt, und Erziehung und Bildung hängen unmittelbar mit dieser Beziehung zusammen, zumindest in einem Kontext wie dem unseren.

Wenn ich mich wirklich für einen Menschen interessiere, gehe ich damit eine Beziehung zu ihm ein.

Ich bin davon ausgegangen, dass jeder Schüler ein ungeheures Potential an Lernbereitschaft und Neugierde hat, sich die Welt zu erklären, Wissen aufzunehmen, egal wie weit seine Fähigkeiten bisher ausgefeilt waren und wie weit seine Möglichkeiten es zuließen. Das macht den Prozess des Lernens zu einem entwicklungsfähigen und konstruktiven Weg und ebenfalls zu einer konstruktiven Beziehung, auch ich habe in dieser Zeit von meinen Schülerinnen und Schülern jede Menge gelernt. Ich habe zum Beispiel erfahren, dass scheinbar unmögliche Lösungen möglich sind, dass 'Nicht zur Schule gehen' eine konstruktive Lösung sein kann. Ich habe gelernt, dass es so viele verschiedene Lern- und Lebensstrategien gibt, wie es Menschen gibt und dass die Motivation der Jugendlichen eine Menge mit meiner eigenen Motivation zu tun hat. Außerdem erfuhr ich, dass in meiner Arbeit die Beziehung zu den Schülerinnen und Schülern ausschlaggebend ist für alle Aufgaben, die wir gemeinsam bewältigten, vor allem den Schulalltag.

Meine Annahmen bezüglich der Lernbereitschaft, der Neugierde und der Motivation der Kids haben sich häufig bestätigt. Tja, so ist das manchmal mit den „sich selbst erfüllenden Prophezeiungen"![5]

Wenn ich Begriffe wie Bildung oder Erziehung für mich definiere, komme ich nicht umhin, mein Weltverständnis zu berücksichtigen und die Tatsache ernst zu nehmen, dass es „die Wirklichkeit" als solche nicht gibt. Aber Unterschiede in den beschriebenen Wirklichkeiten aller Beteiligten können durchaus Lernanlass und -inhalt werden. Das schließt die Vorannahme ein, dass alle Schülerinnen und Schüler (alle Menschen) die Fähigkeit zu lernen haben und auch lernen wollen.

Wissenschaftlich könnte man das auch so ausdrücken: Begreift man Schlüsselbegriffe wie Erziehung und Qualifizierung eher als Selbststeuerung und Selbstreferenzialität und Wissen eher als relevante, bedeutungsvolle Erfahrung, wird der moralische Überlegenheitsanspruch sowie der Wahrheitsanspruch vom „richtigen" Weltverständnis und „gültiger" Erkenntnisse überholter, curriculum-orientierter Pädagogik überdacht (und hoffentlich verworfen).

Dadurch wird es möglich, viable Wirklichkeitskonstruktionen in Unterschieden wahrzunehmen und sich Entwicklungen, Veränderungen, Reframings (Umdeutungen) konstruktiv und reflektiert zu stellen.

> „Das einzige, was in unserer modernen Welt als Ziel der Erziehung überhaupt einen Sinn haben kann, ist die Fähigkeit zur Veränderung, und dabei ist mehr dem Prozeß als dem statischen Wissen zu vertrauen."[6]

5 siehe hierzu auch P. Watzlawick, 2001, Die erfundene Wirklichkeit, S. 91 ff

Als mit zunehmender Entwicklung des Z.A.L. auch die Unterrichtseinheiten entwickelt wurden, habe ich häufig darüber nachgedacht, welche Themen wohl Inhalt des Unterrichts sein sollten. Klar war, dass wir den Rahmenplan der Regelschule zu Hilfe nahmen, allerdings ist dieser ein *Rahmen*plan. Es gibt jede Menge Spielräume, und wir hatten nun zu überlegen, welche Inhalte sind vielleicht wichtig, welche Themen passen zu den Vorgaben usw.

Ich habe die Erfahrung gemacht, dass die Jugendlichen durchaus an der Welt interessiert sind. Sie sind neugierig genug, um sich mit anspruchsvollen Themen auseinanderzusetzen. Manchmal hindert sie eine Lese- Rechtschreibschwäche daran, sich mit langen Textpassagen zu beschäftigen, aber da sie keine „Hörschwäche“ haben, konnten sie den anderen zuhören und den Text genauso zerpflücken wie die anderen auch. Mitunter war es schwierig, herauszufinden, was genau es dem Einzelnen so schwer macht, einen Text zu lesen. Ein oder zwei Schüler hatten eine Sehschwäche. Der Besuch beim Optiker konnte schon recht hilfreich sein. Andere Schüler hatten eine nicht erkannte Lese-Rechtschreibschwäche. Wir haben versucht, mit einem Computerübungsprogramm die Rechtschreibkenntnisse zu stabilisieren. Wieder andere hatten Angst, vor der Gruppe laut zu lesen. Wir haben versucht, die Gruppensituation gemeinsam angstfrei zu gestalten. Wir sind manchmal durch reine Zufälle (mit erhöhter Aufmerksamkeit und Wahrnehmungsfähigkeit) darauf gestoßen, welche Unterrichtsinhalte für Schüler X oder Y die passenden sein könnten. Auch der Unterricht wurde immer wieder von den Kontexten der TeilnehmerInnen eingeholt, und diese bestimmten den Ablauf. Es gab Briefe vom Gericht oder Berichte über Drogenerfahrungen von Freunden und Bekannten, manchmal auch über eigene. Aber es waren auch Erlebnisberichte von der Love-Parade oder vom Streit mit den Eltern zu besprechen. Wir hatten immer wieder Themen, die nicht ignoriert werden konnten, weil sie eine wichtige Bedeutung für die Jugendlichen hatten. Im Sinne einer „lebensweltorientierten Didaktik“ hatten wir ein Methodenkonzept, mit dem wir diese Themen zu Unterrichtsinhalten werden ließen.[7] Warum also nicht im Deutschunterricht die Fähigkeiten erweitern, indem man übte, Briefe zu schreiben oder Erlebnisberichte zu erstellen. In Mathematik konnte man die prozentuale Rate des Drogenkonsums oder der Abfallentsorgung auf der Love-Parade ausrechnen oder man konnte bestimmen, wieviel Bußgeld durch Arbeitsstunden ausgeglichen werden kann.

Die Frage der Motivation stand immer im Vordergrund. Wie sinnvoll die zu erledigenden Aufgaben für die Schüler waren, beeinflusste auch ihre Motivation. ‚Sehr sinnvoll‘ bedeutete hohe Motivation. ‚Sinnvoll‘ konnte auch bedeuten, dass diese oder jene Aufgabe zur Prüfungsvorbereitung auf das Hauptschulkolloquium diente. Es ist also nicht so, dass bei allen Unterrichtsinhalten nur der Spaßfaktor in den Mittelpunkt gerückt werden musste, damit eine Aufgabe motiviert in Angriff genommen wurde. Wobei natürlich die besondere Wirkung von Spaß im Unterricht nicht zu verleugnen ist. Dieser kann ja eine durchaus sinnvolle Bereicherung sein, von der alle profitieren, auch ich!

Die wichtigste Lernerfahrung für mich in der Arbeit mit den Jugendlichen war und ist die Tatsache, dass wir für die Zeit des Zusammenseins eine Beziehung ein-

6 Carl Rogers in: R. Voß (Hrsg.), 1998, Schulvisionen, S. 123
7 vgl. Joachim Bröcher, 1997, Lebenswelt und Didaktik.

gehen und dass das Beziehungsgefüge zwischen mir und den Kids, unter uns MitarbeiterInnen und allen anderen Beteiligten eine entscheidende Rolle spielt. Ich stand immer wieder vor der Aufgabe, mich mit mir selbst auseinanderzusetzen, mich und meine Ziele zu hinterfragen, Lernprozesse an mir wahrzunehmen, um sie mit denen der anderen zu vergleichen, meine Motivation zu überprüfen usw.

Wenn also eine Beziehung zwischen den SchülerInnen und mir besteht, sehe ich mich als Partnerin mit der Verantwortung zur Reflexion meines Beitrags in dieser Beziehung. Und es heißt auch, dass die Kids auf diese Beziehung genauso Einfluss haben, genauso Verantwortung übernehmen (können) und damit Partner in der Beziehung sind. Ich finde es spannend, mal darüber nachzudenken, welche Arten von Beziehungen man im Leben so kennenlernt (Freundin-Freund, Mann-Frau, Arzt-Patientin, Lehrer-Schüler, Chefin-Angestellter, Verkäufer-Kundin...) und wie diese Beziehungen gestaltet werden.

In diesem Zusammenhang war es notwendig, mir darüber klar zu werden, wer ich eigentlich bin, welche Rolle ich im System einnehme und was ich wie tue. Ich lerne mich in Unterschieden zu anderen kennen. Er macht das so. Und sie wieder so. Und ich?

Zeit zum Nachdenken.

Wir Z.A.L.-Mitarbeiter sind unterschiedliche Menschen, Frauen und Männer unterschiedlichen Alters, mit und ohne Familie, mit und ohne Kinder... Aber: Wer sind wir?

Wir sind sehr unterschiedliche Persönlichkeiten mit unterschiedlichen Erfahrungen, mit unterschiedlichen Bildern von der Welt, mit unterschiedlichen Träumen und Visionen.

Wir haben unterschiedliche Ausbildungen absolviert, arbeiten mit verschiedenen Methoden, aber wir alle haben „das Wissen nicht gepachtet" und sind in einem lernenden, sich entwickelnden, immer verändernden, also dynamischen System als Lernende, Beratende, Fragende, Experimentierende, Sehende, Hörende, Fühlende, Ideenspendende, Ideensuchende ... miteinander tätig. In solch einem demokratischen Miteinander geht es uns um das Nutzen der Ressourcen, die aus unseren Unterschieden resultieren. Das heißt, dass wir auch in unterschiedlichen Rollen arbeiten oder verschiedene Positionen einnehmen können. Zum Beispiel können wir als Erklärende in einer frontalen Unterrichtssituation stehen oder als Wissende z.B. die Sicherungs- und Sicherheitsmaßnahmen bei einer Klettertour erläutern. Man könnte gar spielerisch mit diesen Rollen arbeiten, wenn die Situationen dies erfordern oder es gewünscht wird. Es heißt nicht, den Kindern, Jugendlichen oder Erwachsenen, die etwas erklärt bekommen wollen, mit Fadenscheinigkeit einen Erfahrungs- oder Wissensvorsprung zu verleugnen.

Büschges-Abel schreibt z.B. über die Pädagogen und ihre Fähigkeiten folgendes:

> „Unsere wichtigste Kompetenz ist es, Initialprozesse in Gang zu setzen, etwa als Dialog, aus dem eine passende Wirklichkeitskonstruktion entsteht, aus dem sich ein fürs Lernen günstiger Erlebnisraum ergibt, in dem die unterschiedlichen Konstrukte spielerisch ausprobiert und experimentell erprobt werden können."[8]

8 W. Büschges-Abel, 1998, Lernen wird zum Erlebnis, S. 65

Die Form, wie diese Prozesse initiiert werden, ist letztlich nicht entscheidend, wichtig bleibt aber, dass uns ständig bewußt ist, dass es „die Wirklichkeit", „die Wahrheit", „das Wissen" nicht gibt. Sie bestehen nur als Konstruktionen der Beschreibenden.

Wenn dies so ist, können auch wir damit arbeiten?!

Diese Initialprozesse lassen sich aus verschiedenen Perspektiven in Gang setzen und lassen Lernende zu Lehrenden werden und umgekehrt. Es ist spannend zu beobachten, welche Rollen von wem übernommen werden, was wir alles lernen können, wenn wir uns nur darauf einlassen.

> „Lernen ist eine bedeutungsstiftende Beziehung, die dem Individuum mit externen Ressourcen (Gespräch, Anleitung, Experiment usw.) hilft, die relevanten internen Ressourcen selbstorganisiert in Gang zu bringen, mit denen bezogen auf seine Umgebung lebenssichernde Anpassungen bzw. Erweiterungen konstruiert werden."[9]

In diesem Versuch, Lernen als Beziehungsangebot zu verstehen, ist für mich von besonderer Bedeutung, meine eigenen Lernziele zu beachten. Ich weiß, dass ich von den Ressourcen aller am Z.A.L. Beteiligten profitiere. Das bedeutet, dass alle Ressourcen haben!

Ich verstehe unter Lernen auch meine Arbeit im Z.A.L., das Kennenlernen der Beschreibungen und Konstruktionen der anderen, als Entwicklung von Handlungsansätzen, als Persönlichkeitsentwicklung, als Erfahrungslernen, unter Nutzung meiner internen Ressourcen und der externen Ressourcen, die durch meine Beziehung zu den Beteiligten für mich erschließbar und anwendbar werden. Dabei kann ich von den SchülerInnen, deren Eltern, von LehrerInnen und den MitarbeiterInnen u.v.a. lernen.

Wir lassen uns von unserer eigenen Unterschiedlichkeit inspirieren, achten sehr darauf, dass es uns gut geht, lassen uns den Raum nutzen, in ständigen Austausch zu treten.

Wir haben Settings geschaffen, in denen dies möglich ist. Regelmäßige Teamberatungen, Supervisionen und Treffen, um mit anderen Professionellen in Austausch zu treten.

Ich kann nur immer wieder betonen, wie wichtig dieser Teil unserer täglichen Arbeit für unsere Professionalität, für unser Wohlbefinden und die Entwicklung des Projektes war und ist.

Ein weiterer wichtiger Grund für die Schaffung dieser Settings ist die Vorbeugung oder das kurzzeitige Aushalten von Krisen, Frustrationen und persönlichen Tiefs.

Für mich hatte das wesentliche, persönliche Konsequenzen. Woher nahm und nehme ich meine Kraft und woher meine Anerkennung, woher meine Ideen...? Sicher zu einem großen Teil aus den alltäglichen Erfahrungen und Erfolgen meiner Arbeit.

Es ist ein großartiges Gefühl, sich vom Enthusiasmus der Kids anstecken zu lassen, wenn sie die Prozentrechnung nach vielem Üben endlich verstanden haben, oder von kleinen Wundern überrascht zu werden, wenn ein Schüler, der kaum lesen konnte, plötzlich nach vielem Üben den ganzen Text auswendig kann!

---

9 W. Büschges-Abel, 1998, Lernen wird zum Erlebnis, S. 100

Aber das ist nicht immer so fruchtbar, wie es scheinen mag. Wenn wir zum Beispiel nach anstrengenden Tagen, an denen wir den Eindruck hatten, dass nichts mehr ging und alle in einer übellaunigen Stimmung die Schule verließen, nachmittags zusammensaßen und frustriert in die Gegend starrten, dann hat es uns immer geholfen, ruhig mal über uns selbst zu lachen und nicht die Muster auf uns zu übertragen. In Supervisionsrunden hatte ich für mich die Möglichkeit, auch andere Perspektiven zu nutzen, für mich Situationen umzudeuten, in Gedanken etwas durchzuspielen und ohne Frust in den nächsten Tag zu starten.

Wenn wir von dieser o.g. Metaebene unser Handeln besahen und zu einem gemeinsamen Tun kamen, waren wir oft zu kreativen Ideen unter Nutzung unserer Ressourcen imstande. Dies ergibt für mich eine Sicherheit, die ich in den letzten Jahren sehr zu schätzen gelernt habe.

Ich habe im Folgenden versucht, einige Kerngedanken der „Z.A.L.-Philosophie" in Thesen zu fassen, die sich im Verlauf der 4 Jahre unserer Arbeit entwickelten.

Z.A.L. – Grundannahmen

- Jede/r Jugendliche ist in der Lage (hat die Fähigkeit) Lernprozesse einzugehen, wenn es die momentanen Lebensumstände erlauben, d.h. wenn sie/er diese (die Lernprozesse) als sinnvoll erlebt.
  „Wir werden keinen Schüler finden, der nicht zur Schule geht, weil er nichts lernen will. Alle Schüler (Menschen) haben ihre offensichtlichen, heimlichen oder verdeckten Lernziele."[10]
- Jedes Verhalten geschieht nur in Beziehung zu (anderen) Menschen, deshalb ist es nötig, den Kontext der Beziehungen in die Erklärungsmodelle für Verhaltensweisen zu integrieren.
- Mit dem Anspruch, mit Menschen in Kontakt kommen zu wollen, geht die Bedingung einher, Beziehungen einzugehen (zu gestalten).
  Dies ist möglich mit Kriterien, wie: die/den Beziehungspartner ernst zu nehmen (als gleichberechtigt zu akzeptieren), Offenheit, Vertrauen, Echtheit, Wertschätzung, Anerkennung, Akzeptanz...
- Schülerinnen und Schüler werden zu (Beziehungs-) Partnern, das setzt voraus, sie als Persönlichkeiten ernst zu nehmen und ihnen die Verantwortung für ihr Handeln zuzugestehen und bewußt zu machen. Damit rückt der Beziehungskontext in den Fokus der Systembetrachtungen (Strukturen, Verhalten, Verantwortung...).
- Reflexion als Teamberatung und/oder Supervision schärfen unsere Wahrnehmung und bringen Kontexterweiterung und mehrdimensionale (Be-) Deutungen für unsere Arbeitshypothesen.
  „Die Schule wird heute von ihren Kontexten eingeholt. Die Kontexte kommen täglich lebendig in Gestalt der Mitglieder des Systems in die Klassen hinein."[11]

10 Steffen Uhlig (Hrsg.), 2000, Da geh' ich nicht mehr hin, S. 57
11 R.Huschke-Rhein in: R.Voß (Hrsg),1998 „„Schulvisionen", S. 61

- Um gestellte Ziele bewußt verfolgen zu können, sind Hypothesen nötig, die wir ständig bewußt reflektieren.
  „...bei dem was wir wissen, (können wir) über den Grad an Hypothesen nicht hinauskommen. Diese können aber von uns so lange als gültig verwendet werden, wie sie für unsere Zielsetzung nützlich sind.“[12]
- Verhaltensweisen (Symptome) sind Signale, die auf die momentanen Lebensumstände aufmerksam machen und in diesem Zusammenhang für denjenigen, der sich verhält, als bestmögliche sinnvoll erscheinen.
  „Aus systemischer Sicht werden Symptome nicht als Defizite eines Individuums gesehen, sondern als kreative Lösungsstrategien zur aktuellen Lebensbewältigung.“[13]
- Partizipation ist generell möglich, wenn aber bisher eher autoritäre als demokratische Strukturen das Umfeld bestimmten, ist es nötig, Mitbestimmung als Lernprozess in das Geschehen einfließen zu lassen (wobei Partizipation immer als Lernprozess zu verstehen ist).

Wie unsere Haltung unser Handeln bestimmt – Auswirkungen auf den Schulalltag im Z.A.L.

Die Tatsache, dass wir zu einer gemeinsamen Haltung über Metakommunikation gelangen und unsere Thesen aus der Reflexion unserer gemeinsamen Arbeit erwachsen, lässt mich zum nächsten Thema überleiten. Jede Begegnung, jede Beziehung zu Menschen, die ich eingehe, hinterlässt Spuren. Ich entwickle Ideen, in Sekundenbruchteilen der ersten Begegnung. Es sind häufig Vorannahmen, die mein Handeln einer Person gegenüber bestimmen.

Es ist ein netter Mensch, deshalb bin ich ihm freundlich gesonnen, mache mir keine Sorgen und kann wahrscheinlich relativ leicht Vertrauen fassen. Es ist ein unfreundlicher Mensch, deshalb bin ich eher skeptisch, und Vertrauen aufzubauen, wird ungleich schwieriger sein.

Die Vorannahmen lassen sich noch weiter ausbauen. Jeder Mensch, zu dem ich eine Beziehung aufbaue, hat eine Bedeutung für mich, und je intensiver unsere Beziehung ist, desto größer wird diese Bedeutung. Dies betrifft sowohl die Kassiererin an der Supermarktkasse als auch die KollegInnen und SchülerInnen.

Wenn also auch jener unfreundliche Mensch eine Bedeutung für mich hat, werde ich wahrscheinlich überlegen, weshalb er sich so unfreundlich verhält. Hatte er einen schlechten Tag? Mag er mich nicht? Ist er immer so unfreundlich?... Je nach dem, von welcher Vorannahme ich ausgehe, wird diese Idee meine Beziehung zu demjenigen beeinflussen. Bin ich der Meinung, er mag mich nicht, werde ich wahrscheinlich anders auf ihn reagieren, als würde ich annehmen, dass er (nur) einen schlechten Tag hatte und morgen wieder so freundlich ist wie sonst auch.

---

12 W. Büschges-Abel,1998 „Lernen wird zum Erlebnis“, S. 66
13 Günter Engel in: R.Voß, 1999 „Die Schule neu erfinden“, S.265

In der professionellen Arbeit mit Jugendlichen beeinflussen diese Vorannahmen das Handeln der Pädagogen. Leider sind einem die Vorannahmen nicht immer so bewusst.

Ich würde daher dafür plädieren, dass der Prozess, sich die eigenen Vorannahmen bewusst zu machen (reflektieren), in jeden Arbeitsprozess, bei dem es auch um Beziehungen zu Menschen geht, als fachlich respektierter und inhaltlich verankerter Qualitätsstandard aufgenommen wird!

In der Sozialarbeit, Psychiatrie, und selbst in der Wirtschaft haben Fallbesprechung und / oder Supervision bereits einen festen Platz.

Wenn wir bewußt mit Vorannahmen, also mit unseren aufgestellten Hypothesen arbeiten, verläuft das bei uns in drei Phasen.

In einer ersten Phase wird ein Verhalten wahrgenommen. Im Z.A.L. haben wir uns fast täglich die Zeit genommen, unseren gemeinsamen (Schul-)Alltag zu besprechen: Mir ist aufgefallen, dass..., wie hast du heute Klaus erlebt?

In dieser Phase haben wir Situationen beschrieben. Die Wahrnehmungen waren teilweise sehr unterschiedlich, da wir z.B. zeitlich versetzt mit den SchülerInnen in Kontakt kamen oder weil die Beziehungen zu den Kids unterschiedlicher Natur waren. So kamen wir in unseren Besprechungen / Beschreibungen zu verschiedenen Bildern, Erlebnissen und Erfahrungen.

In einer zweiten Phase haben wir versucht, zu den Beschreibungen Erklärungen zu finden. Mit Hilfe unserer Vorannahmen (und auch Vorerfahrungen, Vorwissen, z.B. aus vorangegangenen Familienberatungen) sind wir dazu übergegangen, Hypothesen zu bilden.

Hypothesen sind für uns die Grundlage eines Erklärungsmodells. Darauf werde ich im nächsten Abschnitt näher eingehen.

In einer dritten Phase werden die Hypothesen zu unseren Handlungsgrundlagen. Hier beginnt die Strategie- und Methodenarbeit. Welche Strategie verfolgen wir bei dem „Dauerzuspätkommer"? Wie gehen wir mit der Lese-Rechtschreibschwäche von Martin um? Was kann Simone helfen, ihr Selbstbewußtsein zu stärken?

Dabei kam es nicht immer darauf an, sofort eine Lösungsstrategie zur Hand zu haben. Manchmal war es auch hilfreich, erst einmal abzuwarten. Interventionen sollten nicht in Aktionismus münden. Abwarten, wahrnehmen und jemandem mit einer bestimmten Haltung zu begegnen sind auch Interventionen, die eine zielorientierte Arbeit möglich machen. Eine Strategie braucht nicht immer gleich eine genaue Handlungsanleitung. Wenn ich gelassen und offen in eine neue Situation gehe, kann das vorerst schon Intervention genug sein. Weitere Handlungsoptionen können auch später noch einfließen.

„Wir können auch anders" – Wie Hypothesen uns durch den Alltag helfen (können)

Wir haben in unserer Arbeit das Bewußtsein, die Sicherheit, das „UNS"- Vertrauen, dass wir Ressourcen zur Verfügung haben, auf die wir zurückgreifen können. Aus diesen entstehen wiederum nutzbare Handlungsspielräume. Die Unterschiedlichkeit unserer Wahrnehmung, die Einzigartigkeit unserer jeweiligen Beziehungen zu den Jugendlichen und unsere Methodenvielfalt lassen diese Spielräume zu.

Professionelle Handlungsimpulse sind unsere Hypothesen. Eine Hypothese ist eine unbeweisbare Annahme von Tatsachen und Zusammenhängen, die mit dem Ziel aufgestellt wird, aus ihr passende Handlungsoptionen ableiten zu können.

Eine Hypothese kann weder falsch noch richtig sein, sie kann passen oder nicht passen.

Für uns ist es sinnvoll, eine Hypothese zu erstellen, um diese als Erklärungsmodell zu nutzen, um Beziehung gestaltbar zu machen, und um zielorientiert arbeiten zu können.

Wir hätten auch anders handeln können, mit anderen Hypothesen arbeiten können, aber wir haben uns so entschieden! Und morgen verwerfen wir diese oder jene Hypothese, da sie momentan nicht hilfreich war; wir entscheiden uns um und suchen nach neuen Vorannahmen! Aber: Wir entscheiden uns, nutzen ein Erklärungsmodell, arbeiten bewusst an einem Ziel und das ist wichtig!

Abhängig von unseren Hypothesen sind die dementsprechenden Konsequenzen als Ergebnisse unseres Handelns. Auch etwas nicht zu tun, nicht zu handeln, hat Konsequenzen, die bedacht werden müssen. Daher gilt es, das Handeln (d.h. auch unsere Annahmen, die Reaktion darauf und das vordefinierte Ziel) immer wieder zu reflektieren, zu evaluieren, zu korrigieren. Uns helfen dabei Supervision, Teamberatung und wissenschaftliche Begleitung.

Um zu einem zielorientierten Handeln zu gelangen, ist es also nötig, Vorannahmen zu treffen und Hypothesen zu formulieren. Wir können nicht wissen, was genau Klaus dazu bewegt, sich so zu verhalten und nicht anders, aber wir können mit Hilfe eines Erklärungsmodells arbeiten. Leider ist es uns nicht immer bewusst, dass wir bereits Vorannahmen bilden. Im Volksmund wird häufig von Vorurteilen gesprochen. Zum Beispiel wird das Verhalten von Klaus mit Hilfe von Vorurteilen beschrieben. „Er ist so zappelig, weil er keine Lust auf Lernen hat. Er will sich nur nicht konzentrieren. Er ist nicht gut erzogen."

Anders gesagt, Vorannahmen bestimmen unser Handeln (immer), es liegt an uns, damit bewußt umzugehen, um zu einem möglichst vorurteilsfreien professionellen Handeln zu gelangen.

Ich will versuchen, meine Gedanken zu unseren Hypothesen mit Hilfe eines Beispiels näher zu beschreiben.

Wenn uns eine Situation auffällt, beschreiben wir diese zuerst. Z.B. Klaus ist sehr lebhaft, er bewegt sich ständig und spielt mit allen Dingen herum, die er in die Finger bekommt. Er ist sehr neugierig, stellt Fragen, die sich andere nicht trauen würden. Er untersucht jeden Gegenstand genau, den er in Händen hält, ist interessiert an der Welt. Manchmal stört er damit das momentane Geschehen. Die Fragen passen nicht zum Unterrichtsinhalt. Auf die Aufforderung der Mutter, den Müll zu entsorgen, folgt die Frage nach den wissenschaftlichen Erklärungen für die anstehende Mondfinsternis. Klaus wird häufig durch Zurechtweisen daran erinnert, dass seine Fragen unpassend sind. Auch in seinen Beziehungen zu Gleichaltrigen fällt auf, dass seine Verhaltensweisen nicht immer auf Gegenliebe stoßen. Es wird häufig über ihn gelacht und manchmal wird er zurechtgewiesen, dass er nicht solche blöden Fragen stellen soll. Ihm ist oft kein Berg zu hoch, kein Fluss zu tief. Häufig ist er es, der sich wagt, den steilen Abhang mit dem Fahrrad hinab zu fahren. Seine Mitschüler schütteln den Kopf oder sagen er sei verrückt.

Nach der Phase des Beschreibens folgt die Phase des Erklärens. Hier versuchen wir Hypothesen zu bilden, Erklärungsmuster zu finden. Z.B. Klaus fällt es schwer, in Gruppensituationen seine eigene Position zu bestimmen, auch zu Hause – innerhalb der Familie – ist er nicht sicher, wie er gesehen wird. Deshalb hinterfragt er mit seinem Verhalten immer wieder: Bin ich anerkannt oder lehnt man mich ab? Bin ich „normal" oder „unnormal"? Muss ich besondere Fähigkeiten haben? Muss ich der Stärkste sein? Muss ich mich gefährlichen Situationen aussetzen? Muss ich Drogen nehmen? Muss ich mit dem Fahrrad den steilen Abhang hinunterfahren? Muss ich Lehrer Y, den niemand aus der Klasse besonders mag, beleidigen? Muss ich ...? Damit ich gemocht werde. Damit die anderen mich bewundern, mich beachten, damit ich „normal" bin.

„Normal" oder „unnormal" sein – wird für ihn zur Leitdifferenz. Das heißt, dass ihn diese Frage handlungsleitend (durch viele Lebensprozesse) begleiten wird.

Wenn Klaus sich „normal" verhält, wird er nicht feststellen können, wie ihn die anderen wahrnehmen, weil es niemandem auffällt. Verhält er sich jedoch auffällig (so, dass es jemandem auffällt), wird es jemanden in seinem Umfeld geben, der ihn bzw. sein Verhalten als „unnormal" beschreiben wird.

Unsere Hypothese ist hier, dass sich Klaus in seinem Leben immer wieder mit einer Art „Leitdifferenz" zwischen ‚normal' und ‚unnormal' konfrontiert sieht. Es fällt ihm deshalb schwer, seine eigene Verantwortung zu erkennen und dementsprechend zu handeln.

Hier stellt sich uns die Frage, inwieweit wir in der Zusammenarbeit mit Klaus diese Leitdifferenz mittragen müssen?

Wenn wir nun annehmen, dass Klaus ein „ganz normaler" Jugendlicher ist und wir ihn dementsprechend behandeln, wird das unter Umständen seine „Leitdifferenz" stören, da wir uns nicht auf diesen Soll-Ist Vergleich einlassen. Er ist ein „normaler" Jugendlicher, der für sein Verhalten selbst verantwortlich ist und genügend Entscheidungsspielraum und Ressourcen (andere Verhaltensweisen) zur Verfügung hat, um sich selbsttätig zu verändern.

Er kann Verantwortung für sein Handeln übernehmen.

Im systemischen Arbeiten mit Familien wird von einem Beziehungsnetz gesprochen. Die Verhaltensweisen der in Beziehung stehenden Personen bedingen sich wechselseitig. Welches Verhalten von Mutter, Vater oder der Schwester bedingt ***wie*** das Verhalten von Klaus? Wie beeinflusst Klaus das Verhalten von Mutter, Vater oder der Schwester?

In diesen Beziehungsnetzen entwickeln sich Muster bezüglich des Umgangs miteinander, Beziehungsmuster. Für unsere Arbeit ist deshalb die Einbeziehung der Bezugsssysteme von besonderer Bedeutung.

Klaus bewegt sich in verschiedenen Systemen, z.B. Schule, Familie, Peergroup. Dadurch wird sein Verhalten in Beziehung zu verschiedenen Personen beeinflusst, so wie er das Verhalten der anderen mitbestimmt.

Nun ist es spannend zu hinterfragen, von welchen Hypothesen andere Beteiligte ausgehen, welche Beziehungsmuster zugrunde liegen. Beziehungsmuster sind oft sehr starr.

Haben sie sich einmal entwickelt, wird selten hinterfragt, wieso (in Beziehung zu wem) sich jemand gerade so verhält. Auch wenn ein Verhalten als besonders problematisch beschrieben wird, werden die Beziehungsmuster selten im Zusammenhang mit dem problematischen Verhalten gesehen. Als wenig hilfreich wird aber immer wieder die individuelle „Schuldfrage" in den Mittelpunkt gerückt, sie hilft wenig ein Verhalten zu erklären, auch wenn sie Ausdruck eines vorhandenen Kommunikationsmusters in der Familie oder in anderen sozialen Systemen ist.

Betrachten wir das Beispiel weiter:

Das zum Teil sehr auffällige Verhalten von Klaus wurde mit einer psychologischen Diagnostik bestätigt. In mehreren Beratungsinstanzen und einem klinischen Aufenthalt in der Kinder- und Jugendpsychiatrie wurde bei ihm das hyperkinetische Syndrom diagnostiziert. Damit war für die Beteiligten das Verhalten von Klaus erklärbar: er ist hyperaktiv.

Mit dieser Hypothese (Diagnosen sind häufig auch Hypothesen!)[14] *übernehmen die Beteiligten mehr Verantwortung für ihn. Ihr Verhalten Klaus gegenüber wird zunehmend von der Diagnose beeinflusst. Wenn er sich nicht erwartungsgemäß verhält, wird der Hyperaktivität die „Schuld" (Verantwortung) zugesprochen: Er kann ja nicht anders, er ist hyperaktiv.*

Welche Folgen hat das unter Umständen?

Die auftretenden Verhaltensweisen passen in das Erklärungsmuster. Immer wenn Klaus sich auffällig verhält, zeigt sich darin seine Hyperaktivität. Es ist ihm kaum mehr möglich, diese Diagnose zu hinterfragen. Sein Selbstbild – bin ich normal oder unnormal – wird weiterhin in dieser Leitdifferenz verharren. Für Klaus wird es schwer, ein „gesundes" Selbstbild aufzubauen, wenn er für sich keine Verantwortung übernimmt und die anderen ihn nicht „lassen", da sie ihm die Verantwortung abnehmen.

Wenn sich Klaus aus unserer Sicht unpassend verhält (z.B. er verprügelt einen Mitschüler), nehmen wir ihn als für sich selbst und sein Verhalten verantwortlich ernst.

Mit der Frage: „Musst du prügeln?" weisen wir Klaus auf die Möglichkeit seiner Eigenverantwortung hin und gestehen ihm Verhaltensvariabilität zu.

Aus meiner Sicht gibt es zwei mögliche Antworten.

„Ja, ich muss prügeln." Damit gibt er die Verantwortung wieder ab, indem er „prügeln müssen" als einzig mögliches Verhalten zur Verfügung hat. Als zwanghaft und unmittelbar lineare Reaktion auf ein vorausgehendes Ereignis. Oder:

„Nein, muss ich nicht, ich könnte auch...., aber ich will das gerade so tun." Dann übernimmt er die Verantwortung für sein Handeln.

Schon die Frage impliziert, dass wir für sein Handeln keine Verantwortung übernehmen werden.

Er wird durch seine Entscheidung mit seiner Eigenverantwortung und den Konsequenzen seines Handelns konfrontiert werden.

„Wenn du hier prügelst, müssen wir die anderen vor dir schützen. Solange du dich so verhältst, können und wollen wir nicht mit dir arbeiten. Du allein kannst entscheiden, wann du wieder hier sein kannst. Du kannst dich entscheiden, wie du

---

14 Beinbrüche zum Beispiel sind mittels eines Röntgenbildes gut zu erkennen, aber psychologische Diagnosen werden über Hypothesen erstellt.

mit X anders umgehen möchtest, ohne ihn zu prügeln, denn prügeln ist hier nicht erlaubt!“

Fast übergangslos entstehen dabei mögliche Interventionen. Bereits auf der Beschreibungsebene wird die Haltung, die man gegenüber einer Person oder Situation einnimmt, die Beschreibung beeinflussen. Man kann nur beschreiben, wohin man sieht und was man dort sieht.

Auch die Hypothesen werden durch die Haltung beeinflusst. Es werden nur die Hypothesen passend erscheinen, die mit einer entsprechenden Haltung zu vereinbaren sind. Wenn ich beispielsweise eine humanistische Haltung einnehme, werde ich nicht zu einer anti-humanistischen Hypothese gelangen, wie z.B. Haltung: Alle Menschen sind gut. – Hypothese: Klaus ist im Grunde böse, deshalb verhält er sich so auffällig.

Die Haltung steuert die Art der Interventionen. Wenn man von der Watzlawickschen These: „Man kann nicht nicht kommunizieren!“[15], in abgewandelter Form: „Man kann sich nicht nicht verhalten' ausgeht“ sind Beschreibungen und Erklärungsversuche schon einflussnehmende Faktoren in einer Beziehung.

Wie bereits oben erwähnt, ist ein wichtiger Bestandteil unserer Arbeit der Kontakt mit den Beziehungssystemen wie Familie, Schule etc. Die Kommunikation ist vor allem für die Beobachtung der Beziehungs- und Verhaltensmuster in den Systemen von Bedeutung. Wenn wir davon ausgehen, dass die Beziehungen für das Verhalten der einzelnen Systemmitglieder relevant sind, und diese sich gegenseitig bedingen, ist es sinnvoll, auch systembezogen zu intervenieren.

Diese Ideen lassen sich z.B. in einer Familienberatung besprechen. Eine andere Möglichkeit wäre, eine Fallbesprechung mit beteiligten Personen zu organisieren (mit Professionellen aus Schule, Beratungsstelle, Ergotherapie, Schulsozialarbeit..., je nach dem, wer mit Klaus arbeitet). In dieser Weise können Hypothesen gebildet, Strategien und Interventionen besprochen und mögliche Ziele benannt werden.

Was kann Klaus, was können die Eltern tun, was kann Schule tun, wie können die Beratungsinstanzen weiter genutzt werden? Was ist hilfreich, was eher nicht. Dabei ist entscheidend, was die Beteiligten (Klaus, Mutter, Vater, Lehrer...) für sich selbst als hilfreich erleben, womit es auch ihnen gut geht.

Hiermit komme ich zu einer weiteren Forderung, die für die Arbeit mit unseren Jugendlichen unbedingt notwendig ist. Es ist unumgänglich, mit den Beziehungssystemen zu arbeiten! Dazu ist ein Beratungsangebot nötig, welches schnellstmöglich genutzt werden kann. Hilfreich ist ein multiqualifiziertes Team. Dann haben die MitarbeiterInnen eigene Ressourcen durch Zusatzqualifikationen oder unterschiedliche berufliche Hintergründe und Erfahrungen auf diesem Gebiet. Wenn dies nicht möglich ist, wäre eine Projektvernetzung mit Trägern solcher beraterischen bzw. therapeutischen Angebote sinnvoll.

Wenn ich zur Eingangsfrage zurückkomme, mit der wir immer wieder nach unserer Zugangsweise und den Besonderheiten unserer Arbeit befragt werden, würde ich sagen, dass wir keine allgemeingültigen Antworten darauf haben. Ich würde uns als Personen beschreiben und versuchen, meine persönliche Haltung zu verdeutlichen. Ich würde von Beschreibungen, Hypothesen und auch beispielsweise von ei-

---

15 Vgl. Paul Watzlawick; Janet H. Beavin; Don. D. Jackson, (1969), Menschliche Kommunikation. Formen, Störungen, Paradoxien.

nigen Interventionen erzählen, von Erfolgen und Misserfolgen. Aber eine Haltung kann man nicht gut beschreiben, man muss sie (er-)leben.

Literaturverzeichnis

Winfried Büschges-Abel, Lernen wird zum Erlebnis. Neurolinguistisches Programmieren in Schule und Sozialpädagogik, Luchterhand Verlag, Neuwied, Kriftel, Berlin, 1998

Joachim Bröcher, Lebenswelt und Didaktik, Universitätsverlag Winter, Heidelberg, 1997

Helmut Fend, Qualität im Bildungswesen. Schulforschung zu Systembedingungen, Schulprofilen und Lehrerleistung, Juventa Verlag, Weinheim und München, 1998

Steffen Uhlig (Hrsg), Da geh' ich nicht mehr hin. Zum Umgang mit Schulabstinenten und Möglichkeiten alternativer Betreuungs- und Beschulungsprojekte, Magdeburger Reihe Bd. 5, Schriften der Fachhochschule Magdeburg, Verlag der Erich Weinert Buchhandlung, Magdeburg 2000

Reinhard Voß (Hrsg.), Schulvisionen. Theorie und Praxis systemisch – konstruktivistischer Pädagogik, Carl – Auer – Systeme Verlag, Heidelberg, 1998

Reinhard Voß (Hrsg.), Die Schule neu erfinden. Systemisch – konstruktivistische Annäherungen an Schule und Pädagogik, 3. durchges. Aufl., Luchterhand Verlag, Neuwied, 1999

Paul Watzlawick, Janet H. Beavin, Don D. Jackson: Menschliche Kommunikation. Formen, Störungen, Paradoxien. Verlag Hans Huber, Bern, Stuttgart, Wien, 1969

Paul Watzlawick: Die erfundene Wirklichkeit. Wie wissen wir, was wir zu wissen glauben? Beiträge zum Konstruktivismus, 13. Aufl., Serie Pieper, München, 2001

Kirsten Puhr

„Ich hab' es angehalten, das Rad, das Schuleschwänzen heißt" – Was kann die Schule tun?

Sind Lehrerinnen und Lehrer verantwortlich oder hilflos, wenn Kinder und Jugendliche nicht mehr in der Schule lernen können oder wollen? Je nach Perspektive oder Anlass werden unpassende schulische Konzepte und unzureichend engagierte Pädagoginnen und Pädagogen oder aber familiäre Situationen und gesellschaftliche Bedingungen verantwortlich gemacht. Beide Perspektiven werden dem komplexen Problem Schulabsentismus nicht gerecht. Hier soll der Frage nach gegangen werden: ‚Was kann Schule in ihrer pädagogischen Verantwortung gegen Schulabsentismus tun?', wenn man berücksichtigt, dass es bei vielen schulabsenten Kindern und Jugendlichen gravierende biographische Einbrüche gab oder dass extreme Leistungs- oder Beziehungsprobleme vorliegen.

Julius, der zur Zeit im BVJ ist, fällt das Lernen ziemlich schwer. Seine massiven schulischen Probleme begannen mit dem dritten Schuljahr. Den Lernanforderungen, die er nicht bewältigen konnte, begegnete er zunächst mit Auflehnungen gegen einige seiner Lehrerinnen und Lehrer. Da „bin ich immer ausgerastet". Später hat er die schulischen Anstrengungen lieber gemieden und ist den konfliktgeladenen Situationen in der Schule ausgewichen. Er hat „blau gemacht". In der Schule kümmerte sich niemand, „die Lehrer waren froh, dass ich nicht mehr da war". Warum wollten oder konnten sich die Lehrerinnen und Lehrer von Julius nicht erfolgreich um seine Anwesenheit bemühen? Wir wissen es nicht. Julius hat aus seiner Sicht erzählt, warum er nicht mehr zur Schule gegangen ist und was anders sein müsste, damit er trotz seiner Schwierigkeiten in der Schule lernen könnte. Er ist einer von 21 Jugendlichen die, gemeinsam mit ihren Pädagoginnen und Pädagogen, – im Rahmen des interdisziplinären Forschungsprojektes „Pädagogisch-psychologische Analysen zum Schulabsentismus" der Martin-Luther Universität Halle unter Leitung von Prof. Dr. H. Knopf – zu Problemlagen (I), erlebten Präventions- und Interventionsmaßnahmen (II) und Integrationsmöglichkeiten (III) befragt wurden. Ziel der Studie, die im Auftrag des Kultusministeriums Sachsen-Anhalt erarbeitet wurde, war die Reflektion von Möglichkeiten systematischer pädagogischer Prävention und Intervention bei Schulabsentismus (IV).

Wenn Kinder und Jugendliche nicht mehr oder nicht mehr regelmäßig zur Schule gehen, kann dies als subjektive Bewältigungsform (Vermeidung, Suche nach Hilfe, Konfrontation, Verweigerung, Suche nach attraktiven Zielen etc.) zur

Lösung von Leistungs-, Beziehungs-, gesundheitlichen oder emotionalen Problemen interpretiert werden. Unsere Analysen des Erlebens und Verhaltens von schulabsenten Kindern und Jugendlichen hatten das Ziel, in den erhobenen Daten heraus zu finden, ob es regelhafte Beziehungen zwischen der Art und Weise von Bewältigungen unterschiedlicher Anforderungen in den Lebensvollzügen der Kinder und Jugendlichen und der Art des Fernbleibens von Schule und Unterricht gibt und welcher Natur diese Beziehungen sind. Der Leitgedanke der Analysen besteht also darin, dass Schulabsentismus als subjektive Problemlösung angesehen wird, der seinen Ausgangspunkt entweder eher im schulischen oder eher im nichtschulischen Bereich hat und sich in unterschiedlichen Absentismusformen äußern kann. Ausgehend von der Wahrnehmung, dass diese Art der Problemlösung für betroffene Kinder und Jugendliche problemverschärfende Folgen haben kann, schließt sich eine Diskussion möglicher pädagogischer Präventions- und Interventionsangebote für schulabsente Kinder und Jugendliche durch die Schule an.

I. Absentismusformen im Zusammenhang mit spezifischen Bedingungen

Bei allen Kindern und Jugendlichen (21), die im Rahmen unserer qualitativen Studie erfasst wurden, erweist sich die Struktur des Absentismus als sehr komplex. Auffällig war zum einen, dass die Perspektiven der Kinder und Jugendlichen auf ihre Nicht-Anwesenheit in der Schule durchgängig differenzierter waren als die der Pädagoginnen und Pädagogen. Zum Anderen gab es zwar häufig ähnliche Grundaussagen bei Schülerinnen/ Schülern und Pädagoginnen/ Pädagogen, aber genannte Bedingungen wurden unterschiedlich bewertet und über mögliche Anschlüsse gab es verschiedene Ansichten. Die Ableitung einer Kernkategorie aus den zentralen Kategorien ermöglichte es, die Einzelfälle systematisch zu untersuchen, ob Bedingungsgefüge mit Schwerpunkten in verschiedenen Kontexten verschiedene Bewältigungsstrategien nahe legen. Zunächst sollen hier die von den Kindern und Jugendlichen sowie deren Pädagoginnen und Pädagogen genannten spezifischen Bedingungen in den von uns unterschiedenen Kernkategorien der Absentismusformen dargestellt werden.

(1) Im schulischen Zusammenhang stehende Formen des Absentismus

Schulvermeidung / Problemvermeidendes Verhalten

Problemvermeidendes Verhalten wurde neunmal als Kernkategorie interpretiert, bei fast allen Kindern und Jugendlichen als eine Kategorie unter anderen.

- *Schulangst*
  Versagensängste wurden bei keinem Kind/ Jugendlichen als Kernkategorie interpretiert. Sie wurden von zwei Jugendlichen als Aspekte der Auseinandersetzung mit der eigenen Entwicklung benannt.

- *Latente Verweigerung*
  Beim Schulvermeiden durch Umdeutungen von Problemen scheinen Konflikte zwischen als bedeutsam erlebten Anforderungen und den eigenen Möglichkeiten eine große Rolle zu spielen. Krankheiten (einmal als Kernkategorie) und andere gravierende Hinderungsgründe – real, als real erlebt oder erdacht – (zweimal als eine Kategorie unter anderen interpretiert) hindern am schulischen Lernen. So können fehlende Lernerfolge oder Lernmotivation umgedeutet werden, ohne die Anforderungen zu enttäuschen.
- *Schulunlust*
  Zunehmende Vermeidung schulischer Anstrengungen (als Kernkategorie viermal interpretiert, als Kategorie siebenmal) scheint einerseits im Zusammenhang mit Lernschwierigkeiten und Erfahrungen schulischen Versagens zu stehen, andererseits mit fehlender Motivation für Schule infolge von Verlusterfahrungen oder familiären Belastungen. Die Empfänglichkeit für Animation durch Andere in einer solchen Situation und fehlende frühzeitige Reaktionen befördern den Prozess des schleichenden Ausstiegs.
- *Sozial- oder leistungsbezogene Schulaversion*
  Ausgesprochene Schulaversionen (als Kernkategorie viermal interpretiert, als Kategorie neunmal) scheinen sich im Zusammenhang von erlebter Ausgrenzung vor allem durch Mitschüler und nicht zu bewältigenden Schulleistungsanforderungen zu entwickeln. Von den Schülerinnen und Schülern werden insbesondere lebensweltrelevante Unterrichtsmethoden eingefordert. Sozialbezogene Schulaversionen lassen sich häufiger als leistungsbezogene beobachten, scheinen aber nicht den Hauptgrund für das Fernbleiben von der Schule auszumachen.

Schulverweigerung / Aktives Abändern schulischer Probleme

Aktives Abändern schulischer Probleme wurde als Kernkategorie dreimal interpretiert, insgesamt als Kategorie bei elf Schülerinnen und Schülern.

- *Schulmüdigkeit*
  Die beiden Jugendlichen, die das Lernfeld Schule hauptsächlich verlassen haben, weil sie für sich darin keinen Sinn mehr finden konnten, haben für sich vor allem unangemessene Reaktionen auf ihre persönliche Situation (Verlust- und Gewalterfahrungen) und Verhaltensprobleme erlebt. Schulleistungsprobleme und Überalterungen spielten dabei bei ihnen ebenso eine nur untergeordnete Rolle wie bei den fünf Jugendlichen, bei denen sich Tendenzen von Schulmüdigkeit zeigten.
- *Schulverdrossenheit*
  Die Interpretation des Schulabsentismus als Protestverhalten richtet sich vor allem gegen als unangemessen erlebtes Pädagogenverhalten im Zusammenhang mit Ausschluss aus Unterricht und Schule sowie erzwungenem Schulwechsel. Die fünf Jugendlichen, die Solches ausdrückten, deuten aber auch die eigenen Lernschwierigkeiten als Folge eines bewussten Protestes.
- *Allgemeine Schulaversion*

Eine allgemeine Schulaversion scheint sich zu entwickeln aus einer Verbindung von Überforderungen durch die Anforderungen schulischen Lernens mit sozialen Problemen in der Schule. Die Besonderheit ist hier, dass sich die Aversion zwar gegen die Institution Schule und ihre Ansprüche richtet, dass Lernmöglichkeiten in anderen (praktischen) Bereichen aber gesucht werden. Das gilt sowohl für den Jugendlichen, bei dem wir aus seinen Aussagen eine manifeste Schulaversion als Kernkategorie interpretiert haben, als auch für die beiden Jugendlichen, bei denen eine allgemeine Schulaversion nicht das Hauptproblem darstellt.

(2) Eher unabhängig von Schule bestehende Absentismusformen

Soziale Affiliation

Die Suche nach Orientierung und Halt war bei keinem der von uns befragten Kinder und Jugendlichen der Hauptgrund für ihre Abwendung von der Schule, bei fünf Kindern bzw. Jugendlichen wirkte dies aber als ein wesentlicher Faktor im Prozess.

- *Halt durch Familie*
  Eine Orientierung an den traditionellen Anforderungen der Familie kann bei Kindern und Jugendlichen zu Konflikten mit ihren eigenen Lernmöglichkeiten führen, in unserer Untersuchung traf das bei zwei Jugendlichen zu. Die meisten Kinder und Jugendlichen, auch diese beiden, interpretierten den Halt, den sie durch ihre Familie erfahren, aber nicht als eine Rahmenbedingung für den Schulabsentismus, wie das von vielen Pädagoginnen und Pädagogen benannt wird, sondern als Unterstützung.
- *Entscheidung für Gruppennorm*
  Die Bedeutung von Freundinnen und Freunden wird von jedem dritten, explizit von drei Jugendlichen im Zusammenhang mit Schulaversion und familiären Verlusterfahrungen ohne Unterstützung durch Schule betont. Das Hingezogensein zu Freundinnen und Freunden gab jedoch für keines der von uns befragten Kinder und Jugendlichen den Ausschlag für die Abwendung von Schule.

Soziale Desintegration

Für alle Kinder und Jugendlichen, die sich mit uns unterhalten haben, scheint der Verlust von Orientierung und Halt und die Suche nach einem Ausgleich ein ganz wesentlicher Aspekt für die Abkehr von Schule in ihrem Leben zu sein. Bei neun Jugendlichen wurde dies von uns als Kernkategorie interpretiert, die zu einer Irrelevanz von Schule in ihrem Leben geführt hat.

- *Lebensbewältigung*
  Diesen Jugendlichen fehlt die Motivation für schulisches Lernen nach Verlusterfahrungen. Sie sind so sehr mit den Anforderungen ihrer Lebensführung beschäftigt, dass zwei von ihnen die Kraft für schulisches Lernen nicht mehr und

zweien diese nur sehr eingeschränkt bleibt, obwohl sie sich offensiv mit ihren Lebensproblemen auseinander setzen.

- *Ersatzbefriedigung*
  Für die meisten Jugendlichen, die Verlusterfahrungen, familiären Ausschluss oder Gewalt erleben mussten und kaum Möglichkeiten hatten, sich mit diesen Problemen auseinander zu setzen, sinkt die Schule in die Bedeutungslosigkeit. Lernschwierigkeiten unterstützten diesen Prozess. Eine Kompensation der widrigen Lebensumstände versuchten die Jugendlichen über die Suche nach Selbstbestätigung und Anerkennung über Drogen, Alkohol, Gewalt, Computerspiele oder den Wunsch nach dem eigenen Kind. In Auswertung unserer Befragung wurden solche Ersatzbefriedigungen viermal als Kernkategorie identifiziert und achtmal als eine Kategorie im Zusammenhang mit Lernschwierigkeiten.
- *Schwänzen*
  Kindern und Jugendlichen, die nicht zur Schule gehen, wird von Außenstehenden meist Gleichgültigkeit vorgeworfen. Für drei der von uns befragten Jugendlichen trifft das zu. Sie können ihr Fernbleiben lediglich mit „Null Bock" oder „Keine Lust" begründen. Bei ihnen scheinen desolate wechselnde Familiensituationen, Lernschwierigkeiten und erlebte Sinnlosigkeit in Schule dazu geführt zu haben, dass sie sich aktuell mit ihrer Lebenssituation nicht mehr auseinandersetzen und nur noch in den Tag leben. Bei sechs Kindern und Jugendlichen tauchten solche Antworten nachrangig auf. Insgesamt scheinen nicht so sehr die Bedingungen, unter denen die Kinder und Jugendlichen lernen, leben und leiden ausschlaggebend für die Art ihrer Problembewältigung zu sein, sondern die Bedeutung dieser Bedingungen für die Kinder und Jugendlichen. Problemverschärfend oder -mindernd wirkten erfolgte wie unterlassene pädagogische Prävention wie Intervention.

II. Erlebte Prävention und Intervention aus der Sicht der Kinder und Jugendlichen

Die versuchten Präventions- bzw. Interventionsmaßnahmen können hier nur aus der Perspektive der Schülerinnen und Schüler wiedergegeben werden. Die Pädagoginnen und Pädagogen in den Schulverweigererprojekten konnten über die Situation der Jugendlichen während der Zeit ihrer Schulverweigerung wenig Auskunft geben. Auch die Lehrkräfte in den Schulen kannten einen Teil der Kinder und Jugendlichen noch nicht sehr lange, so dass sie eher über deren aktuelle Situation berichten konnten. Auffällig scheint, dass es wenig frühzeitige und systematische pädagogische Maßnahmen gegen die Vermeidungen oder Verweigerungen schulischen Lernens gab. Einzelne sozialpädagogische Angebote begegnen dem Prozess sozialer Desintegration.

Maßnahmen in den Schulen

Mehr als die Hälfte der Schülerinnen und Schüler geben an, keine Reaktion der Lehrerinnen und Lehrer auf ihre Nicht-Anwesenheit in der Schule erfahren zu haben. Vor allem fehlende Reaktionen zu Beginn der Fehlzeiten und Ratlosigkeit der Lehrerinnen und Lehrer scheinen problematisch. Als verschärfendes Problem erlebten viele der Kinder und Jugendlichen die Art der geringschätzigen Zuwendung durch ihre Lehrerinnen und Lehrer oder überzogene Sanktionen beim Wiedererscheinen nach Zeiten der Abwesenheit. Ausschlüsse aus dem Unterricht bzw. aus der Schule wurden von den beiden davon betroffenen Jugendlichen als unangemessene disziplinarische Maßnahmen erlebt. Die Überweisung in eine Schule für Lernbehinderte war aus Sicht einer Jugendlichen der Auslöser für massiven Schulabsentismus. Ein anderer Schüler erlebte eine solche Umschulung als Hilfe für sich, die allerdings erst einsetzte, als die Probleme schon sehr massiv waren. Vier Jugendliche erlebten die unterstützende Hilfe einer langjährigen Klassenlehrerin bzw. eines Klassenlehrers, die zur wichtigen Bezugsperson wurden. Für einzelne Kinder und Jugendliche waren Vereinbarungen zwischen Lehrerinnen/ Lehrern und Eltern, bzw. Abkommen zwischen Schülerinnen/ Schülern und Lehrerinnen/ Lehrern, sowie verringerte Lernanforderungen hilfreich. Eine Schülerin erhielt durch ihre Klassenlehrerin Unterstützung, indem diese versuchte, die vorhandenen Kompetenzen der Schülerin durch Übertragung von Verantwortung zu stärken.

Sozialpädagogische Maßnahmen

Familienersetzende Hilfen im Zusammenhang mit familiären und persönlichen Problemen werden von den betroffenen Jugendlichen ambivalent erlebt. Als wichtige Unterstützung und Hilfe werden Hilfen zur Erziehung in Form von sozialpädagogischer Einzelbetreuung und sozialer Gruppenarbeit thematisiert.

Andere Hilfen

Die Eltern scheinen für viele Schülerinnen und Schüler hilfreich zu wirken, sowohl im Sinne der Unterstützung als auch durch Sanktionen. Einige der Kinder und Jugendlichen haben Erfahrungen mit Therapien oder psychologischen Beratungen. Als unterstützende Maßnahmen wurden diese von den Kindern und Jugendlichen nicht genannt. Andere erlebten Freundinnen und Freunde als wichtigen Halt, um wieder zum Lernen zu finden. Aber auch die Selbsthilfe, das Überdenken des eigenen Verhaltens und der nachfolgende Entschluss, selbst etwas zu verändern, wurden thematisiert.

III. Integrationsmöglichkeiten aus der Sicht von Kindern und Jugendlichen

Wie bedeutsam systematische pädagogische Angebote der Hilfe und Unterstützung, aber auch der Alltagsbegleitung für die Kinder und Jugendlichen sein können, soll mit dieser kurzen Darstellung ihrer Vorstellungen zur Integration in Schule, Beruf und Lebenswelt verdeutlicht werden.

Schulische Integration

Von den elf Kindern und Jugendlichen, die wir in Schulen befragt haben, sagten sechs, dass sie sich vorstellen könnten, wieder regelmäßig in die Schule zu gehen. Die große Bedeutung, welche die sozialen Beziehungen zwischen Pädagoginnen/ Pädagogen und Schülerinnen/ Schülern für ihre Entscheidung für schulisches Lernen haben, betonten explizit fünf dieser Schülerinnen und Schüler. Bei drei von diesen Jugendlichen stand dabei der angestrebte Schulabschluss im Vordergrund. Obwohl fünf Jugendliche im Interview Schule für sich strikt ablehnten, äußerten vier von ihnen den Wunsch nach einer veränderten Schule mit anderen Lernmethoden und lebenspraktischen Inhalten.

Von den zehn Kindern und Jugendlichen, die wir in Schulverweigererprojekten interviewten, schätzten sieben die erlebte alternative Beschulung für sich als Chance und Lernhilfe ein. Einen eher unbestimmten und nur unkonkret benannten Wunsch nach schulischer Reintegration formulierten die anderen drei Kinder bzw. Jugendlichen.

Berufliche Integration

Zwei Drittel der Kinder und Jugendlichen konnten ihre Vorstellungen zur beruflichen Integration formulieren. Bei der Mehrzahl von ihnen bestand der Wunsch, nach Beendigung der Schule bzw. des Projektes ein berufsvorbereitendes Jahr oder eine Lehre zu absolvieren. Konkrete Berufsorientierungen waren dabei eher selten. Drei von diesen Jugendlichen äußerten relativ genaue Vorstellungen von einem Job ohne Ausbildung. Dass sieben Befragte noch keine Vorstellungen zu einer beruflichen Perspektive benennen konnten, kann bei fast allen mit dem Alter und damit der zeitlichen Ferne des Themas zusammen hängen.

Integration in die Lebenswelt

Mehr als die Hälfte der befragten Kinder und Jugendlichen erzählten von ihren Vorstellungen einer Lebensgestaltung als Erwachsene. Dabei nahmen die Wünsche nach einer eigenen Familie, Kindern und finanzieller Selbständigkeit bzw. Absicherung einen wesentlichen Platz ein. Auffallend war der hohe Anteil von Mädchen, die sich die Geborgenheit einer Familie und finanzielle Sicherheit wünschten. Lediglich ein Jugendlicher antizipierte für sein Leben eine materielle Versorgung durch andere. Im Sinne unrealistischer Traumvorstellungen wurden die Wünsche von drei Kindern bzw. Jugendlichen interpretiert. Dabei handelte es sich vor allem um erträumte materielle Standards und Statussymbole, die diese Kinder und Jugendlichen mit hoher Wahrscheinlichkeit nicht erlangen können. Allerdings konnten auch neun Kinder und Jugendliche gar keine Vorstellungen zu ihrem späteren Leben jenseits beruflicher Perspektiven äußern.

VI. Systematische pädagogische Prävention/ Intervention

Unter Berücksichtigung der Perspektive subjektiver Problemlösungen scheinen systematische Präventions- und Interventionsangebote unterschiedlich je nach Absentismusformen sinnvoll, die die entsprechenden Formen des Absentismus berücksichtigen. An dieser Stelle soll ausdrücklich darauf hingewiesen werden, dass mit den formulierten Ansprüchen an die pädagogische Arbeit nicht die Ansicht verbunden ist, jede Lehrkraft für alle Probleme der Schülerinnen und Schüler zuständig zu machen. Wenn Schulabsentismus als pädagogisches Problem verstanden wird, Methoden und Maßnahmen präventiven wie interventiven pädagogischen Handelns gesucht werden, ist Teamarbeit zwischen Lehrerinnen/ Lehrern und Sozialpädagoginnen / -pädagogen in der Schule ebenso notwendig wie deren Kooperation über die Schule hinaus. Auch über dauerhafte alternative Lernorte zur Schule wäre nachzudenken. Dafür benötigen Pädagoginnen und Pädagogen strukturelle, personelle und finanzielle Rahmenbedingungen, die derzeit nicht gegeben sind. Dennoch soll das nicht heißen, dass für schulabsente Kinder und Jugendliche aktuell keine pädagogische Unterstützung möglich wäre. Fallbezogene Hilfen und Unterstützungsangebote bereitzustellen bedeutet für Pädagoginnen und Pädagogen, daß sie auf standardisierte Organisationsstrukturen immer weniger zurückgreifen können und auf traditionelle Rechtfertigungsstrategien für pädagogische Maßnahmen weitgehend verzichten müssen. Sie verlangen von den Professionellen eine permanente persönliche Auseinandersetzung mit konflikthaltigen Situationen, pädagogischen Herausforderungen und den eigenen Wahrnehmungs- und Interpretationsmustern (vgl. Opp u.a., 1999, S. 37ff). Nach den vorliegenden Analysen seien hier einige Beispiele genannt.

Pädagogische Prävention und Intervention in der Schule und in ihrem Umfeld

(1) Eher im schulischen Zusammenhang stehende pädagogische Präventionen und Interventionen

Unabhängig von den Formen des Schulabsentismus scheint das Lehrer-Schüler-Verhältnis von großer Bedeutung zu sein. Die Schülerinnen und Schüler wünschen sich Lehrerinnen und Lehrer, die einen lebensweltorientierten Unterricht geben, der ihre Erfahrungen einbezieht, ebenso Lehrkräfte, die Verständnis für ihre Probleme haben und ihnen trotzdem Grenzen ihres Verhaltens aufzeigen. Für den Aufbau solcher vertrauensvollen Beziehungen erscheint eine große zeitliche Kontinuität (z.B. durch eine schulkonzeptionelle Verankerung und pädagogische Kooperation von Jahrgangteams oder mittels der Begleitung einer Klasse durch eine Klassenlehrerin/ einen Klassenlehrer über mehrere Schuljahre) ebenso Voraussetzung zu sein wie Sensibilität für Probleme des Schulabsentimus (,Signal'verstehen) und Wissen um pädagogische Präventions- und Interventionsmöglichkeiten.

Bei Schulvermeidung

Wenn Kinder und Jugendliche die Schule meiden, weil sie sozialen Konflikten ausweichen wollen, scheint der Einbezug sozialpädagogischer Unterstützung (z.B. durch Schulsozialarbeiterinnen bzw. Schulsozialarbeiter) sinnvoll und bedeutsam. Sozialpädagoginnen und -pädagogen haben durch ihren Status und ihr professionelles Selbstverständnis häufig einen anderen Zugang zu den Problemen von Schülerinnen und Schülern und sind zudem weitgehend entlastet von den strukturellen Zwängen, denen eine Lehrkraft in der Schule unterworfen ist. So können sie in aktuellen Konflikten (wie z.B. Gewalt unter Schülerinnen und Schülern oder Ausgrenzungen nach Fehlzeiten) ebenso vermitteln wie durch systematische Angebote Schulvermeidungen vorbeugend entgegen wirken. Solche präventiven Angebote sind z.B. diverse Formen der problemorientierten Gruppenarbeit mit Schülerinnen und Schülern zum Umgang mit Gewalt oder zum konstruktiven Umgang mit Konflikten und Versagungen (vgl. u.a. Seidel, 1997). Sind an der Schule außer Lehrkräften keine weiteren pädagogischen Mitarbeiterinnen oder Mitarbeiter beschäftigt, kann die Beratungslehrerin/ der Beratungslehrer Unterstützung in aktuellen Konfliktsituationen leisten. Teamberatungen und Fallbesprechungen der Lehrerinnen und Lehrer, gemeinsam mit externen Expertinnen und Experten sowie schulinterne Fortbildungen zum Umgang mit sozialen Strukturen und Konflikten oder zu Handlungsstrategien bei passiver und aktiver Unterrichtsverweigerung sind wichtige Ressourcen pädagogischer Arbeit an der Schule, welche über die Prävention und Intervention bei Schulabsentismus hinausgehen. Anregungen hierfür bieten z.B. Opp, Helbig & Speck-Hamdan (1999) und Walker (1995).

- *Schulangst*
  Kinder und Jugendliche, bei denen angenommen wird, dass sie nicht in die Schule gehen, weil sie dort auftretende Ängste vermeiden, benötigen vorrangig therapeutische Hilfen. Pädagogische Angebote in Absprache und Kooperation mit Therapeutinnen und Therapeuten können hier unterstützend und begleitend wirken und erleichtern vor allem den nach einer Therapie denkbaren Prozess der Reintegration in die Schule.
- *Latente Verweigerung*
  Es ist schwer, Kindern und Jugendlichen Unterstützung anzubieten, die eine Auseinandersetzung mit ihren Problemen vermeiden, indem sie diese umdeuten, indem sie sich z.B. in eine Krankheit „flüchten" oder mit scheinbar unverhältnismäßigen Reaktionen auf Schwierigkeiten reagieren. Eine Grundbedingung dafür, gangbare Wege im Rahmen des Möglichen aufzeigen zu können ist der Versuch, die Perspektive dieser Schülerinnen und Schüler zum Ausgangs-

punkt zu nehmen. Unterstützende Faktoren könnten Angebote systematischer Lernförderung sein, z.B. eine Systematisierung problemorientierten Förderunterrichts im Sinne von Förderwerkstätten (vgl. u.a. Mölle, 1996). Aber auch der Aufbau einer vertrauensvollen Beziehung in der Schule kann dabei helfen, massiven latenten Verweigerungen vorzubeugen. Schülerinnen und Schülern bei Krankheit und anderer entschuldigter Abwesenheit Arbeitsaufgaben zu übertragen, fördert den Kontakt zur Schule in Zeiten der Abwesenheit, verringert die Attraktivität einer möglichen latenten Verweigerung und erleichtert den Anschluss an den Lernprozess bei Rückkehr in die Schule.

- *Schulunlust*
  Das Erleben von Überforderung und Versagen im Zusammenhang mit Lern- und Leistungsansprüchen kann zu immer stärkerer Vermeidung von schulischen Anforderungen und sinkender Anstrengungsbereitschaft führen. Mit solchen Problemen müssen sich die meisten Schülerinnen und Schüler auseinander setzen. Zur primären Prävention gehören der Aufbau und die Stärkung ihrer Lernbereitschaft und die Überwindung von passiven und aktiven Lernblockaden im Unterricht. Wenn der Besuch der Schule nicht als selbstverständliche, unhinterfragbare Pflicht angesehen wird, wenn Lehrerinnen und Lehrer sich die Mühe machen, um die Anwesenheit und Aufmerksamkeit der Kinder und Jugendlichen zu werben, geht es auch um die Attraktivität von Unterricht, um die Attraktivität von Schule als Lern- und Lebensort, um die Lust, in der Schule zu sein und Spaß am Lernen zu erleben. Projektorientierter Unterricht, Lernortverlagerung, Gemeinwesenarbeit, soziale Integration der Schule in die Lebenswelt der Schüler sind nur einige Stichworte für solche Gestaltungen von Schule und Unterricht. Beispiele für die pädagogische Ausgestaltung, aber auch für die Schaffung struktureller Rahmenbedingungen, z.B. „die Dezentralisierung von Entscheidungsstrukturen im Sinne der Stärkung von Selbstverwaltung und Selbständigkeit auf der Schulhausebene“ (Opp u.a., 1999), finden sich vor allem in der aktuellen Literatur zur Schulqualitätsentwicklung (vgl. u.a. Fend, 1998).
- *Sozial- oder leistungsbezogene Schulaversion*
  Entwickeln Schülerinnen und Schüler Aversionen gegen Mitschülerinnen/ Mitschüler und/ oder Lehrerinnen/ Lehrer, kann auch dies ein Grund dafür sein, dass sie der Schule fern bleiben. Sie erleben sich als Unverstandene, als Außenseiter, als Ausgegrenzte. Schuldzuschreibungen, Appelle an einen vernünftigen Umgang miteinander oder Mahnungen, sich einzufügen, werden wenig Veränderung bewirken. Verständnisvolle Pädagoginnen und Pädagogen, die bereit sind, sich auf einen langwierigen Prozess einzulassen, können das Kind oder den Jugendlichen dabei unterstützen, die entwickelten Abneigungen soweit abzubauen, dass die Schule wieder als akzeptabler sozialer Ort angenommen werden kann. Kontinuierliche unspektakuläre Maßnahmen zur sozialen Integration (wie z.B. aufgabenbezogene Partnersysteme) einerseits und Maßnahmen zur Stärkung des Selbstwirksamkeitserlebens (z.B. die Übertragung von Verantwortung) andererseits scheinen angemessene Interventionsstrategien.
  Bei Lernschwierigkeiten sollten frühe Lernhilfen, systematischer Förderunterricht sowie individualisierende und differenzierende Unterrichtsmethoden, die auch der Verminderung von Leistungsangst dienen, in das Blickfeld pädagogi-

scher Überlegungen rücken, um leistungsbezogene Schulaversion oder Schulunlust zu vermeiden. Hat ein Kind oder ein Jugendlicher erst einmal eine leistungsbezogene Schulaversion aufgebaut, scheinen intensive individuelle Lernhilfen, auch integrative sonderpädagogische Förderung angebracht. Sonderpädagogische Beratungsstellen oder Förderzentren können für diese Arbeit als Partner gewonnen werden.

Bei Schulverweigerung

Gemeinsame Weiterbildungen zu angemessenen Managementstrategien bei Schulverweigerungen können dazu beitragen, das Handlungsrepertoire der Pädagoginnen und Pädagogen zu erweitern. Verweigern sich Kinder und Jugendliche aktiv und mehr oder weniger bewusst dem schulischen Lernen, kann sich angemessenes Management in der unmittelbaren Reaktion der Pädagogin/ des Pädagogen (so schnell als möglich die Gründe für die Abwesenheit erfragen und zum Schulbesuch auffordern, z.B. Anruf in der Pause, Aufsuchen am Nachmittag, Benachrichtigung der Eltern), in aufmerksamer Zuwendung und Verstärkung von Anwesenheit oder auch in Sanktionen bei Abwesenheit in Verbindung mit Hilfsangeboten ausdrücken. Angemessenes pädagogisches Management bedarf allerdings auch entsprechender Bedingungen, wie z.B. verbindliche Rahmenregelungen mit Erlasscharakter, pädagogische Handlungsspielräume und die Einschränkung bürokratischer Hürden auf ein unbedingt notwendiges Minimum.

- *Schulmüdigkeit und allgemeine Schulaversion*
  Manchen Schülerinnen und Schülern fehlt die Motivation für einen regelmäßigen Schulbesuch, weil sie die Schule für sich als sinnlos erleben – sei es, weil sie sich unterfordert oder nicht angesprochen fühlen, weil sie überaltert sind oder durch häufige Schulwechsel den Anschluss verloren haben, sei es aus einer Verbindung von Überforderungen durch die Anforderungen schulischen Lernens mit sozialen Problemen in der Schule. Das heißt jedoch nicht, dass sich diese Jugendlichen dem systematischen Lernen völlig verschließen. Einigen von ihnen fehlen die Alternativen, andere suchen geradezu nach Lernmöglichkeiten in praktischen Bereichen bzw. in ihrem aktuellen Lebenskontext und entwickeln dabei erstaunliche Fähigkeiten und Fertigkeiten. Angemessene Lernalternativen an anderen Lernorten, wie z.B. die Vorbereitung auf eine Nichtschülerprüfung oder Fernschulprojekte wie Flex (vgl. www.flex-fernschulprojekt.de) ermöglichen diesen Jugendlichen schulisches Lernen, das ihrer Lebenssituation entspricht, und geben ihnen die Chance, einen schulischen Abschluss zu erwerben.
- *Schulverdrossenheit*
  Treten Kinder und Jugendliche in einen bewussten Widerstand gegen Schule, z.B. als Reaktion auf erlebte Angriffe gegen ihr Selbstwertgefühl bei Schulversagen, auf wahrgenommene Ungerechtigkeit oder Ausschluss, so zeigen sie mit diesem Verhalten Eigeninitiative. Um diese im Sinne einer Eigenverantwortung der Schülerinnen und Schüler für ein schulisches Lernen zu nutzen, bedarf es manchmal unkonventioneller lösungsorientierter Interventionsstrategien. Ver-

träge mit individuellen Vereinbarungen dokumentieren die Verbindlichkeit eines solchen Prozesses für alle Beteiligten. Elemente der Vorbereitung eines solchen Vertrages sollten sein (unter Anlehnung an Ricking & Neukäter 1998):

- Alle beteiligten Personen
  Kind/ Jugendlicher, Pädagoginnen und Pädagogen, andere Professionelle, relevante Bezugspersonen (Eltern, Freundin/ Freund)
- Das Problemverhalten
  Formulierung des Problems aus der Perspektive aller Beteiligten, Beschreibung des aktuellen problembezogenen Verhaltens aller Beteiligten und dessen Ursachen aus jeweils eigener Sicht
- Zielverhalten
  Unterschiedliche Meinungen erfassen, Diskussion und Einigung im Dissens, konkrete Beschreibung des Zielverhaltens
- Neuregelung des Verhaltens
  Beschreibung notwendiger und möglicher Verhaltensweisen aller Beteiligten, damit das vereinbarte Zielverhalten langfristig dauerhaft erreicht werden kann
- Motivierende Verstärker
  Auflistung von Wünschen (Tätigkeiten, Dinge) des Kindes/ Jugendlichen, Akzeptanz und Umsetzbarkeit der Wünsche prüfen, Verhältnis von Zielverhalten und Verstärkern festlegen
- Sanktionierende Verstärker
  Auflistung von Sanktionsmöglichkeiten, Akzeptanz und Durchsetzbarkeit der Sanktionen prüfen, Verhältnis von Vertragsbruch und Sanktionen festlegen
- Regeln und Zeitstruktur bestimmen
  Dauer des Vertrages, Regelungen zur Prüfung der Vertragseinhaltung, Ort und Zeit regelmäßiger Treffen, Modalitäten für Vertragsänderungen festlegen

„Verträge wie diese haben erwiesenermaßen bei Schulabsentismus eine relativ hohe Effizienz, weil sie alle Beteiligten als gleichwertige Vertragspartner einbeziehen, der Problemkomplexität durch eine individuelle Ausformung des Vertrages Rechung tragen, die Selbststeuerungsfähigkeit des Probanden ansprechen und von Lehrkräften ohne sonderlichen Zeitaufwand implementierbar sind“ (Ricking & Neukäter 1998, S. 31).

(2) Unabhängig von Schule existierende Formen der Prävention und Intervention

Bei Sozialer Affiliation

Wenn Lehrerinnen und Lehrer wesentliche Bedingungen für das Fernbleiben von der Schule im Elternhaus oder bei Freunden des Kindes oder des Jugendlichen wahrnehmen, wird häufig darauf hingewiesen, dass in diese Bereiche von der Schule aus nur in begrenztem Umfang eingegriffen werden kann. Viele der von uns befragten Lehrkräfte verwiesen auf die Verantwortung und die Angebote der Kinder- und Jugendhilfe, einige von ihnen mit der Forderung nach einer Trennung der Schülerin/ des Schülers vom Elternhaus oder dem Freundeskreis.

Alle von uns interviewten Kinder und Jugendlichen, die Erfahrungen mit familienersetzenden Maßnahmen oder Trennungen durch stationäre Therapien hatten, erlebten diese ambivalent. Darüber hinaus thematisierten fast alle Befragten die eigene Familie und/oder die Freundinnen und Freunde als hilfreich, auch wenn die Familiensituation als sehr schwierig und/oder die Aktivitäten im Freundeskreis als nicht sozial erwünscht dargestellt wurden.

Wenn Elternhaus und Freundeskreis gerade auch für schulabsente Kinder und Jugendliche eine so große Bedeutung haben, scheint der Einbezug wichtiger Bezugspersonen – trotz aller Probleme – ein wesentlicher Aspekt pädagogischer Präventions- und Interventionsangebote zu sein.

- *Halt durch Familie*
  Einige Kinder und Jugendliche gehen nicht oder nicht regelmäßig in die Schule, weil sie in ihrer Familie einen Halt erleben, der wichtiger ist als die Schule. Bei ihrer Suche nach Orientierung übernehmen sie die alternativen Lebensstile – „Ökos, Alternative, Leute mit staatsfernen pädagogischen Ideen" (Strassmann, 2001) – oder traditionelle Perspektiven ihrer Eltern – ‚Vater ist auch ohne Schule was geworden', ‚Die Frau als Hausfrau und Mutter'. Versuche, gegenseitige Akzeptanz und Verständnis füreinander zu erreichen sowie verbindliche Vereinbarungen zwischen Pädagoginnen/ Pädagogen und Eltern zu treffen, scheinen ein Weg zu sein, diesen Kindern und Jugendlichen den Zugang zum schulischen Lernen zu erleichtern. Eltern nicht nur anlass- und problembezogen in das Geschehen in der Schule einzubeziehen, sondern um sie als Partner im Prozess der Gestaltung des Schullebens zu werben, wird dieses Ansinnen unterstützen. Für viele Kinder und Jugendlichen, zu deren Lebenskontext familiäre Probleme – Normkonflikte, Vernachlässigungen, Gewalt, Ausschluss, Verlusterfahrungen – gehören, bleibt die Familie dennoch ein wichtiger Bezugspunkt, den Schule zu wenig berücksichtigt. „Wir sind daran gewöhnt, unsere erzieherische und unterrichtende Arbeit unter Zielvorstellungen der Integration, der Anpassung und der Reparatur zu leisten. Wir orientieren uns dabei daran, so gut es geht, unsere Schüler so unauffällig wie möglich zu machen, wir wollen verhindern, daß sie herausfallen aus den üblichen Standards der Lebensgestaltung. [...] Nur selten und vor allem nicht radikal genug machen wir uns klar, wie weit wir und unsere Lebenswelt von dem entfernt sind, was als Lebenswirklichkeit unsere Schüler erwartet bzw. jetzt schon bestimmt" (Hiller, 1994, S. 25). Pädagogische Angebote, die das Ziel haben, personale Integration zu stärken, müssen die Lebenswelt der Kinder und Jugendlichen berücksichtigen. Grundlage dafür wären ernsthafte Versuche, diese Lebenswelt aufzusuchen und deren Besonderheiten und Belastungen kennen zu lernen.
- *Entscheidung für Gruppennorm*
  Wenn der Schulabsentismus als Ausdruck der Entscheidung für geltende Normen in der Peer Group gilt, scheint eine von Eltern und/ oder Pädagoginnen/ Pädagogen angestrebte Trennung von der Gruppe für Kinder und Jugendliche selten akzeptabel, weil diese als wichtiger sozialer Halt erlebt wird. Versuche die Schule zu öffnen, sie zu einem akzeptablen Ort für Kinder und Jugendliche

im Wohnumfeld werden zu lassen, können auch einen neuen Zugang zum Lernen in der Schule eröffnen. Attraktive Alternativen wie Gruppen- und offene Freizeitangebote am Ort und im Umfeld der Schule, die das Jetzterleben der Kinder und Jugendlichen berücksichtigen, stärken das Gemeinschaftserleben und können die Suche nach sozialer Akzeptanz unterstützen.

Bei sozialer Desintegration

Der Verlust von Orientierung und Halt und die Suche nach einem Ausgleich scheinen für viele Kinder und Jugendliche ein ganz wesentlicher Aspekt für die Abkehr von Schule zu sein. „Die Labilisierung der Existenzbedingungen schafft Motivations- und Legitimationsprobleme in den Schulen. Gesamtgesellschaftliche Desintegrationsprozesse und der Zwang, innerhalb pluralisierter Lebensformen eigene Normen und Strukturen zu definieren, verändern auch das Bindungs- und Beziehungsgefüge als zeittypisches Phänomen. Der normative Orientierungsverlust und die Entstrukturierungstendenzen innerhalb der primären Sozialisationsinstanz Familie sind eng gekoppelt an einen Statusgewinn in der Peer-Group“ (Warzecha, 2000, S. 5). Führen Prozesse sozialer Desintegration im Leben von Kindern und Jugendlichen zu einer nahezu vollständigen Irrelevanz von Schule, bedarf es in enger Kooperation mit Angeboten der Kinder- und Jugendhilfe alternativer schulischer Lernangebote, um diesen den Zugang zum schulischen Lernen offen zu halten und nicht dauerhaft zu verschließen.

- *Lebensbewältigung*
  Unterstützung für Kinder und Jugendliche, deren Alltag geprägt ist von den Zumutungen früher selbstständiger Lebensführung und der notwendigen Sicherung der eigenen physischen Existenz, können verschiedene Formen lebensweltorientierter alltagsbegleitender Hilfen sein (vgl. Hiller, 1997, S. 259ff.):
  1. Kontaktaufnahme
  2. Die Jugendlichen umwerben
  3. Alltagsbegleitung anbieten – Enttäuschungen hinnehmen – abwarten können, bis Vertrauen entsteht
  4. Unterstützen und Gegenwirken oder als „Mediator“ zwischen Experten und Jugendlichen
  5. Nachgehen – nicht allzu lange warten – unkonventionell helfen
  6. Telefon, Anrufbeantworter, Computer, Aktenverwaltung als Bindemittel
  7. warten können – oder was lange währt ...
  8. Verträge schließen

  Hiller geht dabei davon aus, dass die Lebenspraxis ein Bündel notwendiger Kompetenzen erfordert. Jeder von uns hat unterschiedliche Kompetenzen in den verschiedenen Lebensbereichen/Teilkarrieren – Ausbildung, Beschäftigung, Arbeitslosigkeit; Finanzen; Legalität; Soziale Beziehungen und soziales Netz; Gesundheit; Zeitnutzung; Zivilkompetenz und Aufenthalt/Wohnung – entwickelt, und so können Jugendliche und Alltagsbegleiter voneinander in einem Prozess des Co-Management von Teilkarrieren lernen.

Einen Teilaspekt lebensweltorientierter Hilfen können schulalternative Lernangebote darstellen, die sich den Lebensbedingungen von Kindern und Jugendlichen anpassen und an deren vorhandene Kompetenzen und Kenntnisse anknüpfen.

- *Ersatzbefriedigung*
  Kinder und Jugendliche, die versuchen, ihre widrigen Lebensumstände zu kompensieren, scheinen die Schwierigkeiten, die sich für sie aus den jeweiligen Ersatzbefriedigungen ergeben, eher zu ignorieren. Umfassende sozialpädagogische Unterstützungs- und alternative Lernangebote werden von diesen Kindern und Jugendlichen aufgrund des fehlenden Problembewusstseins häufig abgelehnt oder abgebrochen. Den einzigen Zugang finden oft Sozialarbeiterinnen und Sozialarbeiter in niederschwelligen Projekten, die die Lebensweise der Kinder und Jugendlichen akzeptieren und permanent Aufenthalt und individuelle Beziehungen anbieten. Ein Beispiel aus dem Schirm-Projekt in Halle/S.: „Es ist gelungen, die Kinder, allesamt zwischen 9 und 13 Jahre alte Schulschwänzer, ins Schirm-Projekt zu holen. In der Zufluchtstätte für Straßenkinder in der Nähe des Bahnhofs werde seit ein paar Tagen versucht, nach und nach den Kontakt zu finden" (Pohle, 2000).
  Die Komplexität der Probleme und die Schwierigkeiten der Akzeptanz von Hilfen verweisen auf die Notwendigkeit der Früherkennung und frühzeitiger Hilfen. „Das ‚neue' Bundesland Sachsen-Anhalt hat im Spektrum bundesweiter Entwicklungen einen eigenen Weg der Grundschulreform eingeschlagen: Ein flexibler Schulanfang kann einzelnen Schulen auf Antrag bewilligt werden. Feste Öffnungszeiten werden landesweit an allen Grundschulen gemeinsam mit Beginn des Schuljahres 2001/2002 eingeführt" (Prengel, Geiling & Carle 2001, S. 7). Mit diesen strukturellen Reformen der Grundschule ist eine Basis für „pädagogische Reaktionen auf die Verschiedenheit der Kinder, die zur Schule kommen (Prengel 1999), und auf die Notsituationen geschaffen worden, in denen manche dieser Kinder sich befinden" (Geiling 2000 in: Prengel, Geiling & Carle 2001).
- *Schwänzen*
  Ähnlich schwierig gestaltet sich der Zugang zu den Kindern und Jugendlichen, die ihr Fernbleiben von der Schule lediglich mit „Null Bock" oder „Keine Lust" begründen können; vielleicht weil ihnen ihre Lebensperspektive so aussichtslos erscheint oder ihre Lebensprobleme so komplex geworden sind, dass sie sich mit ihrer Lebenssituation nicht mehr auseinander setzen und nur noch in den Tag leben. Für diese Kinder und Jugendlichen scheinen in ihrer aktuellen Lage Versuche der Reintegration in die Schule kaum akzeptabel und dauerhaft zu realisieren. Im Fokus pädagogischer Bemühungen sollten deshalb der Aufbau von sozialen Beziehungen, soziale Gruppenangebote und alternative Lernangebote stehen.

Prävention und Intervention in Kooperation

Den zahlreichen Schwierigkeiten von und mit Kindern und Jugendlichen, die sich auch in ihrem schulischen Umfeld zeigen, ist nur sehr eingeschränkt mit ausschließlich schulischen Bewältigungsstrategien zu begegnen. Zur Lösung der vielfältigen Probleme werden kreative, individuelle Hilfestellungen durch Schule und Jugendhilfe verlangt, deren Planung und Realisierung in allen Phasen die Zustimmung und die aktive Beteiligung der Betroffenen einschließt, sowie die in den individuellen Lebensfeldern vorhandenen Ressourcen berücksichtigt (vgl. Braun & Wetzel 1998). Kooperationsbereiche von Schule und Jugendhilfe sind in diesem Sinne Jugendsozialarbeit, Jugendarbeit in der Schule, das sozialpädagogische Handeln der Jugendhilfeträger im Bereich der schulischen und beruflichen Ausbildung, Eingliederung in die Arbeitswelt und „insgesamt die soziale Integration sozial benachteiligter oder individuell beeinträchtigter junger Menschen. [...] Es geht darum, Konflikte, Probleme und Notlagen sowie defizitäre Lebensbedingungen zu erkennen, als Ansprechpartnerinnen und Ansprechpartner zur Verfügung zu stehen und gegebenenfalls vorbeugende Angebote und Maßnahmen sowie fallbezogene Hilfen und Unterstützungsangebote bereitzustellen“ (SVBl, LSA Nr.3/98, S. 81). Die Möglichkeiten der Kooperation pädagogischer Hilfen im schulischen, sozialpädagogischen und lebensweltlichen Kontext sind vielfältig und lassen sich in ihrer Bandbreite nur beispielhaft benennen:

- Kollegiale Fallbesprechungen, Teamberatungen, gemeinsame Fort- und Weiterbildungen von Lehrerinnen und Lehrern sowie Sozialpädagoginnen und -pädagogen
- Pädagogische Mitarbeiter im Unterricht
- Sozialpädagogische Einzelfallhilfe, Beratung von Schülerinnen und Schülern, Lehrerinnen und Lehrern sowie Eltern, Gruppenarbeit, Freizeitangebote und Gemeinwesenarbeit im Rahmen von Schulsozialarbeit und Schulstationen
- Unterstützung durch Schul-, Schulverwaltungs-, Jugend-, Sozial-, Gesundheits- und Ordnungsamt sowie Gemeindeverwaltung und Justiz
- Lernwerkstätten am Ort der Schule sowie unterrichtsergänzende und unterrichtsersetzende regionale Lernzentren z.B. an sonderpädagogischen Beratungsstellen
- Integrative schulische Erziehungshilfe im Rahmen von Förderunterricht, Förderklassen, Integrationsklassen oder Ambulanzlehrkräften zur Integration in Regelklassen
- Begleitende Stützsysteme durch Familie, Alltagsbegleiter oder mobile Erziehungshilfen
- Ambulante Hilfezentren, die Beratung in verschiedenen Problemlagen bieten und Hilfen koordinieren können
- Angebote der offenen Jugendarbeit und Jugendsozialarbeit
- Sozialpädagogische Familienhilfe, Tagesgruppen und Angebote sozialer Gruppenarbeit
- Kinder- und Jugendheime sowie andere sozialpädagogische Wohnformen
- Berufsberatung und Berufshilfen
- sowie andere Projekte von Industrie, Handwerk, Kultur und Kunst

Die Probleme von und mit schulabsenten Kindern und Jugendlichen scheinen eine intensive Kooperation insbesondere zwischen Schul- und Sozialpädagogik nahe zu legen. Die Möglichkeiten dafür sind gegeben. Vergleicht man die Praxis dieser Kooperation mit dem Wünschenswerten, stößt man auf eine große Kluft. Zwischen Schul- und Sozialpädagogik lassen sich Interaktionsformen von intensiver Kooperation bis zur harten Konfrontation feststellen. Die Chancen einer intensiven Kooperation ergeben sich aus Gemeinsamkeiten, mögliche Probleme aus Unterschieden auf den verschiedenen Ebenen (vgl. Hartke 2000):

- *Aufgaben*
  Schule und Jugendhilfe haben sowohl eine bildungspolitische Kompensationsfunktion als auch eine sozialpolitische Unterstützungsfunktion zu erfüllen. Lehrerinnen/ Lehrer und Sozialpädagoginnen/ -pädagogen sehen ihre Aufgaben in der individuellen Förderung von Kindern und Jugendlichen. Sie wollen mit erzieherischen Hilfen verschiedener Intensität deren personale und soziale Integration unterstützen. Probleme der Kooperation können sich einerseits aus einer starken Orientierung an der Lernförderung, andererseits aus der konsequenten Orientierung der Hilfen an der Mitwirkung und Zustimmung der Betroffenen und dem Rechtsanspruch der Eltern auf Erziehung ergeben.
- *Handlungsansätze*
  Es geht um die gemeinsame Förderung von „Problemkindern und –jugendlichen". Parallelen in den Förderansätzen lassen sich durch Prinzipien wie Wohnortnähe, Individualisierung, Flexibilität und Integration beschreiben. Ähnliche Handlungsansätze ergeben sich durch die Hilfen und besondere Förderbedürfnisse aufgrund komplexer Problemlagen in gestörten Person-Umwelt-Systemen, die Entwicklungsbeeinträchtigungen und erschwerte individuelle und soziale Bedingungen mit sich bringen.
- *Rechtlicher Rahmen*
  Das Kinder- und Jugendhilfegesetz beschreibt in einigen seiner Paragraphen die Kooperationsanforderung auch mit der Schule, im § 13 Jugendsozialarbeit, im § 27ff Hilfen zur Erziehung, im § 78 Berücksichtigung der Schule bei der Jugendhilfeplanung und § 81 Kooperationsverpflichtung u.a. mit Schulen (vgl. Münder u.a., 1993). Auch die Schulgesetze der Länder, insbesondere Verordnungen zur Feststellung des sonderpädagogischen Förderbedarfs und Verordnungen und Richtlinien für ambulante und integrative schulische Förderung fordern eine solche Kooperation. Allerdings fehlt es vielerorts an konkreten Durchführungsbestimmungen, die Orientierungssicherheit und pädagogische Handlungsspielräume ermöglichen.
- *Organisation*
  Schulentwicklungsplanung und Jugendhilfeplanung können die Entstehung von regionalen Netzwerken fördern, die gemeinsame Rahmenkonzeptionen der Förderangebote von Schule und Jugendhilfe erarbeiten. Statische Systemverbindungen mit eng definierten Zielen und Handlungsspielräumen, die Verschiedenheit von Institutionen und Organisationsformen sowie verschwommene Aufgabenprofile erschweren einen solchen Prozess.
- *Arbeitsformen*
  Die Entwicklung von regionalen zielgruppenorientierten Schulkonzepten und Jugendhilfeprojekten mit Personen- und Umweltorientierung schafft mehr Freiheitsgrade und ermöglicht konkrete Kooperationsabsprachen. Erschwerend

können sich fehlende systematische Rückkopplungen und Evaluation auswirken.

- *Profession*
  Auf der personalen Ebene können Lehrerinnen/ Lehrern und Sozialpädagoginnen/ – pädagogen ihre berufspezifischen und individuellen Fähigkeiten und Interessen in die Kooperation einbringen. Das erleichtert es, die Komplexität des Hilfebedarfs durch das Einbringen unterschiedlicher Perspektiven zu erfassen und konkrete Arbeitsteilungen entsprechend der beruflichen Qualifikation und der sich ergänzenden Fähigkeiten vorzunehmen. Dafür bedarf es gegenseitigen Verständnisses für die Ziele, Methoden und Ansprüche des Kooperationspartners sowie gegenseitiger Informationen über Handlungsmöglichkeiten und Grenzen. Abbrüche können durch gegenseitiges Missverstehen und durch Schuldzuweisungen provoziert werden.

Praktische Beispiele für Realisierungsmöglichkeiten und -grenzen solcher und anderer präventiver und interventiver Hilfen für Kinder und Jugendliche, die nicht mehr oder nicht mehr regelmäßig in der Schule lernen, gibt es auch in Sachsen-Anhalt. Entsprechende Erfahrungen konnten Lehrerinnen und Lehrer sowie Sozialarbeiterinnen und Sozialarbeiter in einer Arbeitsgruppe austauschen, die sich im Rahmen der sehr gelungenen Fachtagung des Bundesmodellprojektes „Zentrum für alternatives Lernen“ Schönebeck im November 2001 zusammen fand. Solche Foren können Mut machen in einem schwierigen pädagogischen Alltag, in dem konstruktive kreative Antworten auf die Frage: ‚Was kann Schule in ihrer pädagogischen Verantwortung gegen Schulabsentismus tun?‘ manchmal verloren gehen.

Literatur

Braun, K.-H. und Wetzel, K. (1998). Schulsozialarbeit, kompensatorische Aufgaben von Schule, Ausgleich sozialer Ungleichheiten beim Bildungswettbewerb. In: Schule mit Zukunft, Bildungspolitische Empfehlungen und Expertisen der Enquete-Kommission des Landtages Sachsen-Anhalt. Opladen: Leske + Budrich, S. 285-322.

Fend, H. (1998). Qualität im Bildungswesen, Weinheim und München: Juventa.

FLEX – Fernschulprojekt. Lernhilfe für junge Menschen, die nicht in einer Schule lernen. www.flex-fernschulprojekt.de

GVBl. LSA Nr.25/1991. Gesetz zur Ausführung des Kinder- und Jugendhilfegesetzes/ Ag KJGH.

Hartke, B. (2000). Jugendhilfe und Schule. In: Zeitschrift für Heilpädagogik, 2, S.56-63.

Hiller, G.G. (1994). Ausbruch aus dem Bildungskeller, Langenau – Ulm: Armin Vaas Verlag.

Hiller, G.G. (1997). Tarik – oder wer profitiert von wem? In. Heimlich, U. (Hrsg.) Zwischen Aussonderung und Integration. Neuwied, Kriftel, Berlin: Luchterhand, S. 248-267.

Mölle, R. (1996). Förderwerkstatt ein Übungsfeld für Kooperation. In: Hasemann, K. und Meschenmoser, H. (Hrsg.). Pädagogik in Kooperation. Zur Prävention und Reduktion von Verhaltensproblemen. Baltmannsweiler: Schneider, S.151-172.

Münder, J. u.a. (1993). Frankfurter Lehr- und Praxiskommentar zum KJHG, 2. überarbeitete Auflage. Münster: Votum.

Opp, G. u.a. (1999). Leitfaden und Leitfragen zur Qualitätsentwicklung für Schulen zur Erziehungshilfe. Halle/S.: Druckerei John.

Opp, G., Helbig, P., Speck-Hamdan, A. u.a. (1999). Problemkinder in der Grundschule; Studientexte zur Grundschulpädagogik und -didaktik. Bad Heilbrunn: Klinkhardt.

Pohle, H. (2000). Schulschwänzer von der Straße ins Schirm-Projekt geholt. In: Mitteldeutsche Zeitung vom 22.02.2000.

Prengel, A., Geiling, U. und Carle, U. (2001). Schulen für Kinder. Flexible Eingangsphase und feste Öffnungszeiten in der Grundschule. Bad Heilbrunn: Klinkhardt.

Ricking, H. und Neukäter, H. (1998). Schulabsentismus im Rahmen einer ökologischen Erziehungswissenschaft -heuristisches Modell und Intervention. In: Die neue Sonderschule, 43, S. 20-38.

SVBl, LSA Nr.3/98. Richtlinie über die Gewährung von Zuwendungen zur Förderung der Zusammenarbeit von Schule und Jugendhilfe; Schulsozialarbeit in Sachsen-Anhalt.

Seidel, M. (1997). Eine „Insel in der Schule" – Möglichkeiten des sozialen Lernens in einer Schulstation. In: Hasemann, K. und Meschenmoser, H. (Hrsg.): Pädagogik in Kooperation. Zur Prävention und Reduktion von Verhaltensproblemen. Baltmannsweiler: Schneider, S. 86-90.

Strassmann, B. (2001). Unbegrenzt Ferien. In: Die Zeit Nr.34 vom 16.08.2001.

Walker, J. (1995). Gewaltfreier Umgang mit Konflikten in der Sekundarstufe 1, Spiele und Übungen. Frankfurt/ M.: Cornelsen.

Warzecha, B. (2000). Vorwort. In: Warzecha, B. u.a. (Hrsg.). Lehren und Lernen an der Grenze. Hamburg: UT-Verlag, S. 5-10.

Titus Simon

Empirische Befunde zu Fragen der Schulverweigerung

1. Zum Stellenwert der vorgenommenen Erhebung

Das Bundesmodellprojekt Zentrum für Alternatives Lernen (ZAL) wurde mit dem Ziel in der Kreisstadt Schönebeck/Elbe implementiert, im Rahmen einer Pilotphase neue Wege in der Arbeit mit Schulverweigerern zu entwickeln und in der Praxis zu erproben. Das Projekt wurde im Zeitraum zwischen 1998 und 2001 vom Verfasser dieser Studie bei der Entwicklung und Umsetzung von Konzepten zur Arbeit mit Schulverweigerern begleitet. Vor dem Hintergrund der Ende 2001 ausgelaufenen Modellphase dient die vorliegende Erhebung zur Beschreibung von Sichtweisen von Schülern und Multiplikatoren sowie zur Dokumentation von Entwicklungsverläufen. Es wird dabei sichtbar, daß es sich bei Schulverweigerung um ein weit verbreitetes Phänomen mit allerdings sehr verschiedenartigen Ausprägungen und Intensitäten handelt. Ferner werden Hinweise zu den Lebensverhältnissen von 12-16jährigen Kindern und Jugendlichen gegeben, und es wird deren Sicht über Schule vermittelt. Daran anknüpfend wird der Frage nachgegangen, in welchem Umfang das Fernbleiben vom Unterricht zum Alltagshandeln der Schüler und Schülerinnen gehört. Nach Abschluß der praktischen Arbeit des Zentrums für Alternatives Lernen Schönebeck konnten ein Teil der Absolventen sowie deren Eltern befragt werden.

2. Erhebungsinstrumente

Im Rahmen der Realisierung der vorliegenden Untersuchung wurde folgendes Erhebungsdesign umgesetzt:

- Zu den Freizeitinteressen sowie zu den Nutzergewohnheiten in den Sektoren Vereinstätigkeit, Jugendverbandsarbeit und offene Jugendarbeit sowie zum Verhältnis der Kinder und Jugendlichen zur Schule wurde ein vierseitiger Fragebogen entwickelt, mit welchem 520 Kinder und Jugendliche im Alter zwischen 12 und 16 Jahren in drei Schulen Schönebecks befragt wurden. In der hier vorgelegten zusammenfassenden Darstellung werden vor allem jene Befunde vorgestellt, die im engeren Sinne mit dem Milieu Schule sowie mit Fragen zur Schulverweigerung in Beziehung stehen. Hierzu wurde an einer Schule ein sogenannter „Pre-Test“ mit dem Ziel durchgeführt, die Angemessenheit und Verwendbarkeit des Fragebogens zu testen.

- Auf der Grundlage standardisierter Leitfragen wurden nachfolgend Interviews mit Experten bzw. Multiplikatoren geführt. Hierunter fallen Mitarbeiter des Kreisjugendamtes, der Stadt Schönebeck, Vertreter aus Schulen, der Schulbehörden und der Politik, Streetworker, Leiter und Leiterinnen von Jugendclubs.
- Mit elf vormaligen Schulverweigerern konnten nach Abschluß der Projektphase leitfragengestützte Interviews durchgeführt werden.
- In gleicher Weise konnten die Eltern von vierzehn Absolventen des ZAL befragt werden.

3. Ergebnisse der Befragung von 520 Schülerinnen und Schülern in Schönebeck

3.1 Zu Fragen der Herkunft und der Lebensumstände

Im Rahmen einer umfangreichen Erhebung wurden von 3 StudentInnen der Hochschule Magdeburg-Stendal 520 Schülerinnen und Schüler befragt, von denen die Mehrzahl zwischen 12 und 16 Jahren alt war. 512 (98,5%) stammten direkt aus Schönebeck, 8 Schüler kamen aus umliegenden Gemeinden. Der Anteil der Jungen dominierte zum Befragungszeitraum geringfügig. Bei den Befragten handelte sich um Schüler und Schülerinnen der Klassenstufen 6 bis 9. Mit der Ausnahme eines kurdischen Schülers handelte es sich ausnahmslos um deutsche Kinder und Jugendliche. Dem Umstand, daß nichtdeutsche Kinder und Jugendliche unter Schülern und Schülerinnen Ostdeutschlands kaum vertreten sind, sind wir bereits in mehreren Erhebungen begegnet, die wir in Sachsen-Anhalt im Kontext von Jugendhilfeplanungen im Auftrag der öffentlichen Träger der Jugendhilfe durchgeführt haben.

23,1% der befragten Schülerinnen und Schüler wachsen als Einzelkinder auf, dieser Wert liegt unter dem anderer Gebiete in Sachsen-Anhalt. Zurückzuführen ist dies mit Sicherheit auch auf die kleinstädtischen Lebensverhältnisse, in welchen traditionell der Anteil von Einzelkindern geringer ist. Analog zu anderen statistischen Befunden dominiert mit rund 50,6% die Familie mit zwei Kindern.

Daß Mädchen und Jungen sich zu Hause mit ihren Freundinnen und Freunden treffen können, gehört zu den wichtigen Qualitätsmerkmalen des Aufwachsens. Die Quote von 96 Prozent liegt über anderen in Sachsen-Anhalt ermittelten Werten und entspricht den Ergebnissen von Untersuchungen in westdeutschen Gebietskörperschaften, was bemerkenswert ist, da wir aus der Stadtforschung wissen, daß die verfügbaren Wohnflächen in Westdeutschland noch immer über denen der neuen Bundesländer liegen.

Die geringe Zahl derer, welche sich nicht zu Hause mit Freunden treffen können, gab hierfür unterschiedliche Gründe an. 6 (1,2%) verwiesen auf das fehlende Einverständnis der Mutter oder der Eltern, 2 Schüler gaben an, keine Freunde zu haben. Weitere Einzelnennungen waren: „Kein aufgeräumtes Zimmer“, „Keine Zeit“, „Nur wenn jemand zu Hause ist“, „Wegen dem kleinen ‚nervigen‘ Bruder“,

„Man wird gehänselt, wenn man sich mit einer Freundin trifft“, „Wohnen zu weit weg“.

3.2 Die wichtigsten Freizeitaktivitäten

Freizeitaktivitäten von Kindern und Jugendlichen sind auf der einen Seite einem ständigen Wandel unterworfen. Modische Trends, die stilbildenden Einflüsse von Altersgleichen sowie technische Entwicklungen haben markante Einflüsse. War beispielsweise noch vor wenigen Jahren das Computerspiel nur bei 20% aller Jungen und lediglich bei 8% aller Mädchen beliebt, so wird an der Schönebecker Untersuchung erkennbar, wie rasch sich der Ausstattungsgrad und damit die Zugänge sowie die Beliebtheit verändert haben. Jungen und Mädchen haben unterschiedliche Vorlieben. Die drei meist genannten Freizeitaktivitäten (Freunde treffen, Musik hören, Fernsehen) sind zwar dieselben, allerdings stellt sich die Reihenfolge bei Mädchen und Jungen anders dar.

Musik hören und Lesen sind „klassische“ Formen, die immer noch einen hohen Stellenwert haben. Beide Tätigkeiten sind bei Mädchen noch beliebter als bei Jungen. Computer spielen, Internet surfen und Skating sind neue, marktvermittelte Freizeitaktivitäten, die einen starken Zuwachs erfahren haben.

„Freunde treffen“, „Musik hören“ und „Fernsehen“ sind – wie erwähnt – die meist genannten Freizeitaktivitäten, was sich mit den Ergebnissen anderer Studien deckt. Interessant ist, daß nahezu so viele Schüler und Schülerinnen „Sport ohne Verein“ als Freizeitaktivität angeben als solche, die „Sport im Verein“ praktizieren.

Das politische Engagement liegt – wie bei sechs Studien mit in Teilen ähnlicher Konzeption – mit 1,7% am Ende aller Nennungen.

Tabelle 1: Was machst Du in Deiner Freizeit?*

	Fälle	Antworten als Spalten%
Billard	64	12,3%
Computer	323	62,1%
Internet	96	18,5%
Fahrrad	287	55,2%
Faulenzen	271	52,1%
Fernsehen	398	76,5%
Sport im Verein	168	32,3%
Schwimmbad	230	44,2%
Kneipe	47	9,0%
Lesen	108	20,8%
Freunde treffen	433	83,3%
Musik hören	395	76,0%
Politik	9	1,7%
Reiten	27	5,2%
Musik machen	52	10,0%
Skating	98	18,8%
Spielen	114	21,9%
Tanzen	144	27,7%
Videos ansehen	223	42,9%
Sport außerhalb des Vereins	122	23,5%
Sonstiges	47	9,0%
Gesamt	520	703,1%

* Mehrfachnennungen waren möglich

Unter den sonstigen Nennungen waren „Tierhaltung“ 5 (1,0%) und „Einkaufen“ 4 (0,8%) die häufigsten.

3.3 Kommerzielle Freizeitangebote

Seit langem stehen offene, verbandliche und in Vereinen organisierte Jugendarbeit in Konkurrenz zu kommerziellen Freizeitangeboten, die speziell für Kinder und Jugendliche organisiert werden. Dieser Trend hat in den letzten 10 Jahren weiter zugenommen. Neben der Abschöpfung der zunehmenden Kaufkraft von jungen Menschen steht der Versuch im Vordergrund, künftige Kunden bereits im frühen Alter an das entsprechende Dienstleistungsangebot zu binden. Besonders ausgeprägt ist diese Tendenz bei Banken und Sparkassen.

Kommerzielle Freizeitangebote spielen auch für Jugendliche in Schönebeck eine Rolle, allerdings unterscheidet sich deren Bedeutung noch signifikant von der entsprechender Vergleichsgruppen.

3.4 Mitwirkung in Vereinen und Jugendverbänden

Vereins- und Verbandstätigkeit unterscheiden sich in den neuen Bundesländern immer noch von den Strukturen auf dem Gebiet der alten Bundesrepublik. Während das Vereinswesen eine kontinuierliche Entwicklung genommen hat – wobei Sportvereine stark dominieren – hat Jugendverbandsarbeit noch immer eine eher randständige Position. Die Auswertung der Fragebögen hat verdeutlicht, daß sich die Antworten fast ausschließlich auf Vereins- und nur in seltenen Fällen auf Verbandsarbeit beziehen.

Tabelle 2: Vereinsmitgliedschaft – geschlechtsspezifische Darstellung

		Geschlecht				Gesamt	
		weiblich		männlich		Anzahl	Spalten%
		Anzahl	Spalten%	Anzahl	Spalten%		
Vereinsmitglied	ja	82	33,9%	133	48,4%	215	41,6%
	nein	160	66,1%	142	51,6%	302	58,4%
Gesamt		242	100,0%	275	100,0%	517	100,0%

Der Anteil von nur 41,6% vereinsaktiven Kindern und Jugendlichen stellt den niedersten Wert dar, welcher im Rahmen einer Jugendbefragung ermittelt wurde. Die Altersgruppe der 12-16jährigen ist traditionell am stärksten in Vereins- und Verbandsaktivitäten eingebunden. Untersuchungen in Westdeutschland wiesen Werte zwischen 60 und 65% auf. In mehreren Erhebungen, die im Kontext der Jugendhilfeplanung in Gebietskörperschaften der neuen Bundesländer durchgeführt wurden, bewegte sich der Anteil zwischen 45 und 50%.

Jungen sind wesentlich häufiger in Vereinen organisiert als Mädchen. Diese Tatsache gilt mit einem markanten Unterschied von annähernd 50% für Schönebeck in besonderer Weise.

Fast 80% der in Vereinstätigkeiten eingebundenen Kinder und Jugendlichen sind zwischen einer und fünf Stunden pro Woche aktiv. Damit wird zum einen erneut belegt, daß Vereinsjugendarbeit nur eine Säule der Gestaltung sinnvoller Freizeitangebote für Kinder und Jugendliche darstellt. Zum anderen wird auch plausibel, daß die These „Gute Vereinsjugendarbeit macht andere Angebote wie Jugendclubs überflüssig“ nicht zutreffend ist.

3.5 Die Nutzung von Jugendclubs

Tabelle 3: Häufigkeit des Jugendclubbesuchs

		Geschlecht				Gesamt	
		Weiblich		Männlich		Anzahl	Spalten%
		Anzahl	Spalten%	Anzahl	Spalten%		
Jugendclubs	ja	58	24,3%	73	26,8%	131	25,6%
	Nein	181	75,7%	199	73,2%	380	74,4%
Gesamt		239	100,0%	272	100,0%	511	100,0%

Der Anteil der Jugendclubbesucher unter den befragten Schülern und Schülerinnen ist etwas geringer als in anderen Städten und Landkreisen Sachsen-Anhalts, allerdings immer noch deutlich höher als im Bundesdurchschnitt. Auffällig ist, daß der Mädchenanteil nur unwesentlich unter dem der Jungen liegt.

Tabelle 4: Intensität des Jugendclubbesuchs

		Häufigkeit	Prozent	Gültige Prozente	Kumulierte Prozente
Gültig	Täglich	21	4,0	16,0	16,0
	Mehrmals die Woche	29	5,6	22,1	38,2
	einmal unter der Woche	22	4,2	16,8	55,0
	Am Wochenende	6	1,2	4,6	59,5
	Seltener	53	10,2	40,5	100,0
	Gesamt	131	25,2	100,0	
Fehlend	Keine Angabe, wenn JC „ja"	2	0,4		
	Kein Jugendclubbesuch	387	74,4		
	Gesamt	389	74,8		
Gesamt		520	100,0		

Die von den Kindern und Jugendlichen angegebene Nutzungshäufigkeit ist bemerkenswert. So liegen die Werte für „täglichen Besuch" und „mehrmals pro Woche" ebenfalls deutlich über dem Durchschnitt anderer Erhebungen. 16%, die „täglichen Besuch" angegeben haben, stellen einen der höchsten jemals ermittelten Werte in der Bundesrepublik dar – übertroffen lediglich von 19%, die im Landkreis Stendal ermittelt wurden. Üblich ist bei Schülerbefragungen hierfür ein Anteil von ca. 5%. Der Jugendclub wird somit für eine große Gruppe Kinder und Jugendlicher zu einem zentralen Lebensmittelpunkt. Dabei kann bei den „Dauernutzern" unterschieden werden zwischen:

- besonders aktiven Jugendlichen, die sich zum Teil auch ehrenamtlich im Club engagieren;
- Kindern und Jugendlichen, die die Clubangebote nicht nur für die Freizeitgestaltung, sondern auch für die Tagesstrukturierung benötigen;
- Besuchern und Besucherinnen, die im Kontext der Nutzungsgewohnheiten fester Cliquen zu „Dauernutzern" geworden sind (siehe auch: Simon 1999).

3.6 Weitere Hinweise zu Lebensverhältnissen der befragten Jugendlichen

Tabelle 5: Bist Du in einer Clique?

		Häufigkeit	Prozent	Gültige Prozente	Kumulierte Prozente
Gültig	ja	300	57,7	59,5	59,5
	nein	204	39,2	40,5	100,0
	Gesamt	504	96,9	100,0	
Fehlend	keine Angabe	16	3,1		
Gesamt		520	100,0		

Der Anteil von Befragten, die sich einer Clique zugehörig fühlen, liegt mit 59,5% zwei bis fünf Prozentpunkte unter den Werten anderer Befragungen. Die Bedeutung der Clique nimmt üblicherweise im jüngeren Jugendalter zu und erreicht mit 15-16 Jahren den Höchststand. Ältere Jugendliche lösen sich sukzessive von der Clique ab. Dies geht zurück auf neue schulische (Abschlußphase), berufliche und außerberufliche Anforderungen, einen sich ändernden Status sowie auf die zunehmende Bedeutung von Paarbeziehungen.

Tabelle 6: Mit wem besprichst Du Deine Probleme?

	Fälle	Antworten als Spalten%
Keine Angabe	15	2,9%
Keine Probleme	35	6,7%
FreundIn	310	59,6%
Vater	119	22,9%
Mutter	224	43,1%
Geschwister	113	21,7%
Oma/Opa	72	13,8%
Streetworker	2	0,4%
JC-Mitarbeiter	10	1,9%
LehrerIn	10	1,9%
Leiter Verein, JVB	4	0,8%
Niemandem	28	5,4%
Andere Personen	34	6,5%
Gesamt	520	187,5%

Als sonstige Nennungen („andere Personen“) tauchten noch mehrfach auf: Onkel/ Tante (5= 1,0%), Cousine (2= 0,4%). In 21 Fällen wurden mit dem Verweis auf andere als die bislang genannten Personen keine weiteren Angaben gemacht.

Die Antworten auf die Frage, mit wem Jugendliche ihre Probleme besprechen, sofern sie solche haben, unterschieden sich in geringem Maße von denen anderer Erhebungen. Es dominiert, von 59,6% genannt, ebenfalls *der Freund/die Freundin* (Vergleichsuntersuchungen: 65%-76%), vor der *Mutter* mit 43,1% (Vergleichsuntersuchungen 50%-53%), 22,9% nannten den *Vater* (Vergleichsuntersuchungen: 25-33%), dann folgen mit 21,7% die *Geschwister* (Vergleichsuntersuchungen: 19-27%). Väter als Ansprechpartner für Probleme werden ebenfalls am dritthäufigsten, prozentual aber in geringerem Maße genannt als bei den vorliegenden Vergleichsstudien. Nur selten sind Professionelle (Clubmitarbeiter, Streetworker, Lehrer) vorrangige Ansprechpartner, sie werden – im Unterschied zu anderen Untersuchungen – aber explizit benannt. 5,4% aller Kinder und Jugendlichen geben an, daß ihnen für ein Gespräch über Probleme niemand zur Verfügung steht. Die nachfolgende Tabelle macht die geschlechterbezogenen Unterschiede auch bei dieser Fragestellung deutlich. Jungen machen häufiger keine Angabe, 30 (10,9%), also sechsmal mehr als Mädchen, geben an, keine Probleme zu haben und immerhin 23 (8,4%) können zur Besprechung von Problemen auf niemanden zurückgreifen.

Tabelle 7: Mit wem besprichst Du Deine Probleme? – dargestellt nach Geschlechtern

	Geschlecht		Gesamt
	weiblich Fälle	männlich Fälle	Fälle
keine Angabe	4	11	15
Keine Probleme	5	30	35
FreundIn	194	114	308
Vater	31	87	118
Mutter	101	123	224
Geschwister	60	52	112
Oma/Opa	30	42	72
Streetworker	2		2
JC-Mitarbeiter	5	5	10
LehrerIn	4	6	10
Leiter Verein, JVB	2	2	4
niemandem	5	23	28
Andere Personen	19	15	34
Gesamt	242	275	517

4. Probleme der Schulverweigerung

4.1 Problemanzeigen

Projekte, die ausnahmslos und gezielt nur mit Schulverweigerern arbeiten, sind relativ neu und von der Zahl her noch nicht sehr weit verbreitet. Ein Bundesmodellprogramm zur Erprobung derartiger Maßnahmen umfaßt rund 25 Projekte und befand sich zum Erhebungszeitpunkt im dritten von insgesamt vier geförderten Projektjahren. Die noch junge Entwicklungsgeschichte ist wesentlicher Grund dafür, daß zahlreiche Projekte noch mit ihren Konzeptionen experimentieren. Als Folge davon existieren sehr unterschiedliche Ausgestaltungen (siehe hierzu: Simon 2000), wobei sich zwei Entwicklungslinien in besonderer Weise herausentwickelt haben:

- eine Arbeit mit Schulabstinenten im Sinne alternativer Betreuungs- und Beschulungsprojekte, die man als „Schulen für Schulverweigerer" bezeichnen könnte;
- Ansätze, die über eine kürzere Phase intensiver Förderung eine Wiedereingliederung in das „Normalsystem Schule" ermöglichen sollen.

Das Zentrum für Alternatives Lernen (ZAL) basiert auf einem Konzept einer spezialisierten Beschulung von Kindern und Jugendlichen, die aus unterschiedlichen Gründen für kürzere oder längere Zeit von der Schule fernbleiben. Wie nachfolgend noch aus den Ergebnissen einer Befragung von Multiplikatoren des Landkreises zu berichten sein wird, favorisiert ein Teil der Verantwortlichen der Schulen, der Schulbehörden und der Jugendhilfe eher einen Ansatz, in dem nach einer knappen und intensiven Betreuungsphase eine Wiedereingliederung in die Regelschule angestrebt wird.

Thimm (2000, S. 573) gelangt zur Auffassung, daß eine Lenkung von Schulverweigerern in schulische – stabil bleibende – (Re)Integration von fast allen Jugendlichen nicht mehr angenommen wird. Auch wenn diese Schlußfolgerung sich nicht mit allen empirischen Befunden, örtlichen Beobachtungen und Projektberichten deckt, bleibt doch festzuhalten, daß es zumindest für einen Teil der Schulverweigerer auch nach dem (gescheiterten) Reintegrationsversuch ein Angebot geben muß, welches auf selbständige Beschulung abzielt.

4.2 Empirische Befunde zu Fragen der Schulverweigerung

Die Schönebecker Untersuchung unterscheidet sich von anderen von der Hochschule Magdeburg-Stendal in Sachsen-Anhalt im Kontext von Jugendhilfeplanung durchgeführten empirischen Erhebungen dadurch, daß mit Fragestellungen zur Schule und zur Schulverweigerung ein weiterer Schwerpunkt gesetzt wurde.

Um den Schülerinnen und Schülern die Antworten zu erleichtern, wurde im Fragebogen der in der Fachdebatte weitgehend vermiedene, in der Alltagssprache jedoch weit verbreitete Begriff des „Schulschwänzens" gewählt.

Mittels einer Einstiegsfrage wurde die Überleitung zu den „problematischen Stellen" der Befragung vorgenommen.

Tabelle 8: Schule ist ...

		1 trifft voll zu	2	3	5	6	7 trifft gar nicht zu
wichtig für die pers. Entwicklung	Anzahl	146	143	109	15	11	23
wichtig für den Umgang miteinander	Anzahl	121	148	115	29	8	25
Stark leistungsorientiert	Anzahl	121	161	110	26	17	12
wichtig für die Wissensaneignung	Anzahl	237	126	70	16	7	17
Langweilig	Anzahl	163	61	82	38	31	45
ein Platz, an dem man Freunde hat	Anzahl	177	127	89	21	21	29

Hier hatten die Schülerinnen und Schüler Gelegenheit, differenzierende Anworten zu geben. Bemerkenswert ist, daß über Schule insgesamt ein weitaus positiveres Bild vermittelt wird, als wir in den zugrundeliegenden Arbeitshypothesen angenommen hatten. Zu den vorgegebenen Items wird in stärkerem Maße Zustimmung signalisiert. Daß Schule „wichtig ist für die Wissensaneignung“, wird in besonderer Weise akzeptiert, auch ihre sozialen Funktionen werden mehrheitlich anerkannt.

Allerdings wird Schule auch überwiegend als „langweilig“ erlebt.

Tabelle 9: Hast Du schon die Schule geschwänzt?

		Häufigkeit	Prozent	Gültige Prozente	Kumulierte Prozente
Gültig	Ja	227	43,7	44,0	44,0
	Nein	289	55,6	56,0	100,0
	Gesamt	516	99,2	100,0	
Fehlend	Keine Angabe	4	0,8		
Gesamt		520	100,0		

Fast 44 Prozent geben an, schon die Schule geschwänzt zu haben. Dieser hohe Wert läßt vermuten, daß das Fernbleiben von der Schule in den meisten Fällen unentdeckt blieb. Drei Thesen können hieraus abgeleitet werden:

1. Sehr seltenes Schulschwänzen wird von der Schule nicht erkannt und/oder nicht problematisiert.
2. Ein nicht geringer Teil gelegentlichen Schulschwänzens wird möglicherweise von den Eltern gedeckt.
3. Zumindest ein Teil des Schulschwänzens verbirgt sich hinter nicht adäquaten Formen des Krankschreibens.

Tabelle 10: Wie oft hast Du die Schule geschwänzt? – Darstellung nach Geschlechtern

		Geschlecht				Gesamt	
		weiblich		männlich		Anzahl	Spalten%
		Anzahl	Spalten%	Anzahl	Spalten%		
Häufigkeit d. Schwänzens	einmal	26	27,7%	45	34,6%	71	31,7%
	2 – 5 mal	49	52,1%	49	37,7%	98	43,8%
	einmal im Monat	4	4,3%	11	8,5%	15	6,7%
	einmal pro Woche	8	8,5%	11	8,5%	19	8,5%
	14 Tage am Stück	4	4,3%	8	6,2%	12	5,4%
	keine Angabe	3	3,2%	6	4,6%	9	4,0%
Gesamt		94	100,0%	130	100,0%	224	100,0%

Es fällt auf, daß leichtere Formen des Schulschwänzens (einmal, 2-5 mal) etwas häufiger von Mädchen genannt werden, während die „chronischen“ Formen eher bei Jungen vorkommen.

Tabelle 11: Gründe für das Schulschwänzen?

	Fälle	Antworten als Spalten%
Stess mit Lehrern	57	25,7%
Stress mit dem Rektor/der Rektorin	13	5,9%
Schule war zu anstrengend	59	26,6%
Schule war zu langweilig	97	43,7%
Stress mit Mitschülern	37	16,7%
Ich sehe in der Schule keinen Sinn	21	9,5%
Meine Freunde schwänzen auch ab und zu	46	20,7%
Anderes	65	29,3%

Schule sei zu langweilig, geben fast 44 Prozent als Grund für (gelegentliches) Schulschwänzen an. Stress mit den den hauptamtlichen Mitarbeitern (Lehrern/Rektoren) benennt knapp ein Drittel als Grund. Die Gruppendynamik unter Schülern ist bedeutend. Knapp 21% schwänzen in Verbindung mit dem Handeln von Freunden; 16,7%, die „Stress mit Mitschülern" angeben, stellen ein für dieses Phänomen hohen Wert dar. Mehr als ein Viertel benennt als Grund die Leistungsanforderungen.

Tabelle 12: Gründe für das Schulschwänzen? – Darstellung nach Geschlecht

		Geschlecht				Gesamt	
		weiblich		männlich		Fälle	Spalten%
		Fälle	Spalten%	Fälle	Spalten%		
Gründe des Schwänzens	Lehrer	14	15,2%	42	33,1%	56	25,6%
	Rektor	4	4,3%	9	7,1%	13	5,9%
	Anstrengung	25	27,2%	34	26,8%	59	26,9%
	Langeweile	45	48,9%	51	40,2%	96	43,8%
	Mitschüler	15	16,3%	21	16,5%	36	16,4%
	Kein Sinn	6	6,5%	15	11,8%	21	9,6%
	Freunde auch	19	20,7%	27	21,3%	46	21,0%
	Anderes	25	27,2%	38	29,9%	63	28,8%
Gesamt		92	166,3%	127	186,6%	219	178,1%

Bemerkenswert bei einer geschlechtsspezifischen Betrachtung ist vor allem der Umstand, daß Jungen (40,2%) doppelt so häufig „Stress" mit Lehrern und Rektoren haben als Mädchen (20,5%). Auch der Anteil der Jungen, die in der Schule „keinen Sinn" sehen, ist deutlich höher als der der Mädchen.

Tabelle 13: Korrelation Häufigkeit/Gründe des Schulschwänzens

Gründe des Schwänzens	Häufigkeit d. Schwänzens: Einmal		2 – 5 mal		einmal im Monat		einmal pro Woche		14 Tage am Stück		Gesamt	
	Fälle	%	Fälle	%	Fälle	%	Fälle	%	Fälle	%	Fälle	%
Lehrer	14	20,3	21	21,6	2	13,3	10	52,6	5	38,5	57	25,7
Rektor	3	4,3	3	3,1	1	6,7	2	10,5	4	30,8	13	5,9
Anstrengung	18	26,1	26	26,8	4	26,7	7	36,8	3	23,1	59	26,6
Langeweile	21	30,4	51	52,6	6	40,0	11	57,9	6	46,2	97	43,7
Mitschüler	12	17,4	8	8,2	4	26,7	6	31,6	5	38,5	37	16,7
Kein Sinn	4	5,8	9	9,3	2	13,3	3	15,8	2	15,4	21	9,5
Freunde auch	7	10,1	17	17,5	4	26,7	14	73,7	3	23,1	46	20,7
anderes	24	34,8	29	29,9	6	40,0	3	15,8	2	15,4	65	29,3
Gesamt	69	149,3	97	169,1	15	193,3	19	294,7	13	230,8	222	177,9

Abweichungen zu Tabelle 11 resultieren daraus, daß nicht bei allen Fragebögen das Geschlecht zu ermitteln war.

Dieser etwas komplizierten Übersicht liegt die Hypothese zugrunde, daß die Gründe, welche zu chronifizierten Formen der Schulverweigerung führen, andere sind als die für nur gelegentliches Fernbleiben. Bei häufigerem Schulschwänzen liegen auch häufigere Konflikte mit Lehrern und der Schulleitung vor, wobei die Übersicht noch nicht zu Klärung dessen beiträgt, was Ursache und was Wirkung ist.

Tabelle 14: Korrelation Häufigkeit des Schulschwänzens/Vereinsmitgliedsschaft

Häufigkeit d. Schwänzens	Vereinsmitglied: ja		nein		Gesamt	
	Anzahl	Spalten%	Anzahl	Spalten%	Anzahl	Spalten%
Einmal	26	34,2%	45	29,8%	71	31,3%
2 – 5 mal	32	42,1%	67	44,4%	99	43,6%
Einmal im Monat	5	6,6%	10	6,6%	15	6,6%
einmal pro Woche	6	7,9%	14	9,3%	20	8,8%
14 Tage am Stück	3	3,9%	10	6,6%	13	5,7%
Keine Angabe	4	5,3%	5	3,3%	9	4,0%
Gesamt	76	100,0%	151	100,0%	227	100,0%

Schüler und Schülerinnen, die nicht in Vereinen aktiv sind, treten etwas häufiger unter den Gruppen auf, die „einmal pro Woche“ bzw. „14 Tage am Stück“ angegeben haben. Die Arbeitshypothese, daß Vereinsmitglieder stärker sozial integriert sind und deshalb womöglich in geringerem Maße zur Gruppe der Schulschwänzer gehören, wird allerdings nicht signifikant belegt.

Tabelle 15: Korrelation Gründe des Schulschwänzens/Vereinsmitgliedsschaft

Gründe des Schwänzens	Vereinsmitglied Ja		nein		Gesamt	
	Fälle	Spalten%	Fälle	Spalten%	Fälle	Spalten%
Lehrer	20	27,4%	37	24,8%	57	25,7%
Rektor	1	1,4%	12	8,1%	13	5,9%
Anstrengung	14	19,2%	45	30,2%	59	26,6%
Langeweile	29	39,7%	68	45,6%	97	43,7%
Mitschüler	12	16,4%	25	16,8%	37	16,7%
Kein Sinn	5	6,8%	16	10,7%	21	9,5%
Freunde auch	12	16,4%	34	22,8%	46	20,7%
Anderes	21	28,8%	44	29,5%	65	29,3%
Gesamt	73	156,2%	149	188,6%	222	177,9%

Schulschwänzer, die nicht in Vereinen aktiv sind, haben signifikant häufiger Probleme mit den Schulleitungen. Die Faktoren „Anstrengung" und „Langeweile" kommen häufiger zur Geltung. Auch finden sie Schule eher „langweilig" als die vereinsaktiven Schüler. Die Bereitschaft, sich von ebenfalls Schule schwänzenden Freunden mitziehen zu lassen, ist offensichtlich höher entwickelt.

Tabelle 16: Korrelation Häufigkeit des Schulschwänzens/Besuch von Jugendclubs

Häufigkeit d. Schwänzens	Jugendclubbesuch ja		nein		Gesamt	
	Anzahl	Spalten%	Anzahl	Spalten%	Anzahl	Spalten%
Einmal	26	31,3%	45	31,5%	71	31,4%
2 – 5 mal	37	44,6%	62	43,4%	99	43,8%
Einmal im Monat	6	7,2%	8	5,6%	14	6,2%
Einmal pro Woche	9	10,8%	11	7,7%	20	8,8%
14 Tage am Stück	3	3,6%	10	7,0%	13	5,8%
keine Angabe	2	2,4%	7	4,9%	9	4,0%
Gesamt	83	100,0%	143	100,0%	226	100,0%

Zwischen der Häufigkeit des Schulschwänzens und dem Umstand, ob ein Jugendlicher einen Jugendclub besucht oder nicht, gibt es keine signifikante Korrelation. Lediglich die Gruppe derer, die schon „14 Tage am Stück" geschwänzt haben, ist unter den Nichtnutzern fast doppelt so oft vertreten.

Tabelle 17: Korrelation Gründe des Schulschwänzens/Besuch von Jugendclubs

Gründe des Schwänzens	Jugendclubs ja		Jugendclubs nein		Gesamt	
	Fälle	Spalten%	Fälle	Spalten%	Fälle	Spalten%
Lehrer	23	28,0%	34	24,5%	57	25,8%
Rektor	7	8,5%	6	4,3%	13	5,9%
Anstrengung	19	23,2%	40	28,8%	59	26,7%
Langeweile	33	40,2%	63	45,3%	96	43,4%
Mitschüler	8	9,8%	29	20,9%	37	16,7%
Kein Sinn	10	12,2%	11	7,9%	21	9,5%
Freunde auch	22	26,8%	24	17,3%	46	20,8%
Anderes	30	36,6%	35	25,2%	65	29,4%
Gesamt	82	185,4%	139	174,1%	221	178,3%

Daß Jugendclubs eine sozialintegrative Funktion haben können, wird daran deutlich, daß mehr als doppelt so viele Nichtnutzer von Jugendeinrichtungen (20,9%) angeben, daß „Stress mit Mitschülern" einen Grund für die Schulverweigerung darstellt. Bei Nutzern liegt der Prozentsatz nur bei 9,8%.

5. Befragung von Multiplikatoren und Multiplikatorinnen

Das Zentrum für Alternatives Lernen Schönebeck ist trotz seines Modellcharakters eine relativ kleine Einrichtung. Obwohl deren personelle Ressourcen in hohem Maße durch die praktische Arbeit mit den Jugendlichen sowie die aus der Modellphase resultierenden zusätzlichen planerischen und konzipierenden Anforderungen gebunden sind, wurde von den Verantwortlichen von Beginn an Wert auf die Herstellung von Kooperationsbeziehungen gelegt. Diese weisen folgende Dimensionen auf:

- Kooperationsbeziehungen auf der administrativen Ebene,
- Fortbildungs- und Multiplikatorenfunktion,
- einzelfallbezogene Zusammenarbeit,
- Bildung von „Foren", die die Qualitätsentwicklung unterstützen,
- Vernetzung zur Verbesserung der Öffentlichkeitsarbeit mit dem Ziel der Erreichung eines höheren Bekanntheitsgrades in der Region.

Um die Außenwirkungen des ZAL sowie den Umgang anderer mit dem Phänomen Schulverweigerung besser bestimmen zu können, wurden insgesamt 22 ausgesuchte Multiplikatoren auf der Basis standardisierter Leitfragen befragt. Dabei wurden Akteure ausgewählt, von denen angenommen werden konnte, daß die Fragestellungen für sie eine besondere Relevanz besitzen. Hierzu gehörten:

- Leiter und Leiterinnen der Sekundarschulen,
- Vertreter des Kreisjugendamtes, der Stadtverwaltung Schönebeck und der Ordnungsbehörden,

- das Polizeirevier,
- freie Träger der Jugendhilfe,
- leitende Mitarbeiter des staatlichen Schulamtes,
- die im Kreistag vertretenen Parteien.

Zu den Fragestellungen:

1. *Wie sind Sie mit dem Phänomen der Schulverweigerung konfrontiert?*

Von 22 Befragten gaben 19 an, (in unterschiedlicher Weise) mit Schulverweigerung konfrontiert zu sein. 3 Befragte – darunter die Vertreter von zwei im Kreistag vertretenen politischen Parteien – konnten keine Auskunft geben oder waren nicht mit dem Phänomen konfrontiert. Die Konfrontation mit Schulverweigerung vollzieht sich meist im schulischen Alltag, aus Rückmeldungen der Schulen, zum Teil kommen Akteure der Jugendhilfe durch einzelfall- oder gruppenbezogene Maßnahmen mit dem Phänomen in Berührung. Vereinzelt begründet sich die Auseinandersetzung bzw. die Konfrontation mit Schulverweigerung durch die Zusammenarbeit mit dem ZAL.

2. *In welcher Häufigkeit geschieht das?*

Bei dieser Fragestellung kam es zu einer Vielzahl unterschiedlicher Aussagen. Wir unterscheiden zwischen *allgemeinen Einschätzungen und quantifizierten Darstellungen.*

Allgemeine Einschätzungen:
- Abnahme der Schulverweigerung seit Bestehen des ZAL,
- kein Anstieg im Sekundarschulbereich, Zunahme in der Grundschule,
- krasse Schulverweigerung im BVJ, daraus resultiert eine ständige Konfrontation,
- ständige Konfrontation in einzelnen der 14 Sekundar- und der 3 Sonderschulen,
- erhebliche Zunahme der Schulverweigerung – 2 Nennungen (möglicherweise bedingt durch verändertes Meldeverhalten),
- vereinzelte Konfrontation,
- vor etwa 3 Jahren mit ganzer Clique von Schulverweigerern konfrontiert, heute gar nicht mehr.

Quantifizierte Darstellung:
- „Totalverweiger":
  - 1 Totalverweigerer – 2 Nennungen
  - 2 Totalverweigerer – 5 Nennungen
  - 3 Totalverweigerer – 2 Nennungen
- „Bummelanten"
  stundenweises Bummeln:
  - täglich – 5 Nennungen
  - gelegentlich – 7 Nennungen

- Nennung allgemeiner Fallzahlen ohne Differenzierung des Grades der Verweigerung:
  - 5-6 Fälle – 1 Nennung
  - 5-10 Fälle –1 Nennung
  - mehr als 100 Fälle – 1 Nennung
  - 200-400 Fälle – 1 Nennung
  - keine akute Schulverweigerung – 3 Nennungen

Deutlich werden durch die Antworten auf diese Fragestellung folgende Aspekte:

- die Mehrheit der Institutionen ist mit dem Phänomen Schulverweigerung konfrontiert,
- dies geschieht allerdings in sehr unterschiedlicher Intensität, was sich aus den unterschiedlichen Zugängen sowie den unterschiedlichen beruflichen Aufgaben und institutionellen Aufgabenstellungen begründet.

3. *Wie gehen Sie damit um?*
   - Kontakt zum ZAL – 8 Nennungen
   - Kontakt zu Eltern – 7 Nennungen
   - Meldung an Schulleitung – 6 Nennungen
   - Meldung an das Jugendamt und an das Schulamt – 6 Nennungen
   - Ordnungsamt informieren – 4 Nennungen
   - Einzelgespräche – 4 Nennungen
   - Schulstrafen – 2 Nennungen
   - Einschalten der Schulsozialarbeiterin – 2 Nennungen
   - Einbeziehung des schulpsychologischen Dienstes – 2 Nennungen
   - Klassenkonferenz – 2 Nennungen
   - *Einzelnennungen:* „Schulschwänzerbuchführung“; Nutzung eines Netzwerkes professioneller Hilfe; Ursachenforschung – Psychologen, Gestaltpädagogik in Magdeburger Beratungsstellen; Betreuung von Schulverweigerern auch während der Schulzeit; Geldstrafen oder Arbeitsstunden (wenn die Eltern kein Geld haben); Weitergabe an die Erziehungshilfe; Elternbriefe; Telefonanrufe bei den Eltern; Sache der Klassenlehrer; Beratung von Lehrern; Diskussion in Dienstberatungen; Austausch mit dem Kultusministerium; „oftmals ohnmächtiges Zuschauen“.
   - Keine Aussage – einmal.

4. *Bestehen beim Umgang mit Schulverweigerung Kooperationsbeziehungen zu anderen Institutionen?*
   - ZAL – 14 Nennungen
   - Jugendamt – 6
   - Ordnungsamt – 5
   - Schulamt – 4
   - Heime (Uchtspringe, Wolmirsleben) bei Heimunterbringung – 3
   - Landratsamt – 2
   - Schulsozialarbeiterinnen – 2
   - Magdeburger Beratungsstellen – 1

- Jugendgerichtshilfe – 1
- Polizei – 1
- Erziehungshilfe – 1
- Schulen – 1
- Überbetriebliche Ausbildungsstätten – 1
- Landesverband für Straffälligen- und Bewährungshilfe – 1
- Keine – 1

Es kann festgestellt werden, daß die unterschiedlichen Formen des Umgangs mit Schulverweigerung auch zu unterschiedlichen Formen der Zusammenarbeit mit anderen Institutionen führen. Einzelne Nennungen können unter dem Begriff „Träger der öffentlichen Jugendhilfe“ zusammengefaßt werden: Jugendamt – Landratsamt – Jugendgerichtshilfe – Erziehungshilfe.

5. *Wer sollte sich Ihrer Meinung nach zusätzlich mit dem Problem befassen?*
   - Schulsozialarbeit – 7
   - Schule (intensiver, verbunden mit der Frage „Wie komme ich an die Eltern ran“) – 5
   - Jugendamt – 4
   - Ordnungsamt (intensiver) – 3
   - Politik (mehr Vorgaben und Regelungen) – 2
   - Amtsarzt (bei vermuteter Vortäuschung von Krankheiten) – 2
   - Ausweichmöglichkeiten statt Schule anbieten (frühere Berufsausbildung) – 2
   - Eltern – 2
   - *Einzelnennungen:* Ausbau von Einrichtungen für verhaltensauffällige Schüler; Gerichte (zur Bestrafung der Eltern); soziale Einrichtungen; alternative Schulformen; Schulpsychologen oder Vertrauenslehrer an jeder Schule; Polizei (soll Kinder von zu Hause abholen); Unterbringungsmöglichkeiten für Schulverweigerer schaffen; häufigere Untersuchungen in Bezug auf Lernbehinderungen; Probleme mit einem freien Träger bei der Betreuung von Schulverweigerern während der Schulzeit; erst bei den Beteiligten beginnen; bessere Koordination der Ämter; Lehrer (sehen oft weg); Zusammenarbeit mit Eltern muss ausgebaut werden; bestehende Kooperationsbeziehungen müssen ausgebaut werden (häufig zeitliche und Kompetenzgrenzen – besonders beim Jugendamt); Probleme sollten innerhalb der Schule geklärt werden; Eltern sind entweder nicht in der Lage oder nicht bereit, ihr Kind zu erziehen.
   - *Keine* weiteren Institutionen notwendig – 5 Nennungen.

6. *Was sind für Sie Erklärungsmuster für Schulverweigerung?*

Die Antworten wurden aufgegliedert in die Bereiche Familie, Schule, Schüler und Gesellschaft/Sonstiges.

Familie:
- soziale Probleme, Arbeitslosigkeit – 9 Nennungen
- allgemeine familiäre Probleme – 6 Nennungen

- Alkoholprobleme der Eltern – 5 Nennungen
- Überforderung und daraus resultierende psychische Probleme – 4 Nennungen
- Druckausübung auf das Kind – 3 Nennungen
- fehlender Einfluss – 2 Nennungen
- Kind kriegt zu viele Rechte – 2 Nennungen
- mangelnde Kommunikation zwischen Eltern und Kindern – 2 Nennungen
- keine Unterstützung bei der Problembewältigung – 2 Nennungen
- Überforderung der Alleinerziehenden – 2 Nennungen
- *Einzelnennungen:* Eltern haben Probleme, sich Hilfe bei Einrichtungen zu suchen; Scheidung; falsche Erziehung führt zu willensschwachen Kindern; Zusammenbruch der Familie nach der Wende; Erziehungsfehler.

Schule:
- Leistungsdruck/Leistungsanforderungen – 7 Nennungen
- allgemeine Situation an Schulen – 3 Nennungen
- fehlende Attraktivität des Unterrichts – 3 Nennungen
- Gewalt an Schule – 2 Nennungen
- Fehlendes Engagement der Lehrer – 2 Nennungen
- Schulgebäude und Lehrer – 2 Nennungen
- Fehlende Ressourcen zur Problembewältigung (Schulsozialarbeit/Schulpsychologen fehlen oder sind nicht ausreichend) – 2 Nennungen
- Zeitmangel der Lehrer – 2 Nennungen
- zu geringe Öffnung der Schulen – 2 Nennungen
- Fehlende Fortbildungen (z.B. zu Drogen, psychischen Problemen) – 2 Nennungen
- *Einzelnennungen:* Konflikte zwischen Schüler und Lehrer; Konflikte zwischen Schüler und Schule; Mobbing; negative Vorbilder; Beziehungen in der Klassen; Mißerfolge; Schulangst; „Gewalt" durch Lehrer; Versagenserfahrungen; zum Teil größer werdende Klassen; Probleme der Schüler werden nicht erkannt, Stärken nicht gefördert; Schule geht an Anforderungen vorbei; starres Schulsystem; Schulsozialarbeit hat schweren Stand (Angst der Lehrer vor Imageverlust); unflexible Schulformen; unangebrachte Strafmaßnahmen (wie Schulausschluß und Schulverweis); Lehrer nehmen Eziehungsaufgaben nicht wahr; Sanktionen müssen innerhalb von Schule erfolgen können; zu schnelle Unterrichtsvermittlung; Klasse bietet keinen Halt; Schule bietet nichts außer Schule; Schule straft nur, schlichtet nicht; Lehrer sind zu alt und realitätsfern; keine Vermittlung von dem, was gut und böse ist; mangelnde Beziehungen in der Klasse.

Schüler:
- Clique, Umfeld, Gruppenzwang – 8 Nennungen
- Null-Bock-Haltung – 6 Nennungen
- Psychische Probleme – 4 Nennungen
- Häufige Mißerfolgserlebnisse in Schule – 3 Nennungen
- Drogen – 2 Nennungen
- Schlechte Vorbilder, falsche Freunde – 2 Nennungen
- Soziale Defizite (Labilität) – 2 Nennungen

- Angst – 2 Nennungen
- Über- und Unterforderung – 2 Nennungen
- *Einzelnennungen:* Gefühl der Vorverurteilung durch Lehrer (nicht immer zu unrecht); „Charakterschwäche"; Leistungsversagen; Resignation; Schüler bringt sich nicht in den Klassenverband ein; altersspezifische Besonderheiten (Pubertät); negative Verhaltensauffälligkeiten; ungenügend Ernsthaftigkeit; Frustration; Schüler sind heute selbstbewußter, lehnen sich gegen Schulsystem auf; Schüler erkennen nicht, dass sie für sich lernen; fehlende Motivation, Unterstützung und Fürsorge; keine Möglichkeit der Problemverarbeitung; mangelndes Bewußtsein für die Situation; Beziehungsprobleme (im weitesten Sinne); geringe Leistungsbereitschaft.

Gesellschaft/Sonstiges:
- Perspektivlosigkeit (keine Lehrstellen) – 5 Nennungen
- *Einzelnennungen:* Arbeitslosigkeit der Eltern als schlechtes Vorbild; viele vergessen, wie gut es uns eigentlich geht; geringeres Kümmern um den anderen; zur Erklärung von Schulverweigerung ist ein multivariates Erklärungsmodell notwendig.

7. *Ab welcher „Schwelle" besteht Handlungsbedarf?*
   - je früher, desto besser – 8 Nennungen
   - sobald es Anzeichen für Probleme gibt – 5 Nennungen
   - bei häufigerem Fehlen – 3 Nennungen
   - ab 1 Woche Fehlzeit – 2 Nennungen
   - notwendig ist bereits Prävention – 2 Nennungen
   - *Einzelnennungen:* spätestens nach 2 bis 3 Wochen; ab 4 Wochen (nach 2 Wochen Meldung an das Ordnungsamt und Brief an die Eltern, nach 4 Wochen Ordnungsgeld); Aufsummieren ist sinnlos – individuell betrachten; auch schon in der 1. Klasse darauf achten; sobald Fehlen über längeren Zeitraum, ohne Rückmeldung; nach 3 Tagen muss ein Entschuldigungszettel der Eltern vorliegen; schon bei einem Fehltag sind Konsequenzen notwendig (Information an die Eltern); hängt von Prozessen in der Klasse ab; besonders zu beachten sind die Übergangsklassen; jede geschwänzte Stunde ist bereits ein Hinweis; „Frühwarnsysteme" sind zu verbessern; jedes Schwänzen ist ein „Austesten der Situation"; ab 4 Fehlstunden besteht Handlungsbedarf (schulinterne Absprache); Krankschreibungen sind oft unangemessen.
   - Keine Angabe: 2

8. *Ist Ihnen das Z.A.L. bekannt?*

Ja – 20 Nennungen

9. *Bestehen Kooperationsbeziehungen zum Z.A.L.?*

Ja – 19 Nennungen
Nein – 1 Nennung

Formen der Kooperationsbeziehung:
- Fortbildung/Weiterbildung/SCHILF – 7 Nennungen
- gemeinsame Projekte – 4 Nennungen
- Beratungsgespräche – 4 Nennungen
- Anwesenheit bei Zeugnisausgabe im ZAL – 2 Nennungen
- Jugendliche in unserem Club – 2 Nennungen
- Vermittlung von Schülern – 2 Nennungen
- gute Kontakte durch Schulsozialarbeiterin (melden uns Bedarf) – 2 Nennungen
- LehrerIn unterrichtet im ZAL – 2 Nennungen
- *Einzelnennungen:* sehr gute Kooperationsbeziehungen; ein Mitarbeiter begleitet das Projekt; Hospitation; Kontakt über betreutes Wohnen; Kontakt über Trainingskurse; Kontakt über Täter-Opfer-Ausgleich; Kontakt über Fahrradwerkstatt; Vermittlung von Eltern an ZAL; Chemie im Labor der Schule; MitarbeiterInnen des ZAL sind immer Ansprechpartner; wir fördern das ZAL durch Abstellung von Lehrkräften.

10. *Wie bewerten Sie die bislang geleistete Arbeit dieses Projektes?*
Die Bewertungen wurden in die vier Rubriken: *„positiv", „negativ", „wünschenswert"* und *„sonstige Einzelnennungen"* aufgegliedert.

Positiv:
- es wird eine erfolgreiche und aufwendige Arbeit geleistet – 7 Nennungen
- ein solches Projekt ist unbedingt erforderlich – 5 Nennungen
- erstklassige Arbeit – 4 Nennungen
- das Wichtigste ist: Die Schüler gehen wieder in eine Schule, hängen nicht auf der Straße – 4 Nennungen
- *Einzelnennungen:* die Schulverweigerer werden wieder integriert, das ist sehr gut; gute Öffentlichkeitsarbeit (Fachtagung, Video); das prinzipielle Anliegen ist gut; durch die Arbeit des ZAL kommt es eventuell zu einer Stagnation der Schulverweigerung in Schönebeck; es erfolgt eine gute Zusammenarbeit mit den Behörden der Stadt SBK; die Form des Unterrichts gibt den Schülern Handlungsorientierungen; die Jugendlichen WOLLEN dort lernen; Jugendliche können den Unterricht selbst gestalten; die Jugendlichen haben wieder ein Bewußtsein für Schule entwickelt; die Beratungen für Schüler und Eltern; ZAL= Schulform, die für die Zukunft spricht; ärmere Schüler werden nicht durch teure Fahrten (wie in Schule) ausgegrenzt; der Umgang mit Menschen wird geübt; Kleingruppenunterricht ist effektiver; haben Zielgruppen erreicht; Selbstbestimmung der Jugendlichen; sehr vernetzt mit anderen Projekten; Mitarbeiter sind kompetent und engagiert; ZAL hat positive Ausstrahlung auf die Schulen.

Negativ:
- Schule muß Zeugnisse ausstellen – 3 Nennungen
- Skepsis was nach ZAL mit Jugendlichen passiert – 3 Nennungen
- Keine Reintegration in die (Regel)Schule – 3 Nennungen
- *Einzelnennungen:* Rahmenrichtlinien können nicht erfüllt werden; Leistungen stehen hinten an; Politik kümmert sich nicht genug um Schulverweigerer und Projekte, die sich mit dem Phänomen befassen; Es sollten nicht alle Kriminellen

in eine Klasse (besser mischen); Ohne den Leiter würde das ZAL nicht laufen / evtl. zu wenig speziell ausgebildetes Personal; Fachpersonal mit Erfahrung wäre besser (überregionale Ausschreibung); ZAL sollte in Schulen mehr präsent sein; Nur Verbindung bei Straftaten; Aufgrund geringer Aufnahmekapazität werden nur schwere Fälle aufgenommen; „weniger schwere Fälle" bleiben draußen; Zu geringe Kapazität; Zu starkes Prinzip der Freiwilligkeit.

Wünschenswert:
- Weiterbestand und Ausbau des ZAL sind erwünscht, da die Zahl der
- Schulverweigerer zunehmen wird – 13 Nennungen
- stärkere finanzielle Unterstützung (Land, Kommune) – 3 Nennungen
- andere Schulform (allgemein) – 2 Nennungen
- *Einzelnennungen:* nötiges Maß von Pflicht und Freiheit vermitteln; landesweit mehr Projekte, die sich mit Schulverweigerung befassen; stärkere Zusammenarbeit mit Schule; Projekt sollte verschiedene Durchlaufphasen haben und zum Schluß reintegrieren.

Sonstige Einzelnennungen:
- das Projekt ist sehr außenorientiert;
- keine Einschätzung möglich.

6. Befragung ausgesuchter Absolventen und Absolventinnen des ZAL Schönebeck

In drei abgeschlossenen Schuljahren wurden durch das an der Schnittstelle zwischen Schule und Jugendhilfe liegende Modellprojekt 26 Schüler erreicht und in den allermeisten Fällen über einen längeren Zeitraum erfolgreich betreut. Die für Schulen übliche Statistik weist insgesamt 38 Schüler aus, was darauf zurück zu führen ist, daß mehrere Jugendliche zwei und einzelne sogar drei Schuljahre im ZAL absolviert haben. Nach Abschluß der Beschulungsaktivitäten konnten die Anschriften von 23 Absolventen ausfindig gemacht werden. Von diesen waren 17 erreichbar und 11 wiederum bereit, sich auf der Basis vorbereiteter standardisierter Leitfragen befragen zu lassen.

Tabelle 18: Geschlechterverteilung im ZAL

Mädchen	4	15,4%
Jungen	22	84,6%
Absolventen des ZAL gesamt	26	100%

Der Großteil der Jugendlichen war männlich. Wir konnten in der bereits dargestellten Schülerbefragung nachweisen, daß sich der Absentismus von Mädchen und Jungen nicht so sehr in der Häufigkeit, sondern in Form und Intensität unterscheidet. Als Hypothese kann hier formuliert werden, daß Jungen aufgrund ihres ausgeprägteren „Störpotentials“ häufiger als Mädchen ausgegrenzt oder – im positiven Fall – in andere Formen der Betreuung vermittelt werden.

Mit 16 der 26 Jugendlichen konnte im November 2001 nochmals ein Kontakt hergestellt werden, 11 waren zur Durchführung eines Interviews bereit. Bei den 16 Jugendlichen, die ausfindig gemacht werden konnten, stellt sich die aktuelle Situation wie folgt dar:

Tabelle 19: Status der Jugendlichen nach Beendigung der Maßnahme im ZAL

Status der Jugendlichen	Anzahl	Prozent
Ausbildung bei freiem Bildungsträger	5	31,3%
BVJ	4	25,0%
Zu Hause, ohne Tätigkeit	2	12,5%
Berufstätig (ohne qualifizierte Ausbildung)	2	12,5%
Geht zur Schule	1	6,3%
Arbeitslos gemeldet	1	6,3%
Inhaftiert	1	6,3%
Gesamt	16	100,0%

Mit 11 Jugendlichen wurden auf der Basis eines standardisierten Leitfragenrasters Interviews durchgeführt, deren Ergebnisse werden nachfolgend in einer Zusammenfassung dargestellt. (In Klammern: Die Zahl der mehrfach gemachten Angaben).

1. *Wie bist Du auf das ZAL aufmerksam geworden (Mehrfachnennungen waren möglich)?*
   - Über Freunde (2)
   - Durch einen Brief der Schule (2)
   - Durch einen Brief des ZAL (2)
   - Kannte eine Mitarbeiterin des ZAL aus ihrer früheren Tätigkeit in einem Jugendclub (2)
   - Schule hat sich mit ZAL in Verbindung gesetzt (2)
   - Durch einen Hinweis des Jugendamtes (1)
   - Durch einen Hinweis des Schulleiters (1)
   - Über ein anderes Projekt des Trägers Rückenwind e.V. (1)
   - Durch meine Mutter, die darüber in der Zeitung gelesen hat (1)
   - Durch die Mutter eines anderen ZAL-Schülers (1)
   - Durch ein erstes Treffen mit ZAL-Mitarbeitern (1)
   - Durch meinen Bruder (1)

2. *Wenn Du zurückblickst, was waren Ursachen deiner Probleme in der Schule?*
   - Probleme mit einzelnen Lehrern (5)
   - Ausgrenzung/Gewalt (5)
   - Probleme mit Klassenkameraden (3)
   - Sehr große Schule – Lehrer konnten nicht (ausreichend) auf meine Probleme eingehen (3)
   - Probleme mit dem Lernstoff (3)
   - Ausgeprägte Rechtschreibschwäche (1)

- Eigene Faulheit, hatte keine Lust (1)
- Familiäre Probleme (1)

In dieser kleinen Befragung wird – ohne Anspruch auf Allgemeingütigkeit – nochmals unterstrichen, was bereits an anderer Stelle in der praktischen Arbeit mit Schulverweigerern belegt werden konnte: Schulverweigerung ist – in vielen Fällen - eine Form der Resignation vor den Problemen mit dem System Schule, oftmals aber auch Flucht vor Ausgrenzung und Mobbing durch Mitschüler.

3. *In welcher Häufigkeit trat Schulverweigerung auf?*
   - Erst stunden-, dann tageweise, dann eine längere Phase (mehre Monate bis ein Jahr) durchgängig (6)
   - (Fast) ein Jahr durchgängig (2)
   - Tage- und wochenweise, wiederkehrend (2)
   - Immer wieder tageweise (1)

Obwohl Schulverweigerung in unterschiedlichen Entwicklungsmustern vorkommt, ist doch eine Form besonders häufig vertreten: Über 50% der befragten Schülerinnen und Schüler geben an, daß sie anfangs stunden- und tageweise gefehlt haben, später jedoch lange Phasen des Schulabsentismus aufgetreten sind. In dieser Beschreibung sind Hinweise darauf angelegt, daß eine frühe Form der Intervention und Unterstützung bereits bei weniger signifikanten Formen der Schulverweigerung einsetzen muß.

Bei 7 von 11 Jugendlichen trat ein verdichtetes Fernbleiben von der Schule ab der 7. Klasse auf, in zwei Fällen geschah dies in der 6., einmal in der 5. und einmal bereits in der 2. Klassenstufe.

4. *Wie lange warst Du im ZAL?*
   - ½ Jahr (1)
   - 1 Jahr (5)
   - 2 Jahre (2)
   - 3 Jahre (3)

Unter den Befragten ist der Anteil jener, die überdurchschnittlich lange im ZAL waren, höher als unter denen, die nicht erreicht wurden, bzw. nicht zu einem Gespräch zur Verfügung standen. Dies kann durchaus als Ausdruck eines gewachsenen Selbstbewußtseins und eines höheren Maßes an Identifikation mit der Einrichtung interpretiert werden.

5. *Was hast Du im ZAL gelernt?*
   - Grundqualifikationen (Lesen, Schreiben, verschiedene Schulfächer) verbessert (7)
   - Zugangsvoraussetzungen für BVJ geschaffen (3)
   - Habe Zukunftspläne entwickelt (1)
   - Habe gelernt, daß Schule wichtig ist (1)
   - Bin selbstbewußter geworden (1)
   - Bin ruhiger geworden (1)

- Habe „wieder Sinn gekriegt“ (1)
- Daß es eine Alternative zum zu Hause rumsitzen gibt (1)
- Kann konzentrierter lernen (1)
- Kann Konflikte besser (ohne Gewalt) austragen (1)
- Kann mit Problemen besser umgehen (1)
- Meinen Weg zu finden (1)
- Nicht viel (1)

7 von 11 der befragten Absolventen gelangen zu der Einschätzung, daß sie sich im schulischen Bereich verbessert haben. Mehrfach wird auch auf die Erlangung der Zugangsvoraussetzung zum BVJ hingewiesen. Auffällig ist eine Fülle von Einzelnennungen, die sich in vielfältiger Weise auf Zukunft bzw. auf die bessere Bewältigung von Schwierigkeiten beziehen.

6. *Was war für Dich besonders wichtig?*
   - Der (gute) Kontakt zu den Mitarbeitern (4)
   - Ein gutes Verhältnis zu den anderen Schülern (3)
   - Probleme konnten besprochen werden (3)
   - Der (andere) Unterricht (2)
   - Eine vertrauensgeprägte Atmosphäre/das Klima (2)
   - Der „andere“ Umgang der Lehrenden mit uns (2)
   - Unterstützung bei der Suche nach Sinn (2)
   - Freundlichkeit (2)
   - Habe was gelernt (1)
   - Bin besser im Leben angekommen (1)
   - Der Zusammenhalt (1)
   - Daß ich nicht gehänselt wurde (1)
   - Daß ich den Unterricht verstehen konnte (1)
   - Ansprechpartner zu haben (1)
   - Mitarbeiter haben auch bei nicht schulischen Problemen geholfen (1)
   - War nicht so, wie Schule sonst ist (1)
   - Wahlmöglichkeiten bei der Fächerauswahl (1)
   - Man konnte immer fragen (1)
   - Unterricht in kleinen Gruppen (1)
   - Man hat uns zugehört (1)
   - Auf den einzelnen wurde eingegangen (1)
   - Daß man mit Menschen freundlich umgeht (1)

Im Rahmen der Interviews fiel bei dieser Frage besonders auf, daß vor allem positive, die Gesamtatmosphäre prägende Aspekte im Vordergrund standen. Beeindruckend waren darüber hinaus Benennungen und Reflexionen, die man einer als „sozial benachteiligt“ beschriebenen Gruppe von Jugendlichen nicht so ohne weiteres zugetraut hätte.

7. *Was machst Du jetzt?*
   - BVJ (3)
   - Ausbildung bei einem freien Bildungsträger (3)

- Habe feste Stelle (2)
- Arbeitslos (1)
- Reha-Maßnahme bei einem freien Bildungsträger (1)
- Gehe regelmäßig zur Schule (1)

Mit einer Ausnahme waren alle Jugendlichen zum Zeitpunkt der Befragung in einem geregelten Schul-, Ausbildungs- oder Beschäftigungsverhältnis. Welche Perspektiven sich den Auszubildenden bzw. den Absolventen des BVJ nach Abschluß der jeweiligen Maßnahmen eröffnen, bleibt abzuwarten.

8. *Was hast Du in der Zwischenzeit gemacht?*
   - die Ausbildung/die Maßnahme/die Arbeit schloß übergangslos an den ZAL-Besuch an (8)
   - Durchgängiger Schulbesuch (1)
   - Bis zur Bewilligung der Ausbildung bei einem freien Bildungsträger 2 Monate zu Hause (1)
   - Lehrstelle nach einem Monat abgebrochen (1)

In dieser Darstellung wird zum einen deutlich, daß die Übergänge in weiterführende Maßnahmen gelingen, zum anderen wird ein Hinweis darauf gegeben, daß die weiterführenden Vermittlungen zum festen Bestandteil des Arbeitsansatzes gehörte.

9. *Wie bewertest Du die Arbeit des ZAL?*

Den Jugendlichen wurde am Schluß des Interviews eine Skalierung vorgelegt, mit der sie – nach nochmaligem Hinweis auf die Anonymität der Angaben – die Arbeit des ZAL bewerten sollten:

1	2	3	4	5	6
Sehr gut					sehr schlecht

Folgende Benotungen wurden vorgenommen:

1 = 5 mal
2 = 5 mal
3-4 = 1 mal

7. Befragung der Eltern von Schulverweigerern

Im gleichen Zeitraum, in dem elf ehemalige Absolventen des Zentrums für Alternatives Lernen Schönebeck befragt wurden, konnten auch die Eltern von vierzehn Schulabstinenten auf der Basis standardisierter Leitfragen interviewt werden. Bei den befragten Eltern handelt es sich mit zwei Ausnahmen ausnahmslos um Mütter, bzw. – in einem Fall – um die Stiefmutter. Dieser Umstand basiert auf zwei Faktoren. Zum einen ist der Anteil alleinerziehender Mütter bei schulabstinenten Kindern überdurchschnittlich hoch. Zum anderen hat dies auch damit zu tun, daß Auskünfte zu Fragen der Erziehung und der Entwicklung von Kindern eher von Müttern als von Vätern gegeben werden. In elf Fällen handelt es sich um Elternteile der Absolventen, die ihrerseits zu einem Gespräch bereit waren. Dreimal wurden Eltern befragt, deren Söhne keine Interviews geben wollten.

1. *Wie sind Sie auf das ZAL aufmerksam geworden?*
   - durch ein Schreiben der Schule (4)
   - durch (Klassen-)Lehrer (4)
   - durch das Jugendamt (3)
   - durch den Schulleiter/Direktor (3)
   - auf der selbständigen Suche nach einer entsprechenden Institution für mein Kind (2)
   - habe das ZAL zuvor einmal besucht (1)
   - durch einen Zeitungsartikel (1)
   - über andere Schüler des ZAL (1)
   - durch das Ordnungsamt (1)
   - durch den Sohn (1)

2. *Wie wurden Sie mit dem Fernbleiben Ihres Kindes von der Schule konfrontiert?*
   - durch Hinweise des Schulleiters/Direktors (5)
   - durch Hinweise der (Klassen-)Lehrer (4)
   - das Kind hat sein Fernbleiben offen dargestellt und mit seinen Mobbing-Erlebnissen begründet (2)
   - mein Kind wollte immer häufiger, daß ich Krankmeldungen schreibe (2)
   - lange nichts gemerkt, er ging von zu Hause los, kam aber in der Schule nicht an (2)
   - ich habe das sogleich selbst bemerkt (1)
   - durch das Ordnungsamt (1)
   - das Kind war schon immer hyperaktiv, es war mit Auffäligkeiten zu rechnen (1)
   - mein Kind „machte immer häufiger krank" (1)
   - die Lernschwierigkeiten waren gravierend, mit einem phasenweisen Fernbleiben war zu rechnen (1)
   - bin stutzig geworden, weil er oft so früh zu Hause war (1)
   - man hat mich von der Arbeit geholt und informiert (1)
   - beim Elternabend (1)
   - bei meinem Kind waren die Gründe für den Besuch des ZAL nicht Schulbummelei, sondern Lernschwierigkeiten (1)

3. *In welcher Häufigkeit trat Schulverweigerung auf?*
   - zu Beginn einzelne Stunden und Tage, dann über mehrere Monate (3)
   - ein halbes Jahr durchgängig (3)
   - ein Jahr durchgängig (2)
   - mehrere Wochen (2)
   - anfangs 2-3 Tage in der Woche, dann häufiger (1)
   - anfangs 1-2 Tage in der Woche, dann wochenweise (1)
   - „klassische Bummelei", immer wieder mal 2-3 Tage (1)

- überhaupt nicht, es handelte sich um schwere Lernschwierigkeiten (1)

4. *Wie gingen Sie damit um?*
   - Gespräche mit Lehrern und Schulleitern (6)
   - vergebliche Versuche, das Kind von der Notwendigkeit des Schulbesuchs zu überzeugen (5)
   - brachte das Kind regelmäßig zur Schule – von wo es häufig wieder verschwand (3)
   - es gab Konfrontationen zu Hause, die nichts brachten (2)
   - Kontakt zu Jugendamt, ohne konkrete Hilfe (2)
   - hilfreicher Kontakt zum Jugendamt (1)
   - Zustimmung zur Einweisung des Kindes in Kinder- und Jugendpsychiatrie (1)
   - ich war ziemlich ratlos (1)
   - hatte keinen Einfluß (1)
   - Zustimmung zur Durchführung psychologischer Tests (1)
   - Kontakt mit der Schulaufsicht – ohne konkretes Ergebnis (1)
   - ich unternahm große Anstrengungen, es bestand die Gefahr, daß ich meine Arbeit aufgeben mußte (1)
   - ich war auf der Suche nach einer Alternative zur Schule (1)
   - ich habe das Verhalten gedeckt (1)
   - Frage nicht relevant, da bei meinem Kind keine Schulverweigerung aufgetreten ist (1)

Das Spektrum der Antworten macht deutlich, daß bei den Eltern sehr unterschiedliche Sichtweisen und Problemlösungsansätze vorliegen. Entgegen der häufig vertretenen Auffassung, wonach den Eltern von Schulabstinenten das Verhalten ihrer Kinder gleichgültig ist, haben die Eltern durchaus Anstrengungen unternommen, die aber bei den hier vorliegenden Fallkonstellationen bis zum Eintritt der Jugendlichen in das ZAL nichts am Problem der Schulverweigerung ändern konnten.

5. *Mit welchen Institutionen haben Sie Kontakt gehabt?*
   - Schule (13)
   - Jugendamt (8)
   - Schulaufsichtsamt (3)
   - Psychologen (3)
   - Psychiatrie (2)
   - Schulsozialarbeiter (2)
   - Ordnungsamt (1)
   - Polizei (1)
   - Projekt „Brücken bauen" (1)
   - Sozialpädiatrisches Zentrum Magdeburg (1)
   - Beratungsstelle des DPWV (1)
   - Bewährungshilfe (1)
   - Rückenwind e.V. (1)
   - Jugendclub (1)

6. *Mit wieviel Institutionen unterhielten Sie Kontakte?*
   - nur mit der Schule (5)
   - nur mit einer anderen Institution, nicht mit der Schule (1)
   - Schule und Jugendamt (6)
   - mit insgesamt 3 Institutionen (1)
   - mit insgesamt 4 Institutionen (2)
   - mit insgesamt 5 Institutionen (2)

In der Mehrzahl der Fälle waren mehrere Institutionen in den Vorgang eingeschaltet. Dabei fällt auf, daß die Ordnungsbehörden nur eine untergeordnete Rolle spielen. In den beiden Fällen, in denen sich insgesamt 5 Institutionen mit der Schulverweigerung befaßten, waren dies:

Fall A: Schule, Jugendamt, Sozialpädiatrisches Zentrum Magdeburg, Psychiatrie, Beratungsstelle.

Fall B: Schule, Jugendamt, Ordnungsamt, Psychologe, Psychiatrie.

7. *Wie bewerten Sie die Entwicklung Ihres Kindes im ZAL?*
   - es hat ihm Spaß gemacht/ging gerne hin (8)
   - ging sehr regelmäßig hin (6)
   - Lernerfolge haben sich eingestellt (5)
   - sehr gut/sehr positiv (4)
   - deutlicher Aufschwung/gute Entwicklung (3)
   - wurde positiv geformt/gefestigt (3)
   - weniger aggressiv, weniger auffällig, weniger Konflikte (3)
   - hat sich gute PC-Kenntnisse angeeignet (2)
   - ist nicht immer, aber häufiger hingegangen (2)
   - das Selbstbewußtsein des Kindes wurde gestärkt (2)
   - ging motiviert hin (1)
   - in den Grundfertigkeiten erfolgte kein großer Zuwachs (1)
   - ausgeglichener (1)
   - hat sehr gut angefangen, dann Abbruch nach einem halben Jahr (1)

Aus der Sicht der befragten Eltern haben sich die Jugendlichen im Rahmen der Betreuung durch das ZAL sehr positiv entwickelt. Das Konzept hat aus ihrer Sicht maßgeblich zur Verbesserung der schulischen Fertigkeiten beigetragen. In fast allen Fällen kam es zu einem regelmäßigen Besuch der Einrichtung, zumindest jedoch wurden die Fehlphasen deutlich reduziert. Auch in den beiden Fällen, in denen nur ein kürzerer (halbjähriger) Besuch des ZAL erfolgte, wurden von den befragten Eltern Besserungen im schulischen und im Sozialverhalten festgestellt.

8. *Wie bewerten Sie die Arbeit des ZAL?*

Vorgelegt wurde den Eltern nachfolgende Skala. Ehe die Bewertung vorgenommen wurde, wurde in jedem Gespräch nochmals ausdrücklich auf die vollständige Anonymisierung der Befragungsergebnisse hingewiesen

1	2	3	4	5	6
Sehr gut					sehr schlecht

1 = 7
1-2 = 2
2 = 2
2-3 = 3
3-6 = 0

Ein Fazit

Aus der exemplarischen Betrachtung von Phänomenen der Schulverweigerung sowie der darauf gerichteten sozialpädagogischen Antworten lassen sich verschiedene Hypothesen ableiten. So kann vermutet werden, daß die bei anderen Phänomenen feststellbare Hellfeld-Dunkelfeld-Konstellation auch für Schulverweigerung zutrifft, was zu dem Ergebnis führt, daß Absentismus – in seinen unterschiedlichen Ausprägungen – sehr viel häufiger auftritt als dies bislang vermutet wurde. Dies wird auch durch die Befragungsergebnisse in der Kreisstadt Schönebeck belegt. Die Entwicklung spezieller Hilfen für Schulverweigerer ist somit eine Anforderung an Schule und Jugendhilfe. Offen bleiben muß derzeit, in welcher Gewichtung derartige Hilfen entweder unmittelbar im schulischen Kontext oder als eigener Ansatz der Jugendhilfe bereitgestellt werden müssen. Beides wird wohl nötig sein und sollte weniger aus einer Perspektive der Konkurrenz, sondern als Ausgangspunkt für Modelle einer komplementären Praxis betrachtet werden. Somit entwickeln sich an der Schnittstelle zwischen Jugendhilfe und Schule auch neue Anforderungen an die Schulentwicklungs- sowie die kommunale Jugendhilfeplanung.

Die Erfahrungen in verschiedenen Modellprojekten – und hier konkret auch im Z.A.L. Schönebeck – machen eindrucksvoll deutlich, daß selbst zu „hartnäckigen Schulverweigerern" Zugänge geschaffen werden können. Dies setzt ein Verständnis voraus, das weg führt von der klassischen Devianz- oder Defizitthese, das vielmehr Schulverweigerung als ein Symptom für tieferliegende Störungen begreift, die im Interaktionsgefüge zwischen Schule, Elternhaus und anderen Sozialisationsinstanzen zu bearbeiten sind.

Literaturhinweise

MK und MS des Landes Sachsen-Anhalt, Zusammenarbeit von Schule und Jugendhilfe – Schulsozialarbeit in Schulen Sachsen-Anhalts, Runderlaß vom 18.02.1998

T. Simon, Untersuchung zum Freizeitverhalten von Kindern und Jugendlichen in einer Kleinstadt Sachsen-Anhalts als Beitrag zur Jugendhilfeplanung, Magdeburg 1999

T. Simon, Arbeit mit Schulverweigerern – nur eine Modeerscheinung? Einige einführende Überlegungen, in: S. Uhlig (Hrsg.), „Da geh' ich nicht mehr hin!" Zum Umgang mit Schulabstinenten und den Möglichkeiten alternativer Betreuungs- und Beschulungsprojekte, Magdeburg 2000

T. Simon, Kommunale Jugendhilfeplanung, 4. überarbeitete und aktualisierte Auflage, Kommunal- und Schulverlag, Wiesbaden 2001

K. Thimm, Schulverweigerung. Zur Begründung eines neuen Verhältnisses von Schulpädagogik und Schule, Münster 2000

S. Uhlig (Hrsg.), „Da geh‘ ich nicht mehr hin!“ Zum Umgang mit Schulabstinenten und den Möglichkeiten alternativer Betreuungs- und Beschulungsprojekte, Magdeburg 2000

Ingo Gottschalk

Entwicklungspotenziale Sozialer Arbeit an Schulen aus der Entwicklungsperspektive der Jugendhilfeplanung in der Landeshauptstadt Magdeburg – ein Praxisbericht

Einführung

Die Ausrichtung der Ressourcen sozialer Arbeit aus dem fachlichen Zugang der Jugendhilfe auf Prozesse der Sozialisation von Kindern, Jugendlichen und deren Familien an Schulen gewinnt an Bedeutung. Diese Ausrichtung ergibt sich aufgrund unterschiedlicher Problemkonstellationen.

Zum einen ist die Bewältigung des Problems der Schulverweigerung bzw. der Unregelmäßigkeiten des Schulbesuchs von Schüler/-innen bundesweit – und auch in Magdeburg – eine wesentliche Herausforderung an Jugendhilfe und Schule.

Dabei rücken verstärkt Fragestellungen des Absolvierens der Schule in den Blickpunkt.

In Magdeburg wird durch das örtliche Jugendamt/Abteilung Jugendförderung in Zusammenarbeit mit dem sachsen-anhaltinischen Sozial- bzw. Kultusministerium projektorientiert und modellhaft an dieser Problematik gearbeitet.

Das Projekt „Werk-statt-Schule“ ist ein alternatives Angebot an Schüler/-innen, die das 9. oder 10. Schulbesuchsjahr noch nicht absolviert haben und den Schulbesuch wiederholt oder generell verweigern. Ziel des Projektes ist es, durch geeignete sozialpädagogische, schulische und werkpraktische Maßnahmen notwendige Schlüsselqualifikationen zur beruflichen Orientierung und Ausbildung zu entwickeln.

Zum anderen ergeben sich aus den fachlichen Paradigmen der Jugendhilfe – u.a. der Sozialraumorientierung oder der Flexibilisierung und Vernetzung von Hilfe-Settings Gestaltungsspielräume sozialarbeiterischen Handelns im Rahmen der zukunftsgerichteten Gestaltung und präventiven Ausrichtung der Handlungsfelder der Jugendhilfe an Schulen.

Voraussetzung ist, dass im Rahmen der politisch – strategischen Steuerung der Jugendhilfe – der Jugendhilfeplanung – dieser Entwicklungsansatz innerhalb aller Möglichkeiten der Gestaltung von Handlungsfeldern der Jugendhilfe erschlossen wird.

Unregelmäßigkeiten im Schulbesuch Schuljahr 1998/99
(Anzahl der Schülerinnen bzw. Schüler)

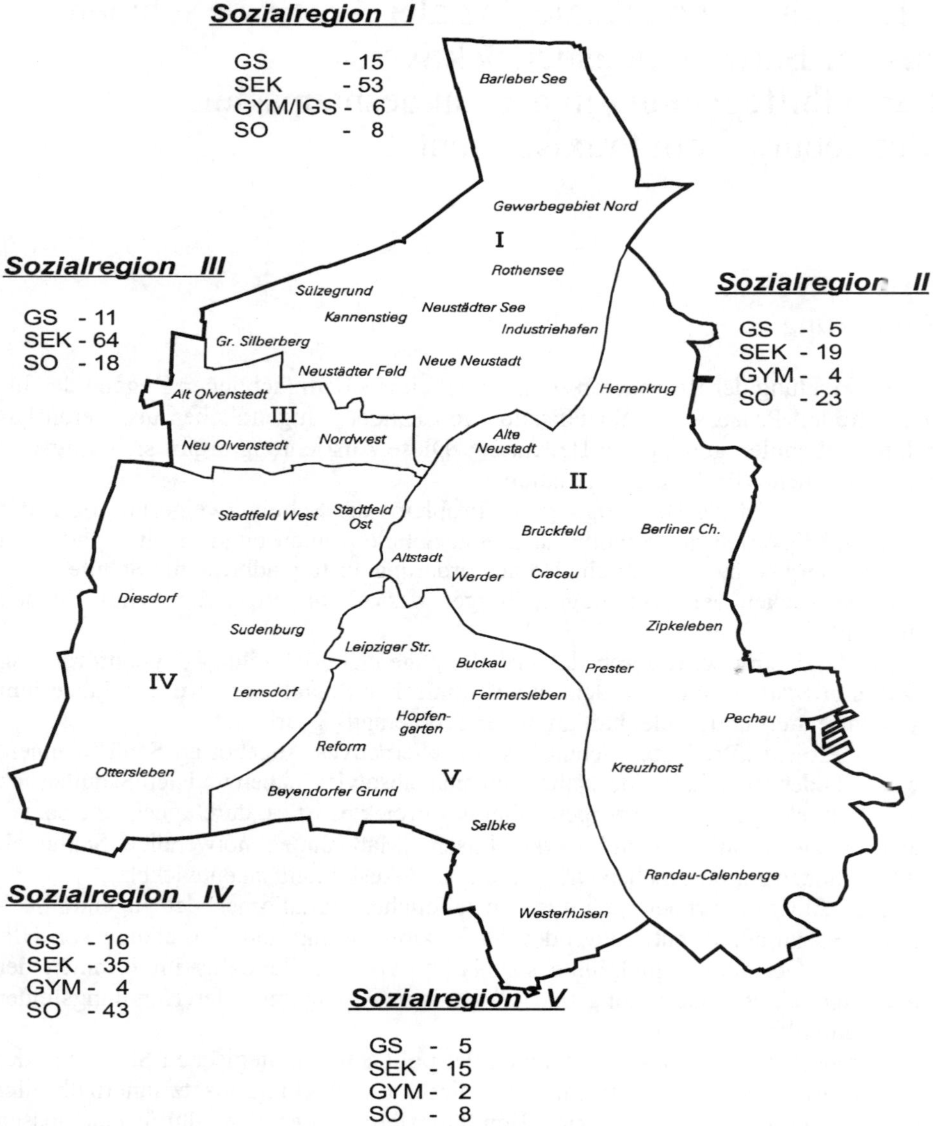

Schulform: GS = Grundschule, SEK = Sekundarstufe, GYM/GS = Gymnasium/Integrierte Ges.-Schule, SO = Sonderoberschule
Jugendamt/Jugendhilfeplanung/Controlling/Dr. Gottlschalk/13.09.2000
Quelle: Statistisches Schulamt Magdeburg

Jugendpolitische Zielstellung

Im März 1999 wurden durch den Magdeburger Stadtrat jugendpolitische Leitlinien für die Jugendarbeit nach § 11 SGB VIII für die Landeshauptstadt Magdeburg bestätigt.

Leitlinie – Entwicklung von Schulen zu Stützpunkten sozialer Arbeit:

Die Gestaltung der Sozialisationsinstanz Schule zu einem Wirkungsbereich der Maßnahmen, Dienste und Angebote der Jugendhilfe ist im Sinne des Aufbaus tragfähiger Kooperationsstrukturen zu entwickeln sowie als räumliche Ressource (Schulen, Schulhöfe, Turnhallen, Sportplätze) zu erschließen. Dies soll zu einer stärkeren Etablierung stadtteilbezogener Modelle der Kooperation von Schule und Jugendarbeit (Schulsozialarbeit) führen.

Kinder und Jugendliche verbringen einen maßgeblichen Teil ihrer Zeit in der Schule. Das Schulgesetz des Landes Sachsen-Anhalt sieht im § 1 nicht nur den Bildungsauftrag vor. In ihm ist auch der Erziehungsauftrag der Schule verankert. Neben der klassischen Bildungsinstanz ist die Schule auch eine Sozialisationsinstanz, welche, neben dem sonstigen sozialen Umfeld (Familie, Freunde, Jugendhilfe etc.), einen großen Beitrag „zum Aufbau von Handlungskompetenzen" leisten soll. Hinzu kommt, dass das sonstige soziale Umfeld zunehmend seine Sozialisationsaufgabe nur noch eingeschränkt wahrnimmt bzw. wahrnehmen kann oder in einer Weise vornimmt, die nicht im gesamtgesellschaftlichen Interesse ist. Im Ergebnis kommen durch gesellschaftliche Entwicklungsprozesse steigende Anforderungen auf das Schulpersonal zu. Hilfestellungen zu Fragen unterschiedlichster Lebensfelder werden von Schülerinnen und Schülern eingefordert. Schule ist nicht nur Lernen, sondern in verstärktem Maße auch Lebensort. Die neuen Anforderungen sind im und mit einem System Schule, welches sich als reglementierter Lernort versteht, nur bedingt zu bewältigen.

Die Jugendhilfe ist die originäre Partnerin der Institution Schule. Ihre breite Palette von Maßnahmen, Diensten und Angeboten bietet die Ergänzung zum institutionellen Erziehungsauftrag der Schule. Arbeitsansätze der Jugendhilfe werden dabei auch von der Schule im verstärkten Maße aufgegriffen.

Jugendhilfe muss diese Bestrebungen unterstützen. Im Interesse der Kinder und Jugendlichen muss es zu einer sich selbst tragenden Kooperation zwischen Schule und Jugendhilfe „vor Ort" kommen.

Dies bedeutet in der Praxis, dass die Palette von der Partnerschaft einer Schule mit einer Einrichtung der Jugendarbeit über die stadtteil- oder sozialraumorientierte Konferenz bis zur Durchführung gemeinsamer Veranstaltungen der übergeordneten Träger reichen sollte. Die Kooperationsvereinbarung der übergeordneten Träger vom Dezember 1995 bietet hier den Rahmen. Grundlage einer etablierten Kooperation von Menschen für Menschen ist somit die Benennung von dauerhaften, verantwortlichen Ansprechpartnern innerhalb der Institutionen.

Schule verwaltet große räumliche Ressourcen innerhalb des Stadtteiles. Schulgebäude, Schulhöfe, Turnhallen und Sportplätze sind Orte der Kommunikation, des

Sports und des Spiels. Ihre Funktionen gehen somit weit über den Zweck des Schulunterrichts hinaus. Jugendarbeit muss sich durch Kooperation die Möglichkeit erschließen, innerhalb dieser „Räume“ tätig zu werden. Im Rahmen der Diskussionen um Schließungen von Schuleinrichtungen muss die Jugendhilfe ihren Einfluss geltend machen, diese sozialen Orte nicht für die Bedürfnisse von Kindern und Jugendlichen zu verlieren, sondern zu erhalten und diese nach Möglichkeit zu kinder- und jugendgerechten Freiräumen auszubauen.

Zunehmende Bestrebungen der Schulen, einen Ganztagsbetrieb mit integriertem Freizeitbereich anzubieten, sind positiv zu bewerten. Für Träger der Jugendarbeit stellen diese Veränderungen Perspektiven dar, durch Vereinbarungen Angebote im Schulbereich im Rahmen der eigenen Möglichkeiten zu unterstützen. Grundlage für diese Kooperationen ist die Öffnung der Angebote der Schule über den Kreis der eigenen Schüler hinaus, d. h. letztlich die Öffnung der Schule für die Bürgerinnen und Bürger des Stadtteils. Die Beschränkung von Schulangeboten in der Freizeit auf die „eigenen“ Schülerinnen und Schüler würde den o. g. Arbeitsgrundsätzen der Jugendarbeit zuwider laufen.

Zentrales Verbindungsglied der Jugendhilfe und der Schule ist die Schulsozialarbeit. Ihr Arbeitsort ist die Schule. Schulsozialarbeit muss sich auf verbindliche Vereinbarungen zwischen Schule und Jugendhilfe stützen können. Schulsozialarbeiterinnen und Schulsozialarbeiter vertreten die Arbeitsansätze der Jugendhilfe in der Schule und unterbreiten Schülerinnen und Schülern, Eltern, Lehrerinnen und Lehrern und dem übrigen Schulpersonal Angebote der Hilfe, Unterstützung und Kooperation. Angebote der Jugendarbeit stehen innerhalb der Schulsozialarbeit nicht im Mittelpunkt. Angebote der Jugendarbeit durch die Schulsozialarbeiterinnen und Schulsozialarbeiter können Bestrebungen und Ansätze der Arbeit in den Schulen auf diesem Gebiet unterstützen, ergänzen und bestärken. Hierdurch kann der Lebensraum Schule durch Jugendhilfe aktiv mitgestaltet werden. Neben diesem präventiven Ansatz sozialarbeiterischer Arbeit wird damit ein schneller Zugang für Hilfebedürftige zu den leistungsgewährenden Stellen der Jugendhilfe geleistet, auch über die Angebote der Jugendhilfe hinaus.

Durch die kooperative Einbeziehung der Schule in die Entwicklung der Jugendhilfe können Kindern und Jugendlichen auch im Lebensbereich Schule erweiterte Hilfestellung angeboten werden, um ihnen ihr Recht auf Förderung der Entwicklung und Erziehung zu einer eigenverantwortlichen und gemeinschaftsfähigen Persönlichkeit zu garantieren.

Jugendhilfeplanung – Schulsozialarbeit

Im September 1999 wurde eine Reflexionsphase bezüglich der Etablierung der jugendpolitischen Leitlinien zur Schulsozialarbeit in Magdeburg eingeleitet.

Zielstellung dieser Reflexionsphase im Bereich der Schulsozialarbeit war:

1. die Ist-Situation zu erfassen
2. auf der derzeitigen Kenntnisgrundlage Veränderungsbedarf bezüglich der derzeitigen Leistungserbringung festzustellen sowie

3. den Finanzierungsbedarf zur Sicherung der Infra- bzw. Personalstruktur ableiten zu können.

Diese Reflexionsphase wurde im Rahmen der Fachgruppe Schulsozialarbeit in Form von Expertenhearings durchgeführt.

In den Fachdiskussionen wurde folgendes Verständnis bzw. Profil und ein entsprechender Handlungsbedarf für die Schulsozialarbeit in Magdeburg herausgearbeitet.

Unter *Schulsozialarbeit* sind sämtliche Aktivitäten und Ansätze einer verbindlich vereinbarten gleichberechtigten Kooperation von Jugendhilfe und Schule zu verstehen, durch die sozialpädagogisches Handeln am Ort sowie im Umfeld der Schule ermöglicht wird.

Die *Schulsozialarbeit* ist eine Aufgabe der Jugendhilfe, sie leitet ihren Auftrag und Ihre Betrachtungsweise der Problemlagen aus dem Auftrag der Jugendhilfe ab, sie funktioniert aber nur in Kooperation mit der Schule. Es werden jugendspezifische Ziele, Tätigkeitsformen, Methoden und Herangehensweisen in die Schule eingebracht, die auch bei einer Erweiterung des beruflichen Auftrages der Lehrer/-innen nicht durch die Schule allein realisiert werden können.

Schulsozialarbeit als Oberbegriff verwendet schließt alle die Aktivitäten ein, die dazu geeignet sind, Konflikte und Diskrepanzen bei Schüler/-innen, Eltern und Lehrer/-innen auf der Grundlage adäquater Methoden der Sozialarbeit/ Sozialpädagogik innerhalb der Schule oder auf die Schule bezogen abzubauen.

Schulsozialarbeit ist demnach eine zusätzliche Ressource, die den schulischen Alltag und das schulische Leben bereichert (0lk/Hartnuß, 1998).

Durch Schulsozialarbeitsprojekte werden die Schüler/-innen in ihrem gesamten Umfeld begriffen, bestehende Problemlagen ganzheitlich interpretiert, sich neu entwickelnde Problemfelder rechtzeitig erkannt und präventive Arbeitsansätze entwickelt.

Schulsozialarbeitsprojekte in Magdeburg werden an den *Prinzipien:*

1. Prävention vor Intervention
2. Gleichberechtigung von Mädchen und Jungen
3. Mitbestimmung/Mitverantwortung
4. Freiwilligkeit
5. Integration/Normalisierung sozial Auffälliger, Behinderter, Ausländer ausgerichtet.

Schulsozialarbeit in Magdeburg:

- folgt einem integrierten sozialpädagogischen Ansatz und verknüpft einzelfall- und gruppenbezogene Probleminterventionen mit offenen präventiv ausgerichteten Freizeit- und Betreuungsangeboten auf der Grundlage der §§ 11 und 13 KJHG.
- zielt auf alle SchülerInnen sowie SchülerInnen mit sozialen Benachteiligungen und /oder individuellen Beeinträchtigungen.
- gestaltet das Verhältnis zwischen Jugendhilfe und Schule als intensive Kooperationsbeziehung in verschiedenen Arbeitsbereichen und Arbeitsvorhaben.

Belastungssituationen in Schule erwachsen aus Organisationszusammenhängen von Schule sowie aus sozialstrukturellen Zusammenhängen. Innerhalb der entsprechenden sozialen Milieus an den Einsatzstandorten von Schulsozialarbeiterinnen und Schulsozialarbeitern zielt das ermittelte Profil von Belastungspotenzialen auf standortbezogene Wirkungen sozialarbeiterischen Handelns.

Belastungspotenziale in der Schule:
- Gewalttaten an Schulen/ Straffälligkeit
- Konflikte (innerschulisch)
- rechtsextremistische Tendenzen
- Ausländer-/Aussiedleranteil
- Schulbummelei/ -verweigerung
- Erziehungshilfefälle
- Maßnahmen Hilfe zur Erziehung
- Anzahl Schüler mit mehrfachem Schulwechsel
- Schulstrafen/ Strafversetzungen/ Zwangsversetzungen
- Lernschwächen
- „Sitzenbleiber"/ Überleitung von SchülerInnen in Lernbehinderten-/ Sonderschulen
- Übergang Schulformen nach der Grundschule
- Alleinerziehende
- Arbeitsform der Schulen (Schulprojekte, Sonderfächer, Stundenbelastung pro Klassenstufe)
- Klassenschlüssel
- erfolgreiche Bewältigung der ersten Schwelle
- geringes Freizeitangebot
- Lehrkräfteanteil Fachbereiche
- soziale Komponente an der Schule, Lehrer-Schüler-Verhältnis
- Leistungsdruck
- Zeitumfang des Aufenthalts von Schülern an Schule
- Schulabgang (danach Lehre oder Studium)
- Versagensängste
- Stressbewältigung
- Pendellehrer
- Standort/Zusammenlegung von Einrichtungen

Sozialstrukturell begründete Belastungspotenziale:
- familiäre Situation (Verhältnis Eltern-Kind, Elternteile untereinander)
- Arbeitslosigkeit
- Alleinerziehende
- Sozialhilfeempfänger
- Ausländer-/Aussiedleranteil (Zusammensetzung Alter, Herkunftsländer, Anzahl)
- Scheidung/ Trennung
- soziales Brennpunktgebiet
- Drogen

- sexueller Missbrauch
- Kriminalitäts- und Gewaltstatistik (Verteilung der Altersgruppen)
- Straffälligkeit
- Mietspiegel
- Wohnsituation
- Wohnraumdichte
- Altersstruktur/ Bevölkerungsstruktur und -entwicklung im Wohngebiet
- Schulbummlei/-verweigerung – Verteilung auf Schulformen und Wohngebiet
- Anzahl der Familien mit Hilfe zur Erziehung.

Das *Leitbild* für die Schulsozialarbeit in Magdeburg orientiert sich an den Strukturmaximen einer lebensweltorientierten Jugendhilfe.

Konzeptionelle Zugänge an Magdeburger Schulen richten sich an den folgend beschriebenen *Leitlinien* und deren Gewichtung aus (ausführlich siehe Anlage 1):

I Verbesserung der Schulkultur
II Beförderung der Mitbestimmung, Sicherung von Partizipation
III Förderung der Vernetzung von Hilfsangeboten
IV Erhöhung der Kompetenz in der Lebensbewältigung insbesondere im Sozialverhalten
V Kompensierung/Ausgleich/Verminderung von individuellen Beeinträchtigungen und Auffälligkeiten
VI Vermeidung/Ausgleich sozialer Benachteiligung/von Notlagen
VII Unterstützung der außerschulischen Jugendarbeit
VIII Beförderung der Gemeinwesenarbeit

Gewichtung der Leitlinien

Rangplatz 1	IV,	V
Rangplatz 2	I,	VI
Rangplatz 3	II,	III
Rangplatz 4	VII,	VIII.

Das Tätigkeitsprofil von Schulsozialarbeiterinnen und Schulsozialarbeitern in Magdeburg ist ausgerichtet auf die Aufgaben- bzw. Tätigkeitsbereiche einer Schulsozialarbeiterin/eines Schulsozialarbeiters bezüglich der Arbeitszeitanteile als die Organisation von

Angeboten/Veranstaltungen	mit mindestens 70 %	
davon als		
Hilfen im Einzelfall	mit mindestens	50%
Gruppenarbeit	mit bis zu	20%
Gemeinwesenarbeit	mit bis zu	5%
außerschulische Jugendarbeit	mit bis zu	30%
Elternarbeit	mit bis zu	15%
geschlechtsspezifische Arbeit	z.Zt. nicht ausweisbar umzusetzen, da nur eine Person pro Schulstandort	

Mitwirkung Jugendhilfeplanung	mit bis zu	2%
Teamberatung	mit bis zu	15%
Supervision/Weiterbildung	mit bis zu	3%
Verwaltungstätigkeiten	mit bis zu	10%.

Der Adressatenbezug im Rahmen des Tätigkeitsprofiles von Schulsozialarbeiterinnen und Schulsozialarbeitern ergibt sich originär für Schülerinnen und Schüler, Eltern, Lehr- und Betreuungskräfte der Schulen sowie übrige Akteure im schulischen Bereich und im schulbezogenen Umfeld.

Ein bedarfsgerechter Zugang im Rahmen der Adressatenperspektive wird für Schülerinnen und Schüler insbesondere in folgenden handlungskompetenzfördernden Schwerpunkten gesehen: Gewaltbereitschaft, Delinquenz, Drogenkonsum, Radikalismustendenz, Schulverweigerung/Schulbummelei, kulturellen/religiösen Zugangsschwierigkeiten, Sprachschwierigkeiten, Leistungsversagen, schulischer Belastung, Schulabgang sowie sonstigen Problemen in Familie, Schule und Freizeit.

Handlungsbedarf besteht im Rahmen der Schulsozialarbeit für Angebote

- zur Schulverweigerung/Schulbummelei im gesamten Stadtgebiet,
- zur Vermeidung von Schulabbrüchen in allen Schulformen,
- zur Stärkung der Persönlichkeitsentwicklung und
- zur Etablierung von Gewaltpräventionsprojekten.

Ausblick

Den Empfehlungen für eine weitere Beförderung des Kooperationsprozesses zwischen Jugendhilfe und Schule in Magdeburg gelten aus fachlicher Sicht als Rahmenbedingungen für die Schulsozialarbeit in Magdeburg:

1. Integration der Schulsozialarbeit und der Schulsozialarbeitsprojekte in die örtliche Jugendhilfe- und Schulentwicklungsplanung;
2. Koordination *aller* regionalen Angebote von schulbezogenen Hilfen im Jugendamt;
3. Unterstützung bestehender Schulsozialarbeitsprojekte durch Vernetzung und fachliche Begleitung der Mitarbeiter/-innen und Träger durch das Jugendamt;
4. Entwicklung und Einhaltung von Qualitätskriterien für die Schulsozialarbeit im Bereich der Struktur-, Konzept,- Prozess- und Ergebnisqualität;
5. Sicherung von Kontinuität und Qualität der Kooperation von Jugendhilfe und Schule;
6. Durchführung systematisch angelegter und gemeinsamer Fort- und Weiterbildungsmaßnahmen für Fachkräfte der Jugendhilfe und schulische Lehrkräfte.

Mit dieser Reflexionsphase wurde der Auftakt des Diskussionsprozesses im Rahmen der örtlichen Jugendhilfeplanung vollzogen. Im weiteren Prozessverlauf zur Jugendhilfeplanung:

- sind Instrumentarien zur Erfassung von jugendhilferelevanten Daten in der Schule und im Umfeld von Schule zu etablieren, die dem gekennzeichneten

Profil von Belastungspotenzialen in Schule und schulischem Umfeld entsprechen,

- sind Qualitätskriterien der Schulsozialarbeit in Magdeburg u.a. auch im Bereich der Prozess- und Ergebnisqualität herauszuarbeiten und als Standards fachlicher Arbeit schulformbezogen zu etablieren,
- ist ein Kennzahlensystem zu entwickeln, um die Wirkungsebene zu charakterisieren,
- ist beständig eine bedarfsgerechte Aufgabenwichtung bezogen auf die Milieuentwicklung am Schulstandort vorzunehmen und
- ist die Unterscheidung der Aufgabenbereiche von Schulsozialarbeit in Kernaufgaben, an andere zu übertragende, jedoch durch Schulsozialarbeiterinnen und Schulsozialarbeiter anzuleitende Aufgaben anzustreben.

Jugendhilfeplanung – Tagesbetreuung von Schulkindern (Hort)

Nach einer Gesetzesnovellierung im Land Sachsen-Anhalt zur Einführung der Grundschule mit festen Öffnungszeiten wurde die Tagesbetreuung von Schulkindern in Horten zum 01.08.2001 aus Landesverantwortung in die kommunale Aufgabenwahrnehmung übergeben.

Seit 1999 wurde in der Fachöffentlichkeit durch das Jugendamt ein intensiver und umfänglicher Prozess der fachlichen Willensbildung mit der Zielstellung gestaltet, die Errichtung von Kindertageseinrichtungen in der Landeshauptstadt Magdeburg zur Tagesbetreuung für bis unter 14jährige Schulkinder nach dem Kinderbetreuungsgesetz des Landes Sachsen-Anhalt (KiBeG-LSA) in Verbindung mit dem SGB VIII (Kinder- und Jugendhilfegesetz) als neues sozialpädagogisches Angebot in der Landeshauptstadt Magdeburg zu etablieren.

Die Beteiligung des Stadtelternrates, des Stadtelternbeirates, von Elternkuratorien bzw. interessierten Eltern, Vereinen und freier Träger der Jugendhilfe, von Mitarbeiter/-innen in Kindertagesstätten, Horten und Grundschulen, Mitgliedern der Arbeitsgruppen zur Unterstützung und Entwicklung der Gemeinwesenarbeit, von Stadträtinnen und Stadträten sowie der vier Arbeitsgemeinschaften nach § 78 des Kinder- und Jugendhilfegesetzes wurde innerhalb des Planungsprozesses gewährleistet (siehe Anhang – Anlage 2).

Politisch wurden für Einrichtungen der Jugendhilfe, in denen sich schulpflichtige Kinder für den Teil eines Tages aufhalten und durch die Vereine bzw. freie Träger der Jugendhilfe betrieben werden sollen, Rahmenbedingungen festgesetzt.

Rahmenbedingungen

1. Es ist von einer wöchentlichen Betreuungszeit bei der Aufgabenerfüllung im Rahmen der vor- und nachschulischen Tagesbetreuung von 32 bis 34 Stunden auszugehen.
   Hinsichtlich des Personalschlüssels ist die Besetzung einer Personalstelle mit bis zu 34 Stunden pro Woche definiert.
2. Die Finanzierung erfolgt für den unter 1. festgelegten Stundenumfang gemäß § 17 Abs. 7 KiBeG. Dabei ist der Personaleinsatz von 1 : 25 (1 Betreuer für 25

Kinder) nach § 20 Abs. 1 KiBeG weiterhin Maßstab für die Personalvorhaltung.

3. Für einen Modellzeitraum von 5 Jahren sichert die Landeshauptstadt Magdeburg, abweichend vom üblichen Finanzierungsmodell gemäß § 17 Abs. 7 KiBeG-LSA (Kinderbetreuungsgesetz Land Sachsen-Anhalt), die volle Übernahme entstehender notwendiger Personalkosten im Rahmen der vor- und nachschulischen Tagesbetreuung zu.
   Demgegenüber wird eine vollständige Kostenübernahme entstehender notwendiger Personalkosten für die vorschulische Tagesbetreuung („Frühhort") zunächst für den Zeitraum vom 01.08.2001 bis 31.07.2002 durch die Landeshauptstadt Magdeburg garantiert. Hiernach sind Verhandlungen über das weitere Vorgehen zur wirtschaftlichen Absicherung einer „Frühhort"-Betreuung in Abhängigkeit vom Inanspruchnahmeverhalten durch das Jugendamt zu führen.
   Die Träger künftiger Einrichtungen werden im Modellzeitraum zu einem Eigenanteil von 5 % an den entstehenden Sachkosten außerhalb anfallender Personalkosten verpflichtet.
   Darüber hinausgehende Angebote freier Träger zur Eigenanteilerbringung wirken sich kostenmindernd für die Stadt im Rahmen vorgeschriebener Defizitfinanzierung aus und werden auch so berücksichtigt.
4. Die modellhafte Finanzierung findet ausschließlich bei der Übernahme oder Anstellung städtischen Personals Anwendung.
   Sonderkonditionen der Personalfinanzierung werden darüber hinaus nicht gewährt. Bei Einsatz eigenen Personals gelten somit uneingeschränkt die Bedingungen der Finanzierung gemäß § 17 Abs. 7 KiBeG-LSA mit den erforderlichen Eigenanteilen von in der Regel 5% an den Gesamtbetriebskosten.
5. Der örtliche Träger der Jugendhilfe besteht nach Ablauf des Modellzeitraumes auf einer Erbringung notwendiger Eigenanteile im Rahmen der Gesamtfinanzierung zu den im Rahmen durchzusetzender Gleichbehandlung zu diesem Zeitpunkt durch alle freien Träger von nach KiBeG-LSA betriebenen Kindertageseinrichtungen.

Zur Einschätzung der fachlichen Eignung eines Konzeptes eines Vereines bzw. eines freien Trägers der Jugendhilfe bzw. zur Entscheidung zwischen Konzepten von Trägern zur Errichtung bzw. Übergabe von Kindertageseinrichtungen für schulpflichtige Kinder verständigten sich die politischen Gremien auf entsprechende Kriterien.

Kriterien des Grundkonzepts zur Feststellung der Eignung für eine Trägerschaft:

- Pädagogische Grundrichtung
- Entsprechen der Anforderungen zur Strukturqualität des Angebotes
- Entsprechen der standortbezogenen Leistungsprofile
- Bewertung der Kooperation mit der Institution Schule
- Stadtteilorientierung/Kooperation mit anderen Institutionen
- Elternbeteiligung
- Möglichkeiten der Kooperation mit anderen Hilfeformen
- bisheriges Potential des Trägers

- Personal (Personalübernahme, Personalstruktur/pädagogische Eignung [Fort- und Weiterbildung]; Trägerentwicklung; Personalförderung)
- Finanzierung (Verwaltungsgemeinkosten; Eigenanteil; Trägerperspektive in den nächsten fünf Jahren; Gesamtfinanzierung; wirtschaftliche Sicherheit)

Kriterien des Grundkonzeptes für die Entscheidung zwischen Konzepten für eine Trägerschaft:
- Einbeziehung benachteiligter Kinder, Jugendlicher, Familien
- Aktivitäten im Rahmen der Gemeinwesenarbeit
- immaterielle Leistungen
- Anzahl ehrenamtlich Tätiger beim Träger
- Gesamtfinanzierung der Einrichtungsstruktur
- Qualifikation der Leitung einer Einrichtungsstruktur
- Entscheidung für die besondere Leistungsfähigkeit eines Trägers
- Elternwunsch
- Höhe des Eigenanteils
- Personalübernahme
- Trägerperspektive (in den nächsten fünf Jahren).

Bis zum 01.08.2001 wurden folgende Aufgabenstellungen gelöst:
- Errichten von Kindertageseinrichtungen
- Erreichen der Betriebserlaubnisse für die Führung von Kindertageseinrichtungen als pädagogisch orientierte Einrichtungen der Jugendhilfe, in denen sich schulpflichtige Kinder für den Teil eines Tages aufhalten
- Abschluss von Betreuungsverträgen zwischen dem Träger und den Eltern
- standortbezogene Besetzung der Personalstellen in den Kindertageseinrichtungen (Team- und Dienstplanung)
- Beachtung der räumlich-sächlichen Bedingungen an den Betreuungsstandorten nach den standortbezogenen Möglichkeiten zum 01.08.2001 (u.a. Doppelnutzung von Räumen)
- Erfassung von Investitions- bzw. Sanierungsbedarfen
- Einstimmung der Kinder, Eltern und des Fachpersonals auf die neue Betreuungssituation
- Tarifverhandlungen zum Einsatz und zur Arbeitszeit von Erzieher/-innen
- Übergabe kommunaler Einrichtungen bzw. kommunalen Personals in freie Trägerschaft (Betriebsübergaben).

Mit der Realisierung dieser Aufgabenstellung beschloss der Magdeburger Stadtrat eine Entwicklungsaufgabe für die Jugendhilfe in Magdeburg. Die Tagesbetreuung schulpflichtiger Kinder im Altersbereich von 7 bis unter 14 Jahren ist als ein an der Bedarfslage des Kindes orientiertes Betreuungs- und Beratungsangebot außerhalb der schulischen Betreuung in örtlicher Nähe zum Grundschulstandort zu entwickeln.

Durch die damit verbundene Öffnung von Einrichtungen zur Tagesbetreuung von Schulkindern für Angebote der offenen Kinder- und Jugendarbeit im Stadtteil wird dieses Angebot dazu beitragen, die infrastrukturelle Grundversorgung der

Kinder durch die stadtteilbezogene Kooperation von Jugendhilfe und Schule aufzuwerten.

Die Tagesbetreuung von schulpflichtigen Kindern im Altersbereich von 7 bis 14 Jahren wurde auf der Grundlage der Empfehlungen und Hinweise der Bundesarbeitsgemeinschaft der Landesjugendämter zur Tagesbetreuung von Schulkindern in Verbindung offener Freizeitangebote im Rahmen der Jugendhilfe für Magdeburg folgend definiert:

Vor- und nachschulische Tagesbetreuung ist ein an der Bedarfslage eines Schulkindes orientiertes Betreuungs- und Beratungsangebot außerhalb der schulischen Betreuung, das gleichzeitig familienunterstützend und durch offene Angebote der Kinder- und Jugendarbeit in den Sozialraum wirkt.

Die stadtteilbezogene Strukturierung der Angebote ergab sich aufgrund einer standortbezogenen Prüfung von Organisationsmodellen zur Tagesbetreuung schulpflichtiger Kinder.

Organisationsmodelle
Grundprinzipien für die Entwicklung von Organisationsmodellen waren:
- der Erhalt der Möglichkeit der Betreuung der Schulkinder in unmittelbarer Nähe des Grundschulstandortes oder im Grundschulgebäude;
- die Bildung von Einrichtungsstrukturen zur Absicherung des Dienstbetriebes von Einrichtungen bei gleichzeitiger Betreuung der Schulkinder in der Regel am Grundschulstandort;
- die angebotsbezogene Verbindung unterschiedlicher Jugendhilfebereiche zur Aufhebung der „Versäulung" von Jugendhilfebereichen, der Nutzung von Ressourcen und des Entsprechens einer ganzheitlichen bzw. sozialräumlichen Perspektive der Entwicklung von Angebotsstrukturen bzw. Hilfe-Settings in der Jugendhilfe;
- die Entwicklung eines umsetzbaren Dienstplan- und Arbeitszeitmodells für Erzieher/-innen in der Landeshauptstadt Magdeburg.

Als *Organisationsformen mit Entwicklungsanspruch* werden in Magdeburg etabliert:

I *Schulkinderhaus* als eine Einrichtung, die sich aus zu errichtenden oder bestehenden Standorten zur Tagesbetreuung schulpflichtiger Kinder an oder in der Nähe von Schulstandorten bildet.

II *Vor- und nachschulische Tagesbetreuung in organisatorischer Verbindung mit einer Kindertagesstätte* als eine Einrichtung, die sich aus zu errichtenden Standorten für die Tagesbetreuung schulpflichtiger Kinder an oder in der Nähe von Schulstandorten und bestehenden Kindertagesstätten bildet.

III *Vor- und nachschulische Tagesbetreuung in organisatorischer Verbindung mit einer Kinder- und Jugendfreizeiteinrichtung* als eine Einrichtung, die sich aus zu errichtenden Standorten für die Tagesbetreuung schulpflichtiger Kinder an oder in der Nähe von Schulstandorten und einer Kinder- und Jugendfreizeiteinrichtung bildet.

IV *Vor- und nachschulische Tagesbetreuung in Tagesgruppen* als eine spezifische Angebotsform der Jugendhilfe zur Einwirkung auf einen erhöhten erzieherischen Bedarf eines Kindes(Angebot wird bis 2003 im Rahmen des Jugendhilfeplanungsprozesses für ein vernetztes Präventionskonzept der Sozialen Dienste der Jugendhilfe entwickelt).

Mehrere Standorte bilden eine Einrichtung, um ein qualitativ neues und bedarfsorientiertes Angebot zu entwickeln sowie die Betriebsführung einer Einrichtung bezüglich der Anzahl der pädagogischen Fachkräfte zu ermöglichen und zu sichern.

Schlussbemerkung

Diese zwei schlaglichtartig skizzierten Entwicklungsansätze innerhalb von Planungsprozessen in der Jugendhilfe bieten ein Innnovationspotenzial, dass auf folgende Entwicklungsschwerpunkte abhebt:

Schule als:
- Lebensraum für Schüler/-innen, Eltern und Lehrer/-innen mit Bezug zum unmittelbaren Lebensumfeld;
- Ort stärkerer Subjektorientierung und sozialen Lernens;
- Reforminstanz unter Einbindung von Jugendhilfe (u.a. Schulsozialarbeit).

Jugendhilfe als:
- Mittler in sozialen Kontexten;
- Lebenslagenbegleitung von Adressaten;
- Partnerin der Sozialisationsinstanz Schule;
- Vermittlungsinstanz arbeitsfeldübergreifender Hilfe-Settings.

Die Abwägung der infrastrukturellen Grundversorgung unter Aspekten handlungsfeld-übergreifender fachlicher Zugänge von Jugendhilfe in Kooperation mit Schule wird als ein Entwicklungsfeld – schwerpunktmäßig – arbeitsfeldbestimmende Prozesse im Rahmen der Jugendhilfeplanung in Magdeburg fordern, von denen Schule und Jugendhilfe profitieren werden.

Literatur

Bundesarbeitsgemeinschaft der Landesjugendämter: Empfehlungen und Hinweise zur Tagesbetreuung von Schulkindern im Rahmen der Jugendhilfe, Kassel, 1996, 12 Seiten.

Gesetz zu Förderung und Betreuung von Kindern des Landes Sachsen-Anhalt (KiBeG-LSA) vom 26.06.19991 (GVBl. LSA S. 126), zuletzt geändert durch das Gesetz zur Änderung des Gesetzes zur Förderung und Betreuung von Kindern in Tageseinrichtungen vom 31.März 1999 (GVBl. LSA S. 125)

Gesetz zur Einführung der Grundschule mit festen Öffnungszeiten vom 24.11.2000

Olk, T., Hartnuß, B: Leitfaden zur Schulsozialarbeit. Artvision Printmedienproduktion GmbH, Berlin, 1998.

Sozialgesetzbuch VIII (Gesetz zur Neuordnung des Kinder- und Jugendhilferechts – Kinder- und Jugendhilfegesetz – KJHG – BGBl. I S. 1163) vom 26.06.1990 in der Neufassung vom 15. März 1996 (BGBl. I S. 478) – zuletzt geändert durch das zweite Gesetz zur Änderung des Elften Buches Sozialgesetzbuch und anderer Gesetze vom 29. Mai 1998 (BGBl. I S. 1188), insbesondere die §§ 22, 79, 80 KJHG

Speck, K., Olk, T., Ruge S.: Qualitätsstandards für die Schulsozialarbeit in Sachsen-Anhalt. Igs.permedia GmbH, Halle, 2000

Anlage 1

Leitbild/Leitziele der Schulsozialarbeit in Magdeburg (Soll-Stand)

1. Verbesserung der Schulkultur
1.1. Förderung der Profilentwicklung einer Schule
1.2. Förderung von Schulöffnung
Organisation von Rahmenbedingungen zur Umsetzung von Schulsozialarbeit
Anregung von Aktivitäten an Kommunikationsorten im Rahmen verlässlicher Präsenz bzw. Kontaktzeiten
1.5. Ständige Interaktion mit der Schulleitung
1.6. Initiierung und Unterstützung von Schulprojekten
1.7. Mitarbeit in Schulgremien, Beratung von Schulgremien (Gesetzesänderung)
1.8. Betreuung bei festen schulischen Projekten, Veranstaltungen, Aktionen, Höhepunkten
1.9. Gewährleistung der Kommunikation und Interaktion zwischen Schule und sozialem Umfeld
1.10. Aufbau und Pflege von Kontakten und dauerhaften sozialen Beziehungen
1.11. Beratung von Pädagog/-innen (Lehrer/-innen, Hortner/-innen, Schulleitung)
1.12. Beratung und Betreuung von Schülergremien
1.13. Zuarbeiten zur Schulanalyse unter sozialpädagogischem Aspekt

2. Beförderung der Mitbestimmung, Sicherung von Partizipation
2.1. Wahrung von Freiwilligkeit in der Betreuung, Beratung und bei Hilfen
2.2. Gewährleistung des offenen Zugangs zu den Leistungen von Schulsozialarbeit
2.3. Problemanalyse und die daraus resultierenden Ziele und Aufgaben

3. Förderung der Vernetzung von Hilfsangeboten
3.1. Frühzeitige Nutzung von unterstützenden und beratenden Leistungen von Jugendhilfe/Schulsozialarbeit
3.2. Nutzung vorhandener trägerübergreifender, projektbezogener, problembezogener, weiterbildungsbezogener Fachkompetenzen

3.3. Abbau von Zugangsbarrieren zu Jugendhilfeleistungen
3.4. Erhöhung des Wissens um das Leistungsspektrum von Jugendhilfe/ Schulsozialarbeit
3.5. Initiierung von neuen, bedarfsgerechten Jugendhilfeleistungen
3.6. Bündelung von Kompetenzen/Effektivierung von Schulsozialarbeit
3.7. Öffentlichkeitsarbeit

4. Erhöhung der Kompetenz in der Lebensbewältigung insbesondere im Sozialverhalten
4.1. Einführung von Angeboten zur Vermeidung bzw. Begrenzung von Gefährdungen
4.2. Einführung von Angeboten zur Bildung und Aufklärung
4.3. Entwicklung geschlechtsspezifischer Angebote
4.4. Prävention zur Lebensbewältigung, zu Ausbildung, Bildung, Freizeitgestaltung, Sucht/Drogen, zum Wohnen, zu Schulden, zur Gesundheit, zum Missbrauch/zur Misshandlung, zum konstruktiven Konfliktlösen, bei Erziehungsschwierigkeiten
4.5. Sozialpädagogische Arbeit bei Exkursionen, Klassenfahrten, Ferienfreizeiten und erlebnispädagogischen Projekten
4.6. Betreuung von Hausaufgaben
4.7. Beratung von Schüler/-innen und Eltern
4.8. Betreuung von Schüler/-innen und Eltern
4.9. Vermittlung von Normen und Werten zur Lebensbewältigung
4.10. Unterstützung der Lebenswegplanung – Tagesablauf, Kleidung, Hygiene Sexualaufklärung, zwischenmenschliche Beziehungen, Geldumgang, Ernährung, Gesundheit, Einstellungen, Wünsche, Bedürfnisse, Interessen, Fähigkeiten, Fertigkeiten

5. Kompensierung/Ausgleich/Verminderung von individuellen Beeinrächtigungen und Auffälligkeiten
5.1. Reaktion auf schulische Belastungen mit sozialpädagogischen Projekten
5.2 Intervention in akuten Krisensituationen auf der Grundlage von Problemanalysen und Ableitung sich daraus ergebender Ziele und Aufgaben
5.3. Verhinderung/Verminderung oder Stagnation der Schulbummelei und Schulverweigerung
5.4 Entwicklung von Hilfen bei Leistungsversagen, Lern- und Verhaltensauffälligkeiten
5.5 Vermitteln von Hilfen zum Abbau von Krisensituationen für Schüler/-innen, Pädagog/-innen bzw. Eltern in Notlagen
5.6. Eingliederungshilfen für Schulabgänger/-innen
5.7. Hilfen für eine berufliche Orientierung
5.8. Eingliederungshilfen von Migrant/-innen
5.9 Betreuung und Beratung von subkulturellen Gruppen/Problemgruppen/Risikogruppen
5.10. feste Präzenz- und Kontaktstunden
5.11. Beratung von Schüler/-innen und Eltern
5.12. Beratungsarbeit in Krisen

5.13. Betreuung von Schüler/-innen und Eltern
5.14. Erlebnispädagogische Projekte

6. Vermeidung/Ausgleich sozialer Benachteiligung/von Notlagen
6.1. Unterstützung von Schüler/-innen mit sozialer Benachteiligung unter Einbeziehung der Familien
6.2. Kostenfreie Angebote
6.3. Feste Präsenz- und Kontaktzeiten für Familien
6.4. Beratung von Schüler/-innen und Eltern
6.5. Beratungsarbeit zur Inanspruchnahme von Unterstützungen
6.6. Betreuung von Schüler/-innen und Eltern
6.7. Erlebnispädagogische Projekte

7. Unterstützung der außerschulischen Jugendarbeit
7.1. Schaffung von offenen interessens- und neigungsorientierten Angeboten
7.2. Offerierung von offenen Freizeitangeboten oder Betreuung von Freizeitangeboten oder Offerierung von offenen Freizeitangeboten auf der Grundlage vorhandener Interessen bei den Schüler/-innen
7.3. Entwicklung fester thematischer oder problembezogener Angebote/ Projekte unter Mitwirkung der Schüler/-innen
7.4. Entwicklung von Angeboten in Selbstverwaltung
7.5. Unterstützung entwicklungsförderlicher Freizeitbetätigungen
7.6. Gewinnung von Fremdkräften für Veranstaltungen/Angebote
7.7. Beratung von Schüler/-innen und Eltern
7.8. Betreuung von Schüler/-innen und Eltern
7.9. Erlebnispädagogische Projekte
7.10. Problemanalyse und die daraus resultierenden Ziele und Aufgaben
7.11. Einzelfall- und Gruppenanalysen

8. Beförderung der Gemeinwesenarbeit
8.1. Zusammenarbeit ggf. Unterstützung von Bürgerinitiativen
8.2. Mitwirkung an der Entwicklung des Wohnumfeldes
8.3. Auf- und Ausbau, Unterstützung und Ergänzung sozialer Netzwerke
8.4. spezifische Ausrichtung der Schulsozialarbeit in einer Sozialregion
8.5. Herstellen tragfähiger sozialer Bezüge
8.6. Kooperation mit ortsansässigen Wirtschaftsunternehmen

Anlage 2

Prozess der Jugendhilfeplanung Kindertageseinrichtungen in der Landeshauptstadt Magdeburg

1997	Elternbefragung in den Horten der Landeshauptstadt Magdeburg Bestandsaufnahme Horte

29.06./30.06.1999	Organisation eines landesweiten Workshops „(H)ORTE für Kinder"
29.06./30.06.2000	Organisation eines städtische Diskussionsforums „Nachschulische Tagesbetreuung 7 bis unter 14jähriger Kinder" zur Entwicklung von Organisationsmodellen
07.09.2000	Informationsveranstaltung für Vereine und freie Träger der Jugendhilfe zur Problematik der Einführung des Gesetzes der Grundschule mit festen Öffnungszeiten und der Neugründung von Kindertageseinrichtungen zur Tagesbetreuung von Schulkindern
06.10.2000 bis 06.11.2000	Aufforderung zur Mitwirkung freier Träger zur Beteiligung an der Jugendhilfeplanung zur rechtzeitigen Schaffung geeigneter Angebote
09.10./24.10.2000	Beratungen zur Einrichtungsstrukturierung in der Verwaltung des Jugendamtes
27.11.2000	Aufnahme konkreter Informationsaustausch mit interessierten Vereinen freien Trägern der Jugendhilfe (allg. Infoveranstaltung, Schwerpunkte: Einrichtungsstruktur, Personalberechnungsschlüssel, Rahmen-bedingungen für weitere Gespräche z.B. Zuwendungsverträge etc.)
29.11./04.12.2000	Gespräche bezüglich der fünf Sozialregionen mit Vereinen und freien Trägern der Jugendhilfe
29.11.2000	Information der Elternkuratorien der Grundschulen und der Grundschulleiter/-innen und Hortleiter/-innen zum Sachstand der Jugendhilfeplanung
8.2.2001	Stadtrat Information 0401/00 Sachstand Jugendhilfeplanung (Ausschuss für Bildung, Schule, Sport; Finanz- und Grundstücksausschuss; Personalausschuss; Jugendhilfeausschuss)
8.2.2001	Abschluss Informationsaustausch mit interessierten Vereinen und freien Trägern der Jugendhilfe
12.12.2000	Informationsveranstaltung für Mitarbeiter/-innen/Erzieher/-innen kommunaler Einrichtungen mit PR Jugend/Soziales Gesundheit und Gesamtpersonalrat der Landeshauptstadt Magdeburg
8.2.2001	Information der AG Erziehungshilfe nach § 78 KJHG zum Sachstand Jugendhilfeplanung
14.12.2000	Information der AG Kindertageseinrichtungen nach § 78 KJHG zum Sachstand Jugendhilfeplanung
8.2.2001	Abgabe der Grundkonzepte freier Träger zur Schaffung von Angeboten
17.01.-24.01.2001	10 Regionalkonferenzen zur öffentlichen Beteiligung mit 750 Teilnehmer/-innen a) Vertreter/-innen von Einrichtungen und Institutionen b) Arbeitsgemeinschaften Gemeinwesenarbeit/Elternvertretungen
8.2.2001	Information der schulfachlichen Dezernenten des Staatlichen Schulamtes Magdeburg zum Sachstand der Jugendhilfeplanung
8.2.2001	Information der AG Jugendarbeit und der AG Jugendsozialarbeit nach § 78 KJHG zum Sachstand Jugendhilfeplanung

12.02.2000	2. Informationsveranstaltung für Mitarbeiter/-innen/Erzieher/-innen kommunaler Einrichtungen durch PR Jugend/Soziales Gesundheit und Gesamtpersonalrat der Landeshauptstadt Magdeburg
16.02.2001/ 26.02.2001	Unterausschuss Jugendhilfeplanung – Empfehlung zur Entscheidungsvorbereitung zur Schaffung von Angeboten der vor- und nachschulischen Tagesbetreuung
17.02.2001	Möglichkeit zu Ergänzungen zu den Grundkonzepten der Vereine oder freien Träger

Verzeichnis der Autorinnen und Autoren

Braun, Karl-Heinz, geb. 1948; Dr. phil. habil., Prof. für Sozialpädagogik/Erziehungswissenschaft am Fachbereich Sozial- und Gesundheitswesen der Hochschule Magdeburg-Stendal. Aktuelle Arbeitsgebiete: Theorie und Praxis der Schulreform; Schulsozialarbeit; Kinder- und Jugendverbandsarbeit. Mitglied des Sachverständigenrates für Schulentwicklung beim Kultusministerium des Landes Sachsen-Anhalt. Neuere Veröffentlichungen: Lernort Kinderfreunde. Modernisierungsprozesse in einem Kinder- und Jugendverband. Opladen 1998 (hrsg. mit B. Dobesberger u.a.); Schule mit Zukunft. Bildungspolitische Empfehlungen und Expertisen der Enquete-Kommission des Landtages von Sachsen-Anhalt, Opladen 1998 (hrsg. mit H.-H. Krüger u.a.); Sozialpädagogisches Handeln in der Schule. Einführung in die Grundlagen und Konzepte der Schulsozialarbeit, Neuwied u.a. 2000 (mit K. Wetzel).

Gottschalk, Ingo, geboren 1961 in Magdeburg, Diplompädagoge, Dr. päd., Tätigkeiten im Bildungsbereich, in der Forschung und Lehre, sowie in Feldern der Gesundheitsförderung, des Marketings und der Jugendhilfe. Im Jugendamt Magdeburg zuständig für die Sozial- und Jugendhilfeplanung, Organisationsentwicklung und Grundsatzfragen der Jugendhilfe.

Hinne, Katrin, Diplompädagogin, bis Ende 2001 Mitarbeiterin des Bundesmodellprojektes Zentrum für Alternatives Lernen Schönebeck e.V. (Z.A.L.), seit Mai 2002 Leiterin des Fachbereichs Case-Management des Netzwerks für Soziale Integration und Konzeptentwicklung Schönebeck (NIK).

Puhr, Kirsten, Diplompädagogin, wissenschaftliche Mitarbeiterin am Institut für Rehabilitationspädagogik des Fachbereichs Erziehungswissenschaften an der Martin-Luther-Universität Halle.

Simon, Titus, Jahrgang 1954, Sozialarbeiter, Diplompädagoge, Dr. rer. soc. Seit Ende 1996 Professor an der Hochschule Magdeburg-Stendal mit dem Lehrgebiet Jugendarbeit und Jugendhilfeplanung, zuvor Professor an der FH Wiesbaden mit dem Schwerpunkt "Jugend und Gewalt", in den 70er und den 80er Jahren Sozialarbeit mit "gewaltverstrickten" Jugendlichen und Wohnungslosen. Neuere Buchveröffentlichungen: Kommunale Jugendhilfeplanung, 4. überarbeitete Auflage, Wiesbaden 2001; Wem gehört der öffentliche Raum? Zum Umgang mit Armen und Randgruppen in Deutschlands Städten, Opladen 2001.

Uhlig, Steffen, Diplompädagoge, Dr. päd., bis Ende 2001 Leiter des Bundesmodellprojektes Zentrum für Alternatives Lernen Schönebeck e.V. (Z.A.L.), seit Mai 2002 Geschäftsführer des Vereins Rückenwind e.V. und Projektleiter des Netzwerks für Soziale Integration und Konzeptentwicklung Schönebeck (NIK), systemischer Supervisor, Outdoor-Trainer.